Beltz Taschenbuch 849

Über dieses Buch:
Wann, wo und wie Kinder am besten ihre Hausaufgaben machen, wie ihre Eltern sie sinnvoll dabei unterstützen können und was vielleicht dahinter steckt, wenn die Hausaufgaben zum Problem werden – das sind die Fragen, um die es in diesem praktischen Ratgeber für Eltern etwa 6- bis 14-jähriger Kinder geht.
Britta Kohler möchte Eltern vor allem zeigen, wie sie sinnvoll, und auch gelassener mit den täglichen Hausaufgaben ihrer Kinder umgehen können. Ziel ihrer Überlegungen ist es, Kindern ein effektiveres und selbstständiges Arbeiten zu ermöglichen und die Hausaufgabensituation für alle Beteiligten möglichst konfliktfrei zu gestalten.
In zehn leicht lesbaren Kapiteln werden typische Hausaufgabenprobleme beleuchtet und praktische Hilfen angeboten. Die 6., vollständig überarbeitete Neuausgabe dieses erfolgreichen Ratgebers enthält darüber hinaus Lerntipps für Kinder, Ideen für die Zusammenarbeit mit der Schule und Hinweise für den Umgang mit Lese-Rechtschreib-Schwierigkeiten und anderen besonderen Problemen. Berücksichtigt werden außerdem der Umgang mit Computer und Lernsoftware sowie die Angebote des Nachmittagsmarktes: Nachhilfeinstitute werden ebenso unter die Lupe genommen wie therapeutische Angebote und Lerntrainer.
Umfangreiche Leseempfehlungen und Internettipps ergänzen das Buch.

Die Autorin:
Dr. Britta Kohler, Jg. 1964, ist Dozentin für Erziehungswissenschaft an der Pädagogischen Hochschule Schwäbisch Gmünd. Sie war Lehrerin und hat selbst zwei Kinder. Über das Thema »Hausaufgaben« schreibt sie seit 15 Jahren.

Britta Kohler

Hausaufgaben

Helfen – aber wie?

Besuchen Sie uns im Internet:
www.beltz.de

Alle Rechte, insbesondere das Recht der Vervielfältigung und Verbreitung sowie der Übersetzung, vorbehalten. Kein Teil des Werkes darf in irgendeiner Form (durch Fotokopie, Mikrofilm oder ein anderes Verfahren) ohne schriftliche Genehmigung des Verlages reproduziert oder unter Verwendung elektronischer Systeme verarbeitet, vervielfältigt oder verbreitet werden.

Fotonachweis:
Pressefoto Michael Seifert: Seite 13, 45, 63, 153, 207, 231, 241
Schindlerfoto: 95
Kilian: 137
Renate von Forster: 187

Beltz Taschenbuch 849
6., vollständig überarbeitete Neuausgabe

© 2002 Beltz Verlag, Weinheim und Basel
Umschlaggestaltung: Federico Luci, Köln
Umschlagabbildung: Mauritius, Mittenwald
Satz: Mediapartner Satz und Repro GmbH, Hemsbach
Druck und Bindung: Druckhaus Beltz, Hemsbach
Printed in Germany

ISBN 3 407 22849 X

Inhalt

Einleitung 9
   ● *Überblick: Was dieses Buch möchte* 12

1. So können Eltern ihre Kinder fördern............. 13
   Wie die natürliche Lernfreude erhalten bleibt 13
      ● *Überblick: Wie Eltern die Leistungsbereitschaft und Leistungsfähigkeit ihres Kindes fördern können* 17
   Tipps für eine sinnvolle Förderung 17
      ● *Ideen für den Alltag: Wie Eltern und Kinder mit dem Fernsehen umgehen können*................... 29
      ● *Ideen zum Nachdenken: Wie Eltern und Kinder mit dem Computer umgehen können* 38

2. Gut geplant ist halb gewonnen 45
   Ein Arbeitsplatz für gutes Arbeiten 45
      ● *Praxistipp: Bauanleitung für einen gesunden Pultaufsatz* 52
   Eine günstige Zeit für die Hausaufgaben............. 57

3. Hausaufgaben machen will gelernt sein........... 63
   Kinder lernen das Lernen: Hinweise für Eltern 63
      ● *Praxistipp: Eine Lern-AG an der Schule*........... 66

Ein Kapitel für Kinder: Lerntipps für die Grundschule .. 68

Ein zweites Kapitel für Kinder: Lerntipps für
Schülerinnen und Schüler ab 10 Jahren. 75

4. Wie Eltern ihren Kindern bei den Hausaufgaben helfen können 95

Das Wichtigste zuerst: Weniger ist oft mehr 95

Richtig helfen: Die Lernhilfen-Treppe macht's
möglich. 104

Bei Problemen und Konflikten: Wie Eltern und
Kinder miteinander reden können 116

Wenn Eltern und Kinder verschieden schreiben:
alte und neue Rechtschreibung 132

5. Wenn Hausaufgaben zum Problem werden: die zwölf häufigsten Schwierigkeiten 137

Warum Hausaufgaben so häufig zum Problem
werden 137

Sarah weiß nicht mehr, was sie aufhat. 142

Jan schiebt die Hausaufgaben vor sich her 144

Katharina will nicht alleine arbeiten 148

Lukas verliert leicht die Übersicht. 151

Christian kann sich nicht konzentrieren 154

- *Überblick: Wie sich die Konzentrationsfähigkeit entwickeln kann* 158

Sophie braucht oft mehr als zwei Stunden 162

Julia schreibt so unordentlich 166

- *Grundlagen: Wie Kinder flüssiges Schreiben lernen können* 168

Laura weint, wenn ihr die Aufgaben nicht gelingen. . . . 173
Tim möchte Hilfe und arbeitet dann doch nicht. 175
Maximilian macht seine Hausaufgaben nicht 177
Leon stört Daniel 181
Marie hat keine Lust 183

6. Wenn sich Lücken auftun 187

Der erste Tipp: Mit der Lehrerin oder dem Lehrer
sprechen 187

Rechtschreibtrainer und Lernsoftware:
Erfolg durch käufliche Programme? 191

- *Überblick: Kriterien für gute Lerntrainer und Fördermaterialien* 193

- *Überblick: Kriterien für gute Lernsoftware* 195

Edu-Kinestetik und Naturheilmittel: Schnelle Hilfe
für große Probleme? 197

Nachhilfeunterricht: »There is no business like
school-business«? 201

7. Besondere Probleme vom Schulanfang bis zur weiterführenden Schule 207

Der Schulanfang: eine große Aufgabe für das Kind
und seine Eltern 207

- *Überblick: Wie Eltern ihr Kind am Schulanfang unterstützen können* 209

Die fünfte Klasse: ein zweiter Schulanfang 214

Lese-Rechtschreib-Schwierigkeiten (LRS) 216

- *Überblick: Was braucht ein Kind, um lesen und schreiben zu lernen?* 218
- Aufmerksamkeitsdefizit-Störung (ADS) 223
  - *Überblick: Typische Probleme und Verhaltensweisen von ADS-Kindern* 225

8. Ganztagsschule und Hausaufgabenbetreuung 231

Die beste Lösung des Hausaufgabenproblems: die Ganztagsschule 231

Schülerhort und Hausaufgabenbetreuung........... 235

So können Eltern sich gegenseitig helfen........... 239

9. Eltern und Lehrerinnen und Lehrer arbeiten zusammen................................... 241

Die Zusammenarbeit zwischen Eltern und Lehrerinnen und Lehrern: manchmal schwierig, doch immer wichtig 241

Der Elternabend: eine gute Möglichkeit, um ins Gespräch zu kommen 244

- *Praxistipp: der Eltern-Lehrer-Stammtisch* 248

Die Elternsprechstunde: wichtig bei individuellen Problemen.................................. 248

- *Praxistipp: die Eltern-Lehrer-Mappe* 255

Erlasse, Richtlinien und Verordnungen: Hausaufgaben und ihre rechtlichen Grundlagen 255

10. Hausaufgaben und Kindheit: einige abschließende Gedanken 259

Kindheit heute: kinderleicht und sorgenfrei?........ 259

Literatur 265

Einleitung

Hausaufgaben sind oft problematisch, und das für alle Beteiligten. Die Kinder leiden immer wieder unter zu schwierigen, zu umfangreichen oder einfach langweiligen Hausaufgaben, wissen nicht, was sie tun sollen, oder sind nicht richtig bei der Sache. Manche von ihnen brauchen tagtäglich zwei Stunden oder mehr für ihre Hausaufgaben – und schaffen sie am Ende doch nicht alleine.

Die Eltern sind oftmals verunsichert und wissen nicht, wie sie sich verhalten sollen. Viele fragen sich: Soll ich mehr helfen? Oder eher weniger? Soll ich die Aufgaben kontrollieren? Was mache ich bei Fehlern? Wie verhalte ich mich, wenn ich die Hausaufgaben für nicht gut genug halte? Soll ich zusätzlich üben? Soll ich strenger sein? Darf ich es akzeptieren, wenn mich mein Kind nicht nachschauen lässt?

Und es ist ja auch verständlich, wenn Eltern hier unsicher sind: Sie sind im Unterricht nicht dabei und damit auch dann nicht, wenn die Aufgaben gestellt werden. Sie sehen nur ihr Kind mit seinen Schwierigkeiten und können nicht wissen, ob diese völlig normal oder schon bedenklich sind. Auch wissen sie oftmals nicht, was die Schule eigentlich von den Eltern erwartet und welche Art von Unterstützung ihrem Kind tatsächlich hilft. Sie wissen nur um die hohe Bedeutung der Schulleistungen für das weitere Leben ihres Kindes und wollen sich später einmal keine Vorwürfe machen. Also sitzen sie Tag für Tag neben ihrem Kind oder wenigstens in seiner Nähe, versuchen ihr Bestes, verzichten auf eigene nachmittägliche Aktivitäten – und sind doch immer wieder hilflos. Sie verlieren, ganz nachvollziehbar, die Geduld, während ihre Kinder schon lange nicht mehr an die Hausaufgaben denken können. Und so gehören zur Hausaufgabensituation in vielen Familien unschöne Szenen, Tränen und Drohungen schon ganz selbstverständlich dazu.

Dabei ist eines überhaupt nicht sicher, nämlich die Antwort auf die Frage, ob sich die elterliche Mühe und der tägliche Kraftaufwand überhaupt lohnen. Schließlich ist es durchaus möglich, dass die gut gemeinte elterliche Hilfe und erst recht die zusätzlichen Übungen das Problem des Kindes nicht wirklich treffen und ihm so in der Schule auch nicht weiterhelfen. Auch ist daran zu denken, dass die belastete Hausaufgabensituation die Lernfreude verringern und das Kind unselbstständig machen kann, sich also auch in dieser Hinsicht negativ auszuwirken vermag. Somit kann an dieser Stelle festgehalten werden: Die Hausaufgabensituation ist sehr häufig eine problematische Situation, und für Eltern ist es schwierig, sich hier sinnvoll zu verhalten.

Dieses Buch möchte Eltern Wege aufzeigen, wie sie sinnvoll und auch gelassener mit den Hausaufgaben ihres Kindes umgehen können. Ziel aller Überlegungen ist es dabei, bei den Kindern ein effektiveres und selbstständigeres Arbeiten zu bewirken, die Hausaufgabensituation für alle Beteiligten möglichst konfliktfrei zu gestalten und die Beziehungen zwischen Eltern und Kindern im Hinblick auf Schule und Hausaufgaben zu verbessern. Diesem Ziel dienen die folgenden zehn Kapitel, in denen zum einen typische Hausaufgabenprobleme beleuchtet und in denen zum andern allgemeine Tipps zur Lernförderung, zum Umgang mit Lernschwierigkeiten und zur Hilfe bei den Hausaufgaben vorgestellt werden.

Entstanden ist dieses Buch als das Ergebnis einer nahezu 15-jährigen praktischen und auch wissenschaftlichen Beschäftigung mit dem Thema Hausaufgaben. In diesen 15 Jahren fanden zahlreiche Gespräche und Veranstaltungen mit Eltern statt, ohne die dieses Buch so nicht hätte geschrieben werden können. Die von den Eltern geschilderten Hausaufgabenprobleme, aber auch ihre Befürchtungen und Sorgen fanden Eingang in das Buch, sodass tatsächlich davon ausgegangen werden kann, dass hier die wichtigsten Fragen und Probleme im Zusammenhang mit den Hausaufgaben versammelt sind.

Geschrieben ist dieses Buch für alle Eltern, die sich nicht mehr tagtäglich mit ihren Kindern durch die Hausaufgaben kämpfen möchten, die unsicher bei der Frage sind, wie eine optimale Unterstützung bei den Hausaufgaben aussehen könnte, oder die sich bereits am Schulanfang einmal darüber informieren möchten, was demnächst auf sie zukommen und von ihnen erwartet werden wird.

Nicht zu bieten hat das Buch jedoch Patentrezepte, die man einfach aus der Schublade ziehen und auf jedes beliebige Kind anwenden kann. Schließlich ist jedes Kind – und auch seine Familie – etwas Einmaliges, etwas Besonderes, dem nicht einfach mit einem starren Plan oder Rezept geholfen werden kann.

Und noch etwas möchte dieses Buch nicht: Es möchte nicht, dass die Hausaufgaben wichtiger genommen werden, als es ihnen tatsächlich zukommt. Hausaufgaben – und erst recht die elterliche Hilfe bei den Hausaufgaben – sollten in ihrer Bedeutung für den schulischen Erfolg eines Kindes und dessen Lebenstüchtigkeit keinesfalls überschätzt werden. Eltern, die ihr Kind liebevoll auf seinem Weg begleiten, seine Bedürfnisse wahrnehmen, seine Fortschritte anerkennen und mit ihm spielen oder etwas unternehmen, ihm also ihre Zeit schenken, unterstützen seine Entwicklung mit Sicherheit mehr als jene Eltern, die genauestens die Anfertigung der Hausaufgaben überwachen.

Überblick: Was dieses Buch möchte ...

- die Eltern sicherer im Umgang mit Hausaufgaben werden lassen,
- verdeutlichen, dass Hausaufgabenprobleme etwas Normales sind,
- erklären, wie Hausaufgabenprobleme entstehen können,
- zeigen, wie Hausaufgabenprobleme gelöst werden können,
- beschreiben, wie Eltern die Schulleistungen ihrer Kinder positiv beeinflussen können,
- aufzeigen, wie Kinder zu einem effektiveren und selbstständigeren Arbeiten gelangen können;

... und was dieses Buch nicht möchte
- Patentrezepte geben,
- dafür sorgen, dass die Hausaufgaben zu wichtig genommen werden,
- die Vorstellung erzeugen, Eltern müssten sich immer »richtig« verhalten.

1. So können Eltern ihre Kinder fördern

Wie die natürliche Lernfreude erhalten bleibt

Wer ganz kleine Kinder beobachtet, ist von ihrer Vitalität, von ihrer Neugierde und Ausdauer oft ganz fasziniert. Immer wieder und immer wieder wird da Wasser aus einem Becher in eine Wanne gegossen, 10-mal, 20-mal und noch öfter, unermüdlich, alles andere vergessend, in höchster Konzentration. Ein scheinbar unansehnlicher Gegenstand wird gedreht, gewendet, gedrückt und anderweitig untersucht; ein Problem lässt Kräfte versammeln, die man nicht vermutet hätte.

Ausdauernd, konzentriert und voller Interesse: Wer wünscht sich diese Eigenschaften nicht für sein in der Schule lernendes oder an den Hausaufgaben sitzendes Kind? Und doch erscheinen sie den Eltern zuweilen als etwas Seltenes, diese Eigenschaften – zumindest dann, wenn es gerade Probleme mit den Hausaufgaben gibt. Und man kann in der Tat fragen: Wo ist sie hingeraten, diese ursprüngliche Neugierde und Lust am Lernen, was ist eigentlich geschehen? Welche Erfahrungen hat das Kind wohl gemacht, wenn es neuen Lerninhalten aus der Schule völlig lustlos begegnet? Nun, hier sind, wie so oft, natürlich mehrere Möglichkeiten denkbar und erklärungsmächtig. Der schulische Unterricht und die Beziehung zur Lehrkraft werden sicherlich eine gewichtige Rolle spielen. Bedeutsam kann auch das Alter sein, da es eine immer wieder gefundene Tatsache darstellt, dass das Interesse am schulischen Lernen nach der Grundschule allgemein abnimmt und sich erst im Alter von etwa 15 Jahren – allerdings auf niedrigem Niveau – stabilisiert.

Daneben darf aber auch die Bedeutung der Eltern nicht vernachlässigt werden. Diese können ihrem Kind ganz direkt Lernfreude zeigen, vorleben und damit glaubwürdig vermitteln. Und sie können mit ihrem ganz alltäglichen Verhalten ihr Kind in seiner Leistungsbereitschaft und Leistungsfähigkeit fördern. Wie das gehen kann, wird im Folgenden beschrieben.

Ermutigung, Unterstützung und Vertrauen

Manche Eltern meinen, sie könnten ihrem Kind einen guten Start in der Schule bereiten, indem sie mit ihm bereits im Vorschulalter regelmäßig Zahlen und Buchstaben üben. Stolz führen sie ihr bis 100 zählendes Kind – so es mitmacht – im Bekanntenkreis oder beim Familientreffen vor und glauben, auf dem richtigen Weg zu sein. Andere werden nicht müde, vom Kindergarten ein wöchentliches Vorschulprogramm mit Papier und Bleistift zu fordern, um möglichst nichts zu versäumen.

Doch die Frage, ob ein Kind am Schuleintritt bis 100 zählen kann oder schon öfters Quadrate ausgemalt hat, ist für den

Schulerfolg alles andere als bedeutend. Bedeutend, ja entscheidend, sind dagegen grundlegende Eigenschaften oder Fähigkeiten wie Zuversicht, Selbstvertrauen, Leistungsbereitschaft, Ausdauer und Konzentration. Und diese Eigenschaften bzw. Fähigkeiten lassen sich nicht auf direktem Wege lehren. Stattdessen werden sie den Kindern »nebenbei« mitgegeben.

Wichtig dafür sind Eltern, die die Bedürfnisse ihres Kindes nach Wärme und Zuwendung ernst nehmen, die ihm etwas zutrauen, die es bei Schwierigkeiten ermutigen und unterstützen und die seine Erfolge anerkennen. Dazu müssen Eltern nicht perfekt sein. Auch sie haben das Recht, hin und wieder Schwierigkeiten zu haben oder müde zu sein. Das ist selbstverständlich, bedarf eigentlich gar keiner Erwähnung.

»Vor kurzem hatte ich ein echtes Schlüsselerlebnis. Meine Tochter kam von der Schule nach Hause und sagte strahlend: ›Ich hab eine Zwei im Musiktest!‹ Und wissen Sie, was ich sagte? Nach einem kurzen ›Toll!‹ oder so ähnlich fiel mir nichts Besseres ein, als zu fragen: ›Und habt ihr auch den Mathetest schon herausgekriegt?‹ In Mathe schreibt meine Tochter nämlich nie eine Zwei. Ich könnte mich so ärgern: Statt mich einfach mit meiner Tochter über die Zwei zu freuen, musste ich sie gleich an ihr schlechtestes Fach erinnern. Ihre Freude war wie weggeblasen. Am Abend erzählte sie dann meinem Mann von dem Musiktest. Und der wollte auch noch den Notendurchschnitt von der Klasse wissen. Wahrscheinlich meinte er, man könne eine Zwei nur dann loben, wenn der Durchschnitt bei Drei liegt oder so. Ich hab mir dann schon überlegt, was da bei uns eigentlich für eine Haltung dahinter steckt. Ich meine dieses Vergleichen und so. Ich will ja auch nicht ständig mit anderen verglichen werden, wenn die es besser können als ich. Und ich kann es auch nicht leiden, wenn man mich an das erinnert, was ich sowieso nicht kann. Ich glaube, wir Erwachsene messen oft mit

zweierlei Maß, mit einem für die Kinder und einem für uns. An den Kindern kritisieren wir herum und selber wollen wir keine Kritik hören.«
(Frau L., Mutter einer zehnjährigen Tochter)

Was die Forschung dazu sagt

Die Forschung beschäftigt sich schon seit einiger Zeit mit der Frage, wie Eltern die Leistungsbereitschaft und die Leistungsfähigkeit ihres Kindes vor und während der Schulzeit fördern können. Auch wenn vieles noch nicht endgültig geklärt ist, so gelten doch einige Punkte als gesichert. Sieht man sich diese an (vgl. »Überblick: Wie Eltern die Leistungsbereitschaft und die Leistungsfähigkeit ihres Kindes fördern können«), so fällt auf, dass sich keiner der Punkte um Schulleistungen im engeren Sinne dreht. Nirgendwo ist von regelmäßigen Zusatzübungen oder Ähnlichem die Rede. Stattdessen tauchen Begriffe wie Wertschätzung und Ermutigung, Selbstständigkeit und Hilfe zur Selbsthilfe auf. Und bei längerem Nachdenken wird ja auch einsichtig, wie diese Liste zustande kommt: Nur Kinder, die sich angenommen und geachtet fühlen – was auch immer geschehe –, die erfahren haben, wie eigene Anstrengung zum Erfolg führt, und die wissen, dass Misserfolge keine Katastrophe sind, können leistungsbereit sein. Und so lässt sich auch gut verstehen, warum die folgenden Punkte das Gegenteil beschreiben, also aufzeigen, was sich hier schädlich auswirkt: Eltern, die ihr Kind ständig kontrollieren, ihm wenig zutrauen, es bei Misserfolgen mit anderen, erfolgreicheren Kindern vergleichen und ihr Kind als ein Bündel von Defiziten sehen, untergraben Lernfreude und Leistungsbereitschaft – jene Eigenschaften also, die in jedem gesunden Kind angelegt sind.

> **Überblick: Wie Eltern die Leistungsbereitschaft und die Leistungsfähigkeit ihres Kindes fördern können**
> - Wertschätzung und Zuneigung zeigen;
> - Gefühle und Bedürfnisse des Kindes aufmerksam wahrnehmen;
> - Selbstständigkeit fördern;
> - vom Kind auch etwas verlangen;
> - erreichbare Ziele setzen;
> - bei Schwierigkeiten ermutigen und unterstützen;
> - Hilfe zur Selbsthilfe geben;
> - Erfolge anerkennen;
> - das Kind immer wieder an Entscheidungen beteiligen;
> - auf die Fragen des Kindes eingehen;
> - Grenzen setzen, nicht alles zulassen;
> - zeigen, wie man eigene Schwierigkeiten meistert;
> - selbst leistungsbereit sein;
> - mit dem Kind spielen und ihm vorlesen;
> - mit dem Kind etwas unternehmen;
> - sich selbst für Bücher oder Museen interessieren.

Tipps für eine sinnvolle Förderung

Genügend Schlaf: die Grundvoraussetzung für gutes Lernen

Ausreichend Schlaf in der Nacht ist die Grundvoraussetzung für erfolgreiches Arbeiten am Tag. Zu bedenken ist dabei, dass Kinder und auch noch Jugendliche deutlich mehr Schlaf als Erwachsene benötigen. Während Letztere im Allgemeinen mit etwa sieben bis acht Stunden oder gar noch weniger auskommen, gilt für Kinder und Jugendliche folgende Empfehlung:

Alter	Bedarf an Schlaf
6–8 Jahre	etwa 11–12 Stunden
9–10 Jahre	etwa 10–11 Stunden
10–12 Jahre	etwa 9,5–10 Stunden
12–14 Jahre	etwa 9–9,5 Stunden
ab 14 Jahren	etwa 9 Stunden

(Anmerkung: Individuelle Abweichungen sind immer möglich)

Laufen, Klettern oder Springen: Bewegung muss sein

Kein gesundes Kind kann den ganzen Tag still sitzen – und es soll es auch nicht. Kinder müssen ausgiebig Gelegenheit erhalten, ihrem enormen Bewegungsdrang nachzukommen und sich in Sport und Spiel auszutoben und abzureagieren. Selbst Erwachsene spüren, wie gut ihnen eine lange Wanderung, das tägliche Joggen oder die wöchentliche Sportstunde tut. Für Kinder kommt noch zweierlei hinzu: Zum einen sind ihre Bewegungsmöglichkeiten noch nicht voll entwickelt und bedürfen der Übung, und zum andern leisten Bewegungsspiele einen wichtigen Beitrag zu ihrer geistigen und seelischen Entwicklung. Laufen, Klettern oder Springen sind also kein unnützer Zeitvertreib, sondern bedeutsam für jedes Kind.

»*Ich bin immer wieder völlig frustriert, wenn ich mitbekomme, wie manche Eltern auf die Noten schielen. Die freuen sich gar nicht über die Fortschritte, die interessieren sich manchmal überhaupt nicht für das, was die Kinder gelernt haben. Wie sollen da die Kinder Interesse an Biologie oder Geschichte entwickeln? Es ist doch logisch, dass die merken: Was wirklich zählt, ist die Zahl unter dem Aufsatz. Die bestimmt, ob ich Geld kriege oder ob ich stundenlang üben*

muss. Der Aufsatz über der Zahl wird von manchen Eltern nicht mal gelesen. Das gibt Kinder, die jeden Spaß am Lernen verlieren und die bloß noch auf die Noten schielen. Und wenn die schlecht sind, kann es schwierig werden, echt schwierig.«
(Frau G., Lehrerin an einer Grund- und Hauptschule)

Eine Höhle bauen oder Löcher in die Luft gucken: Kinder brauchen das freie Spiel

Schon immer spielten Kinder – alleine oder miteinander, an jedem Ort und zu jeder Zeit. Mit einer für Erwachsene erstaunlichen Kreativität lassen sie Hölzer zu Zügen, Steine zu Tieren oder Kastanien zu Waren werden, die einsortiert, verkauft, eingepackt, aufgeladen, umgeladen und schließlich verzehrt werden. Sie spielen, was sie erlebt haben und was sie beschäftigt, was sie sich wünschen und sie noch nicht loslässt, probieren verschiedene Rollen aus, werden zur Lehrerin oder zum Arzt, zum Bettler oder zum König. Sie bauen Höhlen oder Burgen und sitzen da, die Zeit völlig vergessend, gucken Löcher in die Luft, träumen vor sich hin – und stehen plötzlich wieder auf, gestärkt und geklärt für neue Aufgaben.

Dieses freie Spiel ist seit einigen Jahren und Jahrzehnten mehr und mehr auf dem Rückzug, wird verdrängt von Schule, Hausaufgaben, Fernsehen, Computer und vielen guten Angeboten beispielsweise der Musik- oder Volkshochschulen. Und dennoch ist es wichtig. Kinder brauchen dieses freie, ungelenkte, nicht organisierte und selbstvergessene Spiel ihre ganze Kindheit hindurch. Und es ist für sie ganz einfach notwendig, um wieder Bereitschaft und Aufmerksamkeit für das schulische Lernen entstehen zu lassen.

Übrigens: Ausdauerndes Spielen lernen Kinder nicht, indem sie mit möglichst viel Spielzeug umgeben werden. Ganz im Gegenteil: Nur wer über wenig Spielzeug verfügt, hat die Möglichkeit – oder den Zwang –, sich selbst etwas auszudenken. Klar ist, dass die Spielzeugindustrie versucht, den Eltern einzureden, sie müssten immer wieder von neuem altersangemessenes und förderliches Spielzeug kaufen: Denn der Industrie, die ihren Absatz steigern möchte, muss das eine Kuscheltier, der abgegriffene Teddy oder der einäugige Hase, der ein Kind jahrelang begleiten und ihm alles sein kann, größte Sorge bereiten.

Lesen, lesen, lesen

Wer einmal aufmerksam einem Kind beim Lesen eines geschätzten Buches zugesehen hat, weiß, was Kindern ohne diese Leseerfahrung fehlt: Versunkenheit, Faszination, Spannung und höchste Konzentration. Kinder, die lesen, können im Geiste unglaubliche Abenteuer bestehen, Gefahren überwinden und Konflikte lösen, sie können allwissend, stark und mutig sein, klüger als jeder Erwachsene und mächtiger als alle Personen ihrer Welt. Auch können sie sich informieren und ganz eigenständig Wissen aus Sachbüchern schöpfen, ohne ständig von Erwachsenen belehrt zu werden. Lesen stärkt die Konzentration und die Phantasie und kann die Rechtschreibung, die Fähigkeit, sich auszudrücken, das Weltwissen und die gesamte Persönlichkeitsentwicklung positiv beeinflussen. Auch können nur jene Menschen, die es gelernt haben, einem Text Informationen zu entnehmen, später sinnvoll computergestützt arbeiten.

Dennoch: In den letzten Jahren ist das Lesen auf dem Rückzug – nicht nur das der Kinder, sondern auch das der Erwachsenen. In Deutschland, dem Land der Dichter und Denker, wie es immer hieß, ist es um das Lesen schlecht bestellt. Dies wurde leider auch in der PISA-Studie bestätigt, bei der unter anderem die Lesefähigkeiten 15-jähriger Schülerinnen und Schüler aus 32 Nationen verglichen wurden. Hier zeigte sich, dass die Leistungen der deutschen Schülerinnen und Schüler deutlich unter dem internationalen Durchschnitt lagen und gerade noch jene aus fünf anderen Staaten, darunter Mexiko und Brasilien, in bedeutsamer Weise übertreffen konnten.

Woran mag dies liegen: an der Schule, am Fernsehen oder irgendwie an den gesellschaftlichen Umständen? Nun, eine Antwort kann auch hier nicht so einfach gegeben werden. Dennoch steht eines fest: Ob Kinder lesen oder nicht, diese Frage wird vor allem im Elternhaus entschieden. Eltern, die ihren Kindern viel und mit Freude vorlesen und auch selbst gerne lesen, praktizieren die beste Leseförderung. Um lesen zu wollen, müssen Kinder das Lesen als etwas Schönes, ja Wundervolles erleben – bei sich und bei anderen. Der elterliche Hinweis, Lesen sei gut für die Rechtschreibung und für die Aufsatznote, ist dagegen mit Sicherheit fehl am Platz. Kein Erwachsener liest Bücher ohne Vergnügen, nur um seine Rechtschreibung oder seinen Ausdruck zu verbessern. Wie also kann man das von den Kindern verlangen?

Wer gute Kinder- und Jugendbücher sucht, kann sich entweder in guten Buchhandlungen beraten lassen oder kann sich an den verschiedenen Empfehlungslisten orientieren. Die wohl wichtigste Orientierungshilfe stellt dabei der Deutsche Jugendliteraturpreis dar, der als einziger Staatspreis für Literatur seit 1956 jährlich verliehen wird. Folgende Kataloge mit empfehlenswerten Büchern stehen unter anderem bereit:

- Breitmoser, D. (Hrsg.): Das Kinderbuch. München 2000, 4. Aufl.

In diesem Katalog stellt ein Team unabhängiger Experten mehr als 300 empfehlenswerte Kinderbücher ausführlich vor.

- Peetz, H./Liesenhoff, D. (Hrsg.): Deutscher Jugendliteraturpreis. Eine Dokumentation 1956–1996. München 1996.

Diese Dokumentation gibt es zusammen mit einer Ergänzungslieferung für die Jahre seit 1996. Es werden darin sämtliche Bücher vorgestellt, die seit 1956 mit dem Deutschen Jugendliteraturpreis ausgezeichnet oder dafür nominiert wurden.

- Kinderbuchfonds Baobab (Hrsg.): Fremde Welten. Basel 2001, 14. Auflage.

In diesem Buch werden etwa 250 empfehlenswerte Kinder- und Jugendbücher zu den Themen Afrika, Asien, Lateinamerika u. a. vorgestellt.

- Empfehlenswert sind auch die thematisch orientierten Kataloge »Technik, Weltall, Internet«, »Spannung, Traum und Abenteuer«, »Lebendige Vergangenheit« und »Gott, die Welt und wir«.

Alle genannten Kataloge können bestellt werden bei der Buchhändler-Vereinigung GmbH, Postfach 100442, 60004 Frankfurt/Main, Fax 069/1306-255. Informationen gibt es darüber hinaus beim Arbeitskreis für Jugendliteratur e. V., Metzstraße 14c, 81667 München, Tel. 089/4580806, Fax 089/45808088 und bei der Deutschen Akademie für Kinder- und Jugendliteratur e.V., Hauptstraße 42, 97332 Volkach.
Ein unbedingt lesenswertes Buch für alle Eltern ist darüber hinaus das folgende:

- Bettelheim, B.: Kinder brauchen Bücher. Lesen lernen durch Faszination. München 1982.

INTERNET-TIPP

- www.jugendliteratur.org

Diese Internetseite des Arbeitskreises für Jugendliteratur e. V. bietet Listen prämierter Bücher, kurze Besprechungen empfehlenswerter Literatur, verschiedene Hinweise, Nachrichten und auch Links zu diversen anderen Organisationen, die sich um Leseförderung bemühen.

Schulerfolg aus der Apotheke?

Was macht die Pharmaindustrie nicht alles möglich! Glaubt man ihrer Werbung, so ist die Zeit der Schüler mit Lernproblemen bald endgültig Vergangenheit. Denn mithilfe von Tees, Säften, Tropfen, Pillen, Pulvern und anderen Mittelchen lassen sich angeblich die Schulleistungen steigern und die Intelligenz erhöhen, und selbst große Konzentrations-, Lern- und Verhaltensschwierigkeiten sollen abgebaut oder gar zum völligen Verschwinden gebracht werden können. Das erscheint praktisch und verführerisch zugleich: Man erspart sich die mühselige Suche nach den Ursachen, entlässt die Lehrer, das Kind und auch sich selbst aus der Verantwortung und braucht bloß zum vergleichsweise erschwinglichen Erfolgspräparat – das ja kaum schädlich sein kann – zu greifen. Die Werbung wirkt und so geben die Bundesbürger für Stärkungsmittel, Vitamin- und Mineralstoffpräparate jährlich Hunderte von Millionen Euro aus.

Doch Vitamine, Mineralstoffe, Lecithin und andere Dinge mehr sind in jeder gesunden und einigermaßen ausgewogenen

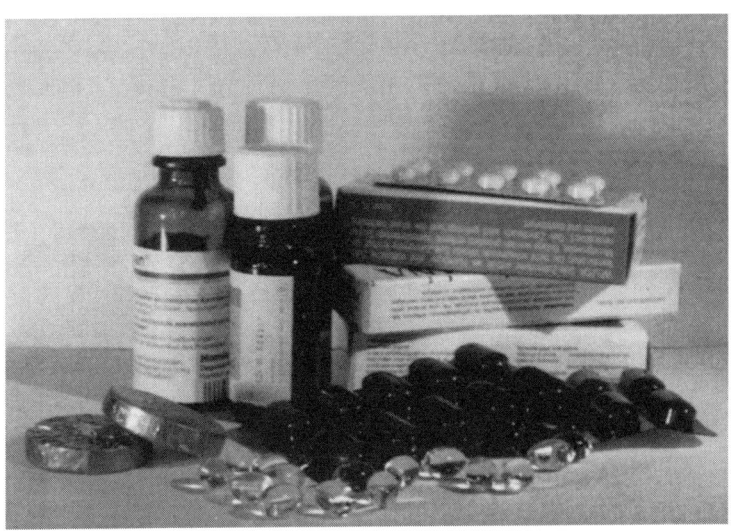

Ernährung enthalten. Bekommt der Körper zu viel von diesen Substanzen, so scheidet er sie ganz einfach ungenutzt wieder aus. Eine deutliche Überdosierung bestimmter Vitamine oder Mineralstoffe ist sogar gesundheitsschädlich. Und so machen Vitamine oder Mineralstoffe in Tablettenform nur dann einen Sinn, wenn vom Arzt tatsächlich ein entsprechender Mangelzustand diagnostiziert worden ist, der auch über eine veränderte Ernährung nicht aufgehoben werden kann. Alles andere hilft zwar der Pharmaindustrie – nicht aber dem Kind.

Das wahrscheinlich größte Problem all dieser Pillen und Pülverchen besteht jedoch darin, dass sie zu einer Art Einstiegsdroge werden bzw. Suchtverhalten begünstigen können. Statt sich für Erfolge anzustrengen und Erfolge auf eigene Bemühungen zurückzuführen, lernt ein Kind den Griff zum Fläschchen – bei mehr als zwei Millionen Medikamentenabhängigen in der Bundesrepublik eine ernst zu nehmende Gefahr.

Ganz besonders bedenklich sind Psychopharmaka, also verschiedene Beruhigungs- und Aufputschmittel, die noch heute von manchen Ärzten ohne große Bedenken verschrieben werden. Zwar wird es immer wieder Kinder geben, die sie tatsächlich benötigen, doch bei an und für sich gesunden Kindern sind sie fehl am Platz und aufgrund ihrer Nebenwirkungen auch nicht zu verantworten. Kindliche Ängste, Kummer und Sorgen haben sich durch ein chemisches Präparat noch nie aufgelöst.

Fitness aus dem Kühlregal?

Nicht nur die Pharmaindustrie verspricht Unglaubliches – auch die Lebensmittelindustrie wartet mit Versprechungen auf. So werden immer wieder für den »kleinen Hunger zwischendurch« spezielle Kindernahrungsmittel, poppig bunt verpackt, entwickelt, die angeblich so »wichtig wie das tägliche Glas Milch« sind oder in anderer Weise der kindlichen Gesundheit und Fitness zuträglich sein sollen. Doch schaut man sich die Inhaltsstoffe auf den Packungen der besonderen Jogurts, Quarks oder abgepackten Zwischenmahlzeiten an, so wird schnell deutlich, dass die Produkte nicht mit den Versprechungen mithalten können: Fast alle sind zu fett und zu süß, und eine besondere gesundheitliche oder gar lernförderliche Wirkung ist nirgendwo zu erwarten. Dafür sind diese Kinderprodukte fast durchweg teurer als vergleichbare »normale« Milchprodukte oder Zwischenmahlzeiten. Das Beste und Gesündeste ist noch immer, dem Kind als Zwischenmahlzeit ein möglichst naturbelassenes Produkt zu geben, also z.B. Naturjogurt, Obst, Müsli, selbst gemachten Fruchtquark oder auch mal einen selbst zubereiteten Pudding.

»Ach Mama, nur noch den einen Film!«

Die Erkenntnis, dass ein Übermaß an Fernsehkonsum für Kinder schädlich ist, dürfte fast so alt sein wie das Fernsehen selbst. Dies gilt, obwohl es wenige gesicherte Erkenntnisse über die Wirkungen des Fernsehens gibt. Experten, die sich speziell mit der Wirkung des Fernsehens auf Kinder befassen, weisen aber immer wieder auf die folgenden Punkte hin:

- Während Kinder sich im Spiel aktiv mit ihrer Umwelt auseinander setzen und beim Lesen ihre kreativen Kräfte entfalten, bekommen sie beim Fernsehen alles in bunter und fertiger Form vorgeführt. Selbsterleben und Eigenaktivität werden so durch Fernseh- bzw. Fremderleben ersetzt. Langfristig gesehen kann dies zu einer Schwächung der Phantasie und der inneren Lebendigkeit führen.
- Kinder, die viel fernsehen – und noch wenig eigene Realitätserfahrungen haben –, bekommen letztlich ein schiefes Bild von der Wirklichkeit. Sie halten die täglichen Tragödien und Katastrophen in Familienserien, Filmen oder Nachrichten für absolut üblich, verstehen vieles nicht und ziehen dann ihre eigenen, oft fehlerhaften Schlüsse. Auch werden bei ihnen Illusionen und Vorurteile erzeugt, die sich oft hartnäckig halten und irgendwann mühsam und schmerzlich abgebaut werden müssen.
- Kinder mit hohem Fernsehkonsum zeigen in der Regel an, dass es ihnen nicht gut geht, dass ihnen attraktive Freizeit-

angebote oder Freunde fehlen. Die umgekehrte Betrachtungsweise, wonach hoher Fernsehkonsum z.B. zu weniger Freundschaften führt, trifft dagegen eher selten zu.
- Als besonders bedenklich sind Filme mit aggressivem Inhalt einzustufen. Denn zum einen können sie die Bereitschaft der Kinder zu aggressivem Verhalten erhöhen, und zum andern kann es sein, dass die jungen Fernsehzuschauer gegen zu starke Eindrücke Schutzmechanismen aufbauen. Letzteres kann schließlich zur Gewöhnung und zur emotionalen Abstumpfung führen.

»*Ich glaube, manche Eltern wollen ihr Gewissen beruhigen, wenn sie mir sagen, es gebe so tolle Tiersendungen im Fernsehen und da könnten die Kinder etwas lernen. Aber was lernt denn meinetwegen ein Zweitklässler bei einem der üblichen Tierfilme? Er sieht da total verkleinert ein paar Elefanten oder hört, ein Gepard könne Spitzengeschwindigkeiten von ca. 100 km/h erreichen. So etwas sagt einem Zweitklässler eigentlich gar nichts. Er bräuchte zumindest jemanden, der ihm das noch mal erklärt. Vor allem aber muss er erst einmal an sich selbst Geschwindigkeiten erfahren: als Fußgänger, beim Rennen oder auf dem Fahrrad. Und wenn er etwas über Tiere lernen soll, dann ist es besser, er streichelt einmal einen Hasen, rennt ihm vergeblich hinterher, riecht seinen Stall oder gibt ihm Futter. Das ist ein sinnliches, beeindruckendes Erlebnis. Klar, ich schaue mir auch mal gerne einen Tierfilm an und ich habe auch etwas davon. Aber ich bin auch schon älter.*«
(Herr F., Grundschullehrer)

- Gerade das Vorabendprogramm, das von Kindern so gern genutzt wird, beinhaltet besonders viele Bilder körperlicher Gewalt. Bei geschicktem Zappen zwischen 18 und 20 Uhr können Kinder durchaus bis zu 20 Gewalttaten an einem Abend sehen.

- Die gebotenen Fernsehsendungen, insbesondere diejenigen für Erwachsene, übersteigen oftmals die Bewältigungsmöglichkeiten der Kinder. Als Folge können beispielsweise Angst, Nervosität und Konzentrationsstörungen entstehen.
- Alle »Geheimnisse« der Erwachsenenwelt kann ein Kind heute in jeder beliebigen Talkshow erfahren. Während die Kinder im täglichen Leben weitgehend von der Welt der Erwachsenen ausgeschlossen werden, bekommen sie im Fernsehen alle Probleme und Schieflagen ihrer Elterngeneration – auf zum Teil erschreckendem Niveau – aufgetischt.
- Vor allem Grundschulkinder können beim Fernsehen noch wenig »wirkliches« Wissen erwerben. Sie müssen sich mit den interessierenden Dingen und Vorgängen zunächst noch in der Realität auseinander setzen, müssen sie – im wahrsten Sinne des Wortes – erst noch »be-greifen«, bevor sie Gewinn aus einer informativen Fernsehsendung ziehen können.
- Fernsehen ersetzt Freundschaften und Familienbeziehungen. Es gibt weniger Gespräche und weniger gemeinsames Tun – und damit auch weniger Möglichkeiten für Kinder, sich im Zusammensein mit anderen zu erproben und so gefordert und gefördert zu werden. Positive Stimmen führen allerdings an, dass Fernsehen auch Kontakte erleichtern oder aufrechterhalten kann, so z.B. dann, wenn sich eine Familie zum gemeinsamen Fernsehen zusammenfindet.

»Mich persönlich stören diese Trickfilme am meisten. Die sehen bunt aus, und manche Eltern meinen, deswegen seien sie für Kinder geeignet. Aber wenn man die sich mal genauer anschaut, wird einem ganz anders: Da wird ständig draufgehauen, ohne dass etwas Ernsthaftes passiert. Und die Frauen geben das immer gleiche, unmögliche Bild ab: meistens langhaarig, blond, mit Wespentaille und zu nichts zu gebrauchen.«
(Frau S., Mutter von zwei Töchtern)

- Positive Stimmen weisen außerdem darauf hin, dass Kinder sich jene Themen im Fernsehen aussuchen, mit denen sie sich gerade innerlich beschäftigen. Die Kinder werden also nicht als passive Zuschauer, sondern als aktive Nutzer betrachtet. Fernsehen kann nach dieser Sichtweise nicht nur Bedürfnisse befriedigen, sondern auch der Orientierung und Lebensbewältigung dienen.
- Beim Fernsehen verharren die Kinder zumeist bewegungslos auf dem Boden oder Sofa. Das ist – zumal nach Schule und Hausaufgaben – schlichtweg ungesund, vor allem dann, wenn noch dazu geknabbert und genascht wird.
- Die Kindersendungen der privaten Fernsehsender sind von Werbung umrahmt und durchsetzt. Kinder sollen auf diese Weise schon früh in die Konsumorientierung unserer Gesellschaft eingeübt und dem herrschenden Zeitgeschmack angepasst werden. Man geht davon aus, dass die Kinder in Deutschland über eine Kaufkraft von mehreren Milliarden Euro verfügen und auf elterliche Einkäufe in der gleichen Höhe Einfluss nehmen. Verschiedenen Schätzungen zufolge liegt ihre »tatsächliche Kaufkraft« damit bei 15 bis 20 Milliarden Euro – ein Volumen, das Kinder zu äußerst umworbenen Fernsehzuschauern macht.
- Auch ohne Werbung weckt das Fernsehen Konsumwünsche. Durch das Konzept des »Merchandising«, der gezielten Vermarktung eines Films oder einer Serie, werden Identifikationsfiguren allgegenwärtig und tauchen ungeahnte Begehrlichkeiten auf: Den Filmhelden wollen die Kinder dann auf der Bettwäsche und auf der Kleidung, als Aufkleber auf dem Mäppchen oder Schulranzen und am liebsten auch noch auf der Müsli- oder der Jogurtpackung. Der Filmheld durchzieht dann das ganze Leben – bis ein neuer Held kommt und neue Wünsche entstehen.

»*Beim letzten Elternabend diskutierten wir auch wieder über das Fernsehen. Viele Eltern meinten, da könne man nichts dagegen machen, die Kinder würden heute eben alle viel fernsehen, das sei nun mal so. Also ehrlich, das verstehe ich nicht: Ich kann doch wohl meinen Kindern Grenzen setzen und kann ihnen sagen, wann es genug ist. Ich möchte z.B. nicht, dass der Fernseher läuft, wenn wir essen und uns unterhalten. Das kann ich doch meinen Kindern vermitteln. Und im Prinzip verstehen die das auch. Sicher, mein Ältester ist nicht immer begeistert, wenn er ein ›Nein‹ zu hören bekommt. Aber wenn er missmutig dreinschaut, ist das sein Problem. Wir andern unterhalten uns dann und irgendwann macht er auch wieder mit.*«
(Frau U., Mutter von vier Kindern)

Und doch bietet das Fernsehprogramm immer wieder verlockende Unterhaltung, wonach Kinder oftmals nachdrücklich verlangen: »Och Mama, nur noch den einen Film!« – »Aber Papa, das sehen alle in meiner Klasse an!« – »Ach bitte, das ist gerade so spannend!«

Da ist guter Rat schwierig, aber vielleicht auch besonders dringlich. Vielleicht können Ihnen einige der nachfolgenden Vorschläge helfen.

Ideen für den Alltag: Wie Eltern und Kinder mit dem Fernsehen umgehen können

- Wählen Sie einige wenige altersgemäße Sendungen gemeinsam und bewusst mit Ihrem Kind aus! Schalten Sie den Apparat nach einer Sendung ab und schalten Sie nicht einfach um!
- Richten Sie Ihren Tagesablauf nicht nach dem Fernsehprogramm.

- Sehen Sie, sofern möglich, ausgewählte Sendungen gemeinsam mit Ihrem Kind an. Es fühlt sich dann geborgener und hat auch die Möglichkeit, Unverstandenes zu erfragen. Auf diese Weise ist es ihm eher möglich, das Gesehene einzuordnen und zu verarbeiten.
- Lassen Sie Ihr Kind ruhig aufstehen oder aus dem Raum gehen, wenn es ihm zu viel wird.
- Lachen Sie nicht über Ihr Kind, wenn es sich vor etwas fürchtet, sonst kann es geschehen, dass es in Zukunft seine Gefühle vor Ihnen versteckt.
- Lassen Sie Ihrem Kind die Möglichkeit, Fernsehsendungen zu kommentieren und anschließend nachzuspielen. Kindern hilft dieses Verarbeiten durch Sprache, Mimik und Körperbewegung, da sie noch nicht so wie Erwachsene über geistige Bewältigungsmöglichkeiten verfügen.
- Verlangen Sie bei der Auseinandersetzung mit einer Fernsehsendung nicht eine folgerichtige Nacherzählung des Gesehenen, sondern lassen Sie Ihr Kind so erzählen, wie es möchte.
- Werten Sie Ihr Kind mit seinen Vorlieben nicht ab, sondern erklären Sie ihm einfach, dass Sie eine Sendung aus bestimmten Gründen nicht mögen.
- Benutzen Sie den Fernseher nicht als Babysitter, so praktisch das sein mag. Kinder, die es gewöhnt sind, können sich auch spielend oder lesend eine Weile alleine beschäftigen.
- Lassen Sie Ihren Fernseher nicht ununterbrochen als Geräuschkulisse laufen. Auch wenn Kinder scheinbar mit etwas anderem beschäftigt sind, so bekommen sie mit ihren »großen Ohren« doch immer wieder viel zu viel mit.
- Verzichten Sie auf die Anschaffung eines zweiten oder gar dritten Fernsehers, auch wenn er Ihnen Auseinandersetzungen um das Fernsehprogramm ersparen kann. Denn sehen Kinder allein und unbeaufsichtigt fern, so werden die negativen Wirkungen des Fernsehens noch

einmal verstärkt. Auch kommt es meist zu einer Erhöhung des Fernsehkonsums.
- Wenn es Ihnen möglich ist, so zeigen Sie auch optisch an, dass dem Fernsehapparat in Ihrer Familie keine allzu große Bedeutung zugemessen wird. Vielleicht wäre es einen Versuch wert, den Apparat einmal woanders hinzustellen oder ihn in einem Schrank verschwinden zu lassen.
- Kinder neigen oft dazu, ihre Eltern gegeneinander auszuspielen, wenn sie etwas unbedingt möchten (»Alle dürfen, nur ich nicht ...«). Eltern sollten sich aber nicht so einfach unter Druck setzen lassen, sondern durchaus bei ihrer – begründeten – Meinung bleiben.
- Wenn Sie selbst fernsehen und Ihr Kind zu Ihnen kommt, so überlegen Sie doch, ob Sie vielleicht auf Ihre Sendung verzichten oder sie aufzeichnen können. Vermutlich möchte Ihr Kind nämlich nicht so sehr die Sendung sehen, sondern lieber mit Ihnen zusammen sein.
- Wenn Sie Ihr (älteres) Kind für Nachrichten interessieren möchten, so versuchen Sie es anfangs mit Radionachrichten und Meldungen in der Tageszeitung, um Ihrem Kind die zum Teil schrecklichen Bilder der üblichen Nachrichtensendungen zu ersparen. Eine gute Idee ist auch die Kindernachrichtensendung »Logo« im ZDF.
- Falls Sie für Ihre Kinder auch Videokassetten haben, so sollten diese nie zusätzlich, sondern nur anstelle des Fernsehprogramms gesehen werden. Eine große Zahl an Videokassetten ist dabei sicherlich ungünstig, da sie zu einem höheren Konsum führen kann.
- Eine gute Idee, um Kindern zu zeigen, dass Filme »gemacht« sind, ist die Herstellung eines eigenen »Spielfilms«. Dies ist dann ein Film, der nicht einfach besondere Familienereignisse dokumentiert, sondern der nach einem »Drehbuch« hergestellt wird und auch mit speziellen »Effekten« arbeitet.
- Lassen Sie Ihr Kind möglichst nicht direkt vor dem Schla-

> fengehen fernsehen, damit ihm noch genügend Zeit bleibt, um das Gesehene zu verarbeiten.
> - Als Faustregel gilt, dass Schulkinder nicht mehr als eine Stunde pro Tag fernsehen sollten. Für jüngere Grundschulkinder ist schon eine halbe Stunde täglich genug.
> - Setzen Sie Fernsehen nicht als Belohnung und Fernsehentzug nicht als Bestrafung ein. Sie werten sonst das Fernsehen zu stark auf.

Sicherlich am entscheidensten für das Fernsehverhalten eines Kindes ist jedoch das Vorbild der Eltern. Und so können Eltern, die selbst viel und ohne bewusste Auswahl fernsehen, von ihrem Kind nur schwer das Gegenteil verlangen. Sie können aber versuchen, vorwiegend dann fernzusehen, wenn die Kinder bereits schlafen oder sich mit dem anderen Elternteil in einem anderen Zimmer beschäftigen. Auch erscheint es möglich, sich einen Kopfhörer (auch kabellos) im Fachhandel oder Kaufhaus zu besorgen, um beim Fernsehen die übrigen Familienmitglieder nicht zu stören. Bewegte Bilder ohne Stimmen, Geräusche und Musik sind auf Dauer wenig attraktiv – und auch vergleichsweise wenig angstauslösend, was jeder weiß, der einmal bei einem Hitchcock-Film den Ton abgedreht hat. Mag dies alles nicht gelingen, so bleibt noch, die eigene »Schwäche« als solche zuzugeben und auf einer Begrenzung des Mediums Fernsehen für Kinder zu bestehen. Kinder, die vielfältige Hobbys, zahlreiche Freunde und außerdem Eltern haben, die sich mit ihnen beschäftigen, werden eine solche Begrenzung in der Regel akzeptieren.

- Die Broschüre »Nicht nur laufen lassen. Kinder, Fernsehen und Computer« ist kostenlos erhältlich bei der Bundeszentrale für gesundheitliche Aufklärung, 51101 Köln. Sie bietet viele interessante Informationen zu den Themen Fernsehen, Video und Computer.

- Der Fernsehratgeber »Mit Kindern fernsehen« für Eltern und Kinder im Vorschul- und Grundschulalter ist kostenlos erhältlich (bei Erstattung der Portokosten) über die Fachstelle Medien der Diözese Rottenburg-Stuttgart, Sonnenbergstraße 15, 70184 Stuttgart, Tel. 0711/16463, Fax 0711/1646444. In diesem Ratgeber werden für Kinder geeignete Sendungen für jeweils einen Monat vorgestellt und kommentiert. Der Ratgeber erscheint jeden Monat neu und kann im Abonnement bezogen werden. Der Zeitschrift »spielen und lernen« liegt er ebenfalls bei.

- Für Kinder im Allgemeinen wertvoller als Videokassetten sind Hörkassetten oder CDs, die der Phantasie weitaus mehr Raum lassen als Ton-Bild-Dokumente. Geeignete Hörkassetten gibt es in guten Buch- oder Spielwarenläden. Orientieren können sich Eltern auch am Medienpreis »LEOPOLD«, mit dem der Verband deutscher Musikschulen mit Unterstützung des Ministeriums für Familie, Senioren, Frauen und Jugend seit 1997 besonders empfehlenswerte Produktionen auszeichnet. Eine entsprechende Broschüre mit den prämierten Titeln kann bezogen werden beim Verband deutscher Musikschulen e. V. (VDM), Plittersdorfer Straße 93, 53173 Bonn, Tel. 0228/957060, Fax 0228/9570633.

🖱 www.flimmo.de

Eine 14-tägig aktualisierte Internetseite zum Kinderfernsehprogramm mit Kommentaren zu verschiedenen Sendungen und weiteren Informationen rund um das Thema Fernsehen und Kinder

🖱 www.musikschulen.de

Unter dieser Adresse finden sich ebenfalls Angaben zu den mit dem Medienpreis »LEOPOLD« ausgezeichneten CDs (siehe »Lesetipps«).

Der Computer als Freizeitvergnügen: sinnvoll oder schädlich?

Die Diskussion um den Computer im Kinder- oder Klassenzimmer wird so schnell vermutlich kein Ende finden. Zwei Dinge sind für die meisten allerdings klar. Erstens: Wenn unsere Kinder einmal erwachsen sind, dann wird der Computer zu ihrem Arbeitsleben dazugehören. Zweitens: Der Computer ist der Entwicklung kleinerer Kinder nicht dienlich. Doch wie sieht es mit den Schulkindern und Jugendlichen aus, also mit jener Altersgruppe, die zwischen den beiden genannten liegt? Diese Frage ist gar nicht so einfach zu beantworten, und das schon ganz einfach deshalb, weil es einen Unterschied macht, ob man den Computer beispielsweise als intelligente Schreibmaschine oder für Gewaltspiele nutzt. Einige Aussagen lassen sich aber dennoch treffen:

- Je jünger die Kinder sind, desto schlechter fällt das Urteil für den Computer aus. Jüngere Kinder müssen sich viel bewegen und müssen erst einmal die wirkliche Welt »be-greifen« – mit allen Sinnen und in drei Dimensionen. Sie müssen erst einmal richtig Fahrrad fahren, bevor sie ein Autorennen simulieren, und sie müssen erst einmal den Pinsel in echte Farbe

tauchen, bevor sie sich an einem Malprogramm versuchen. Kinder haben ein Recht auf Wirklichkeit und auf unmittelbare Erfahrungen, auf ein Lernen mit allen Sinnen und ein Leben als ganze Person.
- Computerkenntnisse und Internetkompetenz sind in der heutigen und zukünftigen Lebens- und Arbeitswelt sicher wichtig. Sie allein machen aber noch keine Bildung aus. Auch wird es in Zukunft weniger zentral sein, zu lernen, wie man an Informationen herankommt, als zu wissen, was man aus ihnen und mit ihnen macht. Dies aber lernt man nur durch echte Erfahrungen und viele Gespräche – und keineswegs automatisch durch häufiges Spielen und Surfen.
- Ein großer Teil der Computerspiele ist aus pädagogischer Sicht einfach schlecht. Gerade die bei den Jungen so beliebten Actionspiele sehen für das spielende Kind zum Teil nichts anderes vor als das ständige Abschießen irgendeines Feindes auf dem Bildschirm. Dies kann, sicher unmittelbar einsichtig, weder die geistige noch die emotionale oder motorische Entwicklung fördern. Problematisch kann darüber hinaus das Surfen im Internet werden, das den Kindern schnell Inhalte zumutet, die ihnen einfach nicht zuträglich sind.

»So ein Computer ist halt bequem für die Eltern. Die Kinder, auch die Kleinen, sind stundenlang beschäftigt und man hat seine Ruhe. Das ist so ähnlich wie beim Fernsehen. Man spart sich den Babysitter. Ob das den Kindern gut tut, ist eine andere Frage.«
(Frau N., Mutter einer Tochter)

- Die Befürchtung, Kinder würden durch das Computerspiel sozial unfähig und einsam, hat sich in allen bisherigen Untersuchungen als gegenstandslos herausgestellt. Die meisten Kinder spielen sehr häufig mit Freunden am Computer und tauschen sich auch gerne mit Gleichaltrigen über Computerspiele aus.

- Auch ergeben die vorliegenden Untersuchungen, dass die meisten Kinder und Jugendlichen mit Computerzugang nicht ständig am Computer sitzen. Es ist tatsächlich nur eine kleine Minderheit, die jeden Tag mehrere Stunden am PC verbringt. Bei dieser Minderheit ist allerdings in der Regel davon auszugehen, dass der hohe Computerkonsum nicht die Ursache mangelnder Kontakte, sondern vielmehr ein Symptom ist, das auf persönliche Nöte und Schwierigkeiten hinweist.
- Der Computer lässt eine Vielzahl interessanter und sinnvoller Tätigkeiten insbesondere für ältere Kinder und Jugendliche zu. Es können beispielsweise Geschichten oder Briefe geschrieben und per E-Mail verschickt und empfangen werden. Auch können Recherchen im Internet durchgeführt, eigenständig Programme erstellt oder Musikstücke komponiert werden. Und natürlich gibt es eine Reihe guter Spiele, die Spaß machen und in denen es z.B. darum geht, interessante Probleme zu lösen oder Einblicke in unsere Geschichte zu erhalten.

»*In meiner dritten Klasse ist ein Junge, der später mal unbedingt aufs Gymnasium muss. Er macht angeblich tolle Sachen zu Hause am Computer. Seine Mutter sagt, wenn irgendetwas mit dem Computer nicht stimmt, dann kriegt das ihr Sohn wieder hin. Aber wissen Sie, was dieser tolle Sohn nicht kann? Er kann nicht freihändig über eine Bank balancieren und er kann nicht mal richtig Ball spielen. Beim Malen hält er den Pinsel total verkrampft, und wenn er mit Legos baut, dann sieht das ärmlich aus. Das heißt, dieses Kind kann das nicht, was man in seinem Alter können sollte. Und so etwas lässt sich später nicht so einfach nachholen. Computerkenntnisse dagegen kann man sich getrost auch später noch aneignen. Deshalb meine Meinung: Alles zu seiner Zeit. Der Computer kann warten.*«
(Herr A., Grundschullehrer)

- Viele Kinder, vor allem Jungen, spielen sehr gerne Computerspiele. Sie erleben sich bei Spielen mit passendem Schwierigkeitsgrad als leistungsfähig und erfolgreich, erfahren beim wiederholten Spiel den Zusammenhang von Übung und Erfolg ganz unmittelbar, bekommen ständig sofortige Rückmeldung und erleben sich als »Herr« des Geschehens. Der Computer macht letztlich, was sie wollen und so lange sie es wollen – Erfahrungen von Macht und Kontrolle, die Kindern im realen Leben durchaus nicht immer gegeben sind. Besonders deutlich sind diese Erfahrungen von Macht und Kontrolle in Spielen, in denen die Kinder zum allmächtigen Helden und Herrscher werden – und sei es nur für kurze Zeit.
- Das Argument, Kinder bräuchten möglichst früh zu Hause einen Computer, um sich ausreichend auf die spätere Arbeitswelt vorbereiten zu können, trägt nur bedingt. An den weiterführenden Schulen haben die Kinder heute überall die Möglichkeit, mit dem Computer vertraut zu werden und eine informationstechnische Grundbildung zu erwerben. Der Ausbildungsstand der Lehrerinnen und Lehrer auf diesem Gebiet wird in Zukunft sicher besser werden. Außerdem stellt sich beim Blick auf die Arbeitswelt immer die Frage, wie früh denn das, was später einmal mit 15, 16, 18 oder 25 Jahren an Kompetenzen vorhanden sein soll, schon vorgeübt werden muss. Schließlich hat jedes Alter seine Aufgaben, und es macht wenig Sinn, aus falsch verstandenem Fördereifer heraus spätere Aufgaben zeitlich vorzuverlagern.
- Das Argument schließlich, Kinder bräuchten zu Hause einen Computer, um in der Schule keine Nachteile zu haben, erscheint einerseits einsichtig, andererseits aber bedenklich. Schließlich kann es nicht die Aufgabe des Elternhauses sein, ständig und mit viel Geld schulischen Unterricht vorwegzunehmen oder nachzubereiten – mit dem Ergebnis, dass sich das Kind in der Schule womöglich langweilt. Außerdem setzen Eltern auf diese Weise einen Prozess, eine Spirale in Gang, die sie nachher selbst wieder bedauern. Und schließlich bleibt auch hier zu fragen, ob einem vielleicht später einmal

auftretenden Nachteil tatsächlich schon Jahre vorher vorgebeugt werden muss oder ob man nicht erst einmal abwarten möchte, wie sich die Verhältnisse entwickeln.

Die Entscheidungen, die es im Hinblick auf den Computer zu treffen gibt, sind also nicht einfach und haben auch etwas mit dem Geldbeutel der Eltern und ihrer eigenen Computernutzung zu tun. Die Entscheidungen müssen sicher immer individuell ausgehandelt werden. Einige Punkte können vielleicht als Richtlinien dienen.

Ideen zum Nachdenken: Wie Eltern und Kinder mit dem Computer umgehen können

- Die Anschaffung eines Computers für das Kind, um ihm etwaige Nachteile in Schul- und Arbeitswelt zu ersparen, macht in der Grundschule und am Anfang der Sekundarstufe noch keinen Sinn.
- Falls ein Computer allein für das Kind gekauft werden soll, so ist es in der Regel vernünftiger, einen richtigen Computer mit Tastatur, Drucker und einem Textverarbeitungsprogramm zu kaufen – und keine Videospiel-Konsole, die zu nichts anderem als zum Spielen taugt.
- Ist im Elternhaus ein Computer schon vorhanden, so ergibt sich die Frage der Nutzung durch das Kind. Hier müssen fast immer sowohl in zeitlicher als auch in inhaltlicher Hinsicht Begrenzungen ausgehandelt werden. Auch ist darauf zu achten, dass das Kind in einer einigermaßen gesunden Haltung (siehe S. 48 ff.) am Computer sitzen kann.
- Zeitliche Begrenzungen sind beim Computer oft eine schwierige Sache, weil das Kind insbesondere beim Spielen nur schwer den Absprung schafft. Sinnvoll sind deshalb Spiele, bei denen der Spielstand abgespeichert werden kann. Für jüngere Kinder sind zwei bis drei Stunden am Computer pro Woche genug, für ältere

Kinder kann diese Zeit verdoppelt werden. Wird am Computer nicht nur gespielt, so können natürlich andere Zeiten ausgehandelt werden.
- Insbesondere Computerspiele, die Konzentration und Reaktionsschnelligkeit erfordern, das Kind also in eine große Anspannung bringen, sollten von Tätigkeiten gefolgt sein, die ein Austoben bzw. Entspannen bedeuten. Dabei gilt die Faustregel, dass die Entspannung mindestens so lange wie die Anspannung dauern sollte.
- Eltern sollten wissen, was ihre Kinder am Computer machen. Dies gilt für die Auswahl der Spiele genauso wie für das Surfen im Internet. Dieses Wissen um das Tun der Kinder muss keine übertriebene Kontrolle bedeuten. Merken Eltern, dass ausgeliehene oder geschenkte Spiele gewaltverherrlichend, diskriminierend oder in anderer Weise bedenklich sind, so erscheint ein Gespräch dringend nötig – vielleicht auch mit den Eltern der ausleihenden Freunde.
- Eltern werden unglaubwürdig, wenn sie ihrem Kind die Computernutzung einerseits begrenzen und den Computer andererseits als »Babysitter« nutzen. Kinder, die spielen können, brauchen keinen Computer, um ihre Eltern einmal eine Arbeit in Ruhe zu Ende bringen zu lassen. Dass auch diese Regel einmal eine Ausnahme haben darf, erscheint selbstverständlich.
- Am Beispiel der eigenen Computernutzung können Eltern ihrem Kind auch zeigen, wie der Computer sinnvoll genutzt werden kann. So erscheint es beispielsweise möglich, dem Kind am Nachmittag oder nach Arbeitsschluss eine E-Mail aus dem Büro zu schicken, es in ein Textverarbeitungsprogramm einzuweihen oder mit ihm gemeinsam und gezielt im Internet nach Informationen (z.B. www.blinde-kuh.de) zu suchen. Auch erscheint es denkbar, hin und wieder ein wirklich gutes Computerspiel (siehe »Lesetipps«) auszuwählen und es gemeinsam zu spielen.
- Gute Computerspiele findet man weniger in Kaufhaus

und Supermarkt als in guten Buch- und Spielwarenläden mit qualifizierter Beratung. Allgemein gilt, dass Schießspiele eher abzulehnen sind, während es im Bereich der Strategie- und Abenteuerspiele und insbesondere des Edutainments, das Spielen und Lernen verbinden möchte, interessante Varianten ohne Gewaltanteile gibt.

- Wie beim Fernsehen so gilt auch beim Computer, dass dessen Attraktivität nicht unabhängig von der Attraktivität der anderen Freizeitangebote gesehen werden kann. Kinder, die in einer Mannschaft Sport treiben oder in einem Orchester spielen, die die elterliche Werkstatt mitnutzen oder in der Küche altersangemessen helfen dürfen, die über wenig, aber gutes Spielzeug verfügen und Eltern haben, die auch etwas mit ihnen unternehmen, werden dem Computer in der Regel keine allzu große Bedeutung zumessen. Dass diese Aussage doch einmal, insbesondere in der anfänglichen Faszinationsphase, ein paar Wochen lang außer Kraft gesetzt sein kann, ist dabei unbestritten.
- Will ein Kind monatelang ständig und womöglich allein am Computer spielen, so erscheint dies in der Tat bedenklich. Hier ist allerdings ein bloßes Verbot nicht die richtige Lösung. Vielmehr muss davon ausgegangen werden, dass es dem Kind seelisch nicht gut geht, es also beispielsweise Schwierigkeiten in der Schule, mit den Freunden oder auch in der Familie hat. Die erste Reaktion wird dann erst einmal ein vorsichtiges Gespräch mit dem Kind und eventuell auch mit der Klassenlehrerin oder dem Klassenlehrer sein.
- Besonders schwierig sind Begrenzungen oft bei den jüngeren Geschwistern, die möglichst alles den Großen nachtun wollen und ja auch immer die vermeintlichen Verlockungen unmittelbar neben sich sehen. Dennoch erscheint es auch mit Blick auf die älteren Geschwister nicht richtig, den Jüngeren die gleichen Rechte einzuräumen, nur um den drohenden Diskussionen und Konflikten (»Warum immer nur der ...?«) zu entgehen.

- Insgesamt gesehen gilt für den Umgang mit dem Computerspiel das Gleiche wie für die gesamte Erziehung: Kinder brauchen Grenzen, und Kinder brauchen starke Eltern, die nicht bei jedem »Aber ...« schwach werden. Kinder haben ein Recht auf Eltern, die auch einmal »Nein!« sagen – ohne deshalb autoritär und rigide zu werden. Selbstverständlich müssen Verbote begründet werden und, wenn die Kinder älter werden, auch wieder hinterfragt und aufgehoben werden können, doch oft sind sie erst einmal nötig: Auch ein »Nein!« kann einem Kind förderlich sein.

LESE-TIPPS

- 📖 Der Katalog »Sehen – Hören – Klicken. Kinder- und Jugendliteratur multimedial« stellt eine Auswahl qualitativ hochwertiger Filme, Hörbücher und CD-ROMs mit Spielgeschichten aus dem Bereich der Kinder- und Jugendliteratur für 4- bis 14-jährige Kinder vor. Er kann bezogen werden bei der Buchhändler-Vereinigung GmbH, Postfach 100442, 60004 Frankfurt/Main, Fax 069/1306-255 oder beim Arbeitskreis für Jugendliteratur (siehe S. 22). Die aktuelle Broschüre »Spiel- & Lernsoftware pädagogisch beurteilt« mit Beschreibungen und kritischen Einschätzungen aktueller Computerspiele kann bezogen werden bei M7-Verlag, Im Mediapark 7, 50670 Köln,
Tel. 0221/5743-140, Fax 0221/5473-139,
E-Mail: m7@komed.de

- 📖 Zweimal jährlich (auch im Abonnement) gibt es kostenlos die Blätter »Computerspiele auf dem Prüfstand« bei der Bundeszentrale für politische Bildung, Postfach 2325, 53013 Bonn.

- Ewww.sin-net.de

  Unter dieser Adresse finden sich prämierte Spiel- und Lernprogramme für Kinder und Jugendliche.

- Ein Auswahlkriterium für Spiel- und Lernprogramme ist der Preis »Pädi«, der von den jeweiligen Firmen auch auf den Verpackungen abgebildet werden darf.

Wenn Eltern gerne lernen

Diese Überschrift verstehe ich nicht, mag hier vielleicht der eine Leser oder die andere Leserin denken – es geht hier doch um das Lernen der Kinder und nicht um das der Eltern, die schon lange nicht mehr in der Schule sind! Doch die Überschrift »Wenn Eltern gerne lernen« ist ganz ernst gemeint und möchte auf einen wichtigen Zusammenhang aufmerksam machen: Kinder interessierter, weltoffener und lernbereiter Eltern gehen zumeist ebenfalls mit selbstverständlichem Interesse auf ihre Mit- und Umwelt zu. Sie fragen beispielsweise gerne nach, wenn etwas unklar ist, und wissen, dass man bei mangelnder Informiertheit im Lexikon oder Wörterbuch nachschlagen kann, dass es Bibliotheken mit fantastisch vielen Büchern gibt, dass es Spaß machen kann, einem Glasbläser bei der Arbeit zuzuschauen oder ein Museum kennen zu lernen. Auch ist es für sie selbstverständlich, sich am Schulfest aktiv und ideenreich zu beteiligen oder besondere schulische Inhalte eigenständig zu vertiefen, also vielleicht ein Sachbuch heranzuziehen oder mit den Eltern Landkarten zu studieren. Und, natürlich: Kinder konzentriert auf ein Ziel hinarbeitender Eltern haben auch seltener Schwierigkeiten, bei einer Sache zu bleiben und Durchhaltevermögen zu zeigen. Eltern lehren ihre Wertvorstellungen nun einmal nicht durch Vorträge, sondern zuallererst durch ihr Verhalten.

Schön ist es auch, wenn Eltern zeigen, dass sie gerne von ihrem Kind lernen oder über seine Fähigkeiten staunen. Letzteres tun Eltern in der Vorschulzeit ihres Kindes nämlich zumeist sehr viel mehr als in späteren Jahren, die häufig von Unzufriedenheit mit dem Kind gekennzeichnet sind. Überspitzt gesagt: Lernt das Kind zu laufen oder »Mama« zu sagen, so erfährt es Freude und Bewunderung, lernt es dagegen das Multiplizieren, so werden seine Fehler gezählt.

Immer wieder schön ist es also, wenn Eltern ihre Kinder auffordern, etwas, das sie neu gelernt haben, zu erklären oder vorzutragen. So können die Kinder ihren Eltern vielleicht schildern, wie eine Kläranlage funktioniert oder wie das Leben im antiken Griechenland aussah, oder sie können mit ihren Eltern Englisch üben. Dieser Rollentausch macht den Kindern zumeist viel Spaß, was auch verständlich ist. Denn wer möchte schon tagein und tagaus immer nur von anderen belehrt werden?

2. Gut geplant ist halb gewonnen

Ein Arbeitsplatz für gutes Arbeiten

Ein guter Arbeitsplatz stellt zwar noch lange keine Garantie für gutes Arbeiten dar, doch er kann es ganz erheblich erleichtern. Entscheidend ist dabei, dass der Arbeitsplatz ein ruhiges, ungestörtes Arbeiten ermöglicht, dass Tisch und Stuhl der Größe des Kindes angepasst und die Licht- und Temperaturverhältnisse dem Lernen förderlich sind.

Eine große Hilfe: Der feste Arbeitsplatz

Schülerinnen und Schüler, die ihre Hausaufgaben an einem festen Arbeitsplatz anfertigen, erleichtern sich das Lernen. Sie profitieren von der Tatsache, dass ein fester Arbeitsplatz als Signal wirken kann, um mit den Hausaufgaben zu beginnen und sie auch zu Ende zu führen.

Ideal dafür ist in der Regel ein eigener Schreibtisch oder auch eine Schreibplatte im eigenen Zimmer, also ein Platz, an dem das Kind ungestört ist, sich heimisch fühlen kann und an dem alle nötigen Utensilien griffbereit sind. Sind die räumlichen Gegebenheiten nicht entsprechend, so kann auch ein fester Platz am Küchen- oder Esstisch zweckmäßig sein.

Oftmals möchten Grundschulkinder ihre Hausaufgaben nicht so gern in ihrem Zimmer, sondern lieber in der Nähe der Mutter oder des Vaters anfertigen. Viele Kinder sitzen deshalb vor allem am Schulanfang in der Küche oder am Essplatz, während sich ein Elternteil, zumeist noch immer die Mutter, um Küche und Geschirr kümmert. Diese Lösung ist durchaus in Ordnung und hat auch für die betreuende Person den Vorteil, bei auftretenden Fragen gleich zur Stelle zu sein und sich ohne viel Aufhebens einen ungefähren Überblick über die neuen Lerninhalte

Franziska, 8 Jahre: »Mein kleiner Bruder lenkt mich oft bei den Hausaufgaben ab.«

Mario, 9 Jahre: »Wenn meine Mutter Staub saugt, kann ich nicht denken.«

verschaffen zu können. Allerdings sollte auch bei dieser Lösung klar sein, dass die Hausaufgaben zunächst einmal Sache des Kindes und nicht des betreuenden Elternteils sind. Werden die Kinder älter, so gehen sie in aller Regel irgendwann von sich aus in ihr eigenes Zimmer, um dort ungestört arbeiten zu können.

Eltern, die selbst zu Hause Arbeiten am Schreibtisch oder Computer erledigen müssen, können sich auch überlegen, ob sie nicht ihr Arbeitszimmer mit ihrem Kind teilen wollen. Auf diese Weise ist das Kind in der Nähe der Mutter oder des Vaters und hat gleichzeitig ein konzentriert arbeitendes Vorbild vor Augen.

Welche Lösung auch immer Sie und Ihr Kind wählen: Solange alle Beteiligten damit einverstanden sind und Ihr Kind gut arbeiten kann, ist diese Lösung in Ordnung. Erst dann, wenn Schwierigkeiten auftreten, empfiehlt es sich, über den bisherigen Arbeitsplatz nachzudenken.

Ohne Ruhe geht es nicht

Unabhängig davon, an welchem Ort Ihr Kind seine Hausaufgaben macht – es sollte dabei möglichst ungestört bleiben.

Spielende oder umherlaufende Geschwister erschweren das Lernen ebenso wie Eltern, die sich laut unterhalten oder telefonieren, Radio hören, Staub saugen oder das Kind unterbrechen, um es in den Keller oder zum Einkaufen zu schicken.

Störend ist auch Musik, vor allem dann, wenn sie von Ansagen unterbrochen wird, laut ist und beispielsweise schwierige Mathematikaufgaben zu lösen sind. Dennoch machen bekanntlich viele Kinder und Jugendliche ihre Hausaufgaben dann, wenn der CD-Player oder das Radio angeschaltet ist. Bei diesen Schülerinnen und Schülern hat manchmal schon eine solche Gewöhnung an die Musikberieselung stattgefunden, dass ihnen bei Ruhe tatsächlich etwas fehlt. Sinnvoll kann es hier sein, das Kind die Hausaufgaben mit Musik beginnen zu lassen und mit ihm zu verabreden, dass es die Musik selbst ausschaltet, sobald es mit den Hausaufgaben vorwärts kommt.

Manche Eltern möchten in diesem Zusammenhang vielleicht auf die Tatsache hinweisen, dass ihr Kind neuerdings auch in der Schule Musik beim Lernen hört, dieselbe also kaum schädlich sein könne. Dies ist durchaus möglich, da manche Lehrerinnen und Lehrer gerne ruhige und entspannende Instrumentalmusik einsetzen, wenn ihre Schülerinnen und Schüler ein Bild malen oder anderweitig mit den Händen tätig sind. Doch diese besondere Situation kann nicht mit jener verglichen werden, in der unter lautem Sprechgesang versucht wird, einen Aufsatz zu schreiben.

Von der Bedeutung gesunden und entspannten Sitzens

Orthopädisch richtige und optimal angepasste Sitzmöbel beugen nicht nur Haltungsschäden, sondern auch vorzeitiger Ermüdung und Arbeitsunlust vor.

Es ist dabei auf Folgendes zu achten:
- Tisch und Stuhl müssen auf die Körpergröße des Kindes abgestimmt sein: Sitzt es am Tisch, so sollten sich die Ellenbogen in Höhe der Tischplatte oder etwas darunter befinden. Die Füße sollten flach auf dem Boden stehen, die Oberschenkel annähernd waagrecht und die Unterschenkel senkrecht sein.
Die nachstehende Tabelle liefert Anhaltspunkte für eine optimale Anpassung der Sitzmöbel. Ein Probesitzen kann sie jedoch nicht ersetzen.

Körpergröße	Stuhlhöhe	Tischhöhe
113–127 cm	30 cm	52 cm
128–142 cm	34 cm	58 cm
143–157 cm	38 cm	64 cm
158–172 cm	42 cm	70 cm
173–187 cm	46 cm	76 cm

- Sofern ein neuer Arbeitsplatz eingerichtet und Möbel dafür gekauft werden sollen, empfehlen sich höhenverstellbare Varianten, die mitwachsen und außerdem passend für verschiedene Tätigkeiten eingestellt werden können. Sehr hilfreich bei der Wahl eines Schreibtisches kann auch ein entsprechender Testbericht der Stiftung Warentest sein, die von Zeit zu Zeit Schülerschreibtische und Schreibtischstühle einem Test unterzieht.

So sitzt Ihr Kind richtig

- Fertigt das Kind seine Hausaufgaben an einem zu hohen Tisch wie dem Küchen- oder Esstisch an, so können ihm ein oder zwei harte Kissen oder eine zusammengefaltete Decke unterlegt werden. Nützlich kann hier auch ein kleiner Schemel als Fußstütze sein.

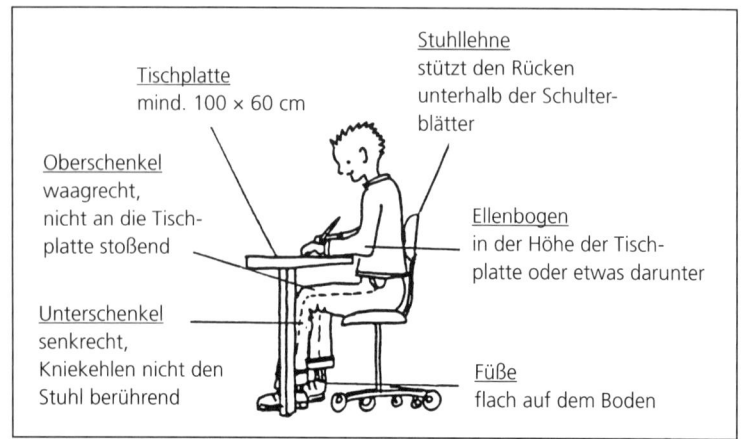

- Eine optimale Sitzhaltung über längere Zeit hinweg ist nur dann möglich, wenn die Schreibplatte nicht flach, sondern um mindestens 16 Grad geneigt ist. Grund dafür ist die Tatsache, dass wir beim Lesen und Schreiben einen ziemlich konstanten Blickwinkel von etwa 24–30 Grad nach unten einstellen. Dieser Winkel ist noch zu gering, um in aufrechter Haltung an einem Tisch mit waagrechter Platte lesen oder schreiben zu können. So bleiben nur zwei Möglichkeiten, den fehlenden Winkel auszugleichen: Entweder wir neigen die Schreibplatte oder wir krümmen unseren Rücken. Übrigens: Schräge Schreibpulte waren schon im Mittelalter eine Selbstverständlichkeit, sie gab es noch bis vor wenigen Jahren oder Jahrzehnten in den Schulen und sie werden dort auf Drängen von Ärzten seit einiger Zeit zum Teil wieder eingeführt.

Nach der Grundschulzeit weigern sich Kinder manchmal, ihre Hausaufgaben an dem eigens eingerichteten Arbeitsplatz anzufertigen und schreiben lieber auf dem Sofa liegend oder bäuchlings auf dem Boden. Auch wenn diese Schreibhaltung sicher nicht geeignet und auch nicht gesund ist, so ist es bei älteren Schülerinnen und Schülern doch oft vernünftiger, sie zu tolerieren – sofern keine Klagen aus der Schule über unzureichend angefertigte Hausaufgaben kommen. Denn in der schwierigen Zeit der Pubertät ist es in der Regel klüger, nur bei den wirklich wichtigen Fragen konsequent zu bleiben und andere, weniger zentrale Punkte in die Verantwortung des Kindes zu geben. Auch ist es oft so, dass die Jugendlichen nach einer Phase des Ausprobierens bald wieder von sich aus an den Schreibtisch zurückkehren – sofern die Schreibhaltung nicht zu einem familiären Konfliktpunkt geworden ist, bei dem das Kind meint, unbedingt sein Durchhaltevermögen zeigen zu müssen.

INTERNET-TIPP

www.stiftung-warentest.de

Unter dieser Adresse findet sich ein Überblick über die Tests der Stiftung Warentest der vergangenen Jahre. Dabei sind z.B. Tests über Schreibtischstühle und Schulranzen. Diese Tests werden zum Download oder als Faxabruf angeboten (jeweils kostenpflichtig).

Auch gutes Licht ist wichtig

Am günstigsten ist Tageslicht, das – um Schattenbildungen zu vermeiden – bei Rechtshändern von links vorne und bei Linkshändern von rechts vorne einfallen sollte. Bei künstlicher Beleuchtung ist auf Folgendes zu achten: Tischlampen sind geeigneter als Deckenlampen, und Glühbirnen sind angenehmer als Leuchtstoffröhren, welche durch ihr unsichtbares Flimmern Kopfschmerzen verursachen können. Besonders empfehlenswert sind schwenkbare Klemmleuchten, deren Schirm einen Mindestabstand von etwa 30 cm zu Arbeitsfläche aufweist. Eine 60-Watt-Glühbirne reicht in der Regel aus, um die Schreibplatte gleichmäßig auszuleuchten. Dabei sollte es nicht – weder direkt noch indirekt über Spiegelungen auf dem Tisch – zu Blendungen kommen.

Noch ein Wort zu einem weit verbreiteten Irrtum: Unzureichende Beleuchtung verursacht keine Schädigung der Sehtüchtigkeit, doch kann sie ein Schmerzen und Tränen der Augen, vor allem aber erhebliche Kopfschmerzen herbeiführen.

✎ **Bauanleitung für einen gesunden Pultaufsatz:**
Eltern, die die Kosten für einen neuen Schreibtisch scheuen, ihrem Kind aber gerne die Vorteile einer geneigten Schreibplatte bieten möchten, können sich im »Do-it-yourself-Verfahren« helfen und in wenigen Stunden einen Pultaufsatz bauen:

Material:
(bezogen auf einen Pultaufsatz der Größe 60 × 80 cm mit einer Neigung von 16 Grad; passend für Schreibtische mit einer Breite von 60 cm und mehr):

1 Schreibplatte 62 × 80 cm (Tischlerplatte, 16 mm) *Teil A*
2 Dreikantstützen 58 × 17,4 × 60,3 cm (Tischlerplatte, 16 mm) *Teile B*
1 Verbindungsstück 60 cm lang (gehobelte Dachlatte) *Teil C*
1 Rutschleiste 80 cm lang (Leiste 5 × 25 mm) *Teil D*
8 Holzschrauben 30 × 3,5 mm (Senkkopf)
5 Holzschrauben 15 × 2,5 mm (Senkkopf, Messing)
Schmirgelpapier, Holzleim, Holzlasur, Filz- oder Schaumstoffreste

Montage:
1. Schreibplatte abschmirgeln.
2. An den Teilen B die Breite von Teil C in entsprechender Stärke aussparen.

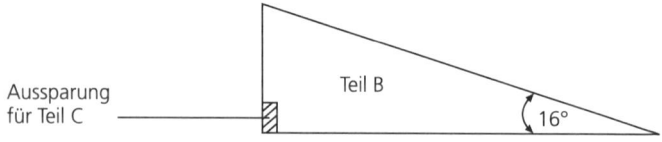

3. Teil A und Teile B aneinander leimen und schrauben (Holzschrauben 30 × 3,5 mm). Nach dem Trocknen Teil C einpassen, leimen und an Teile B schrauben (Holzschrauben 30 × 3,5 mm).

Draufsicht

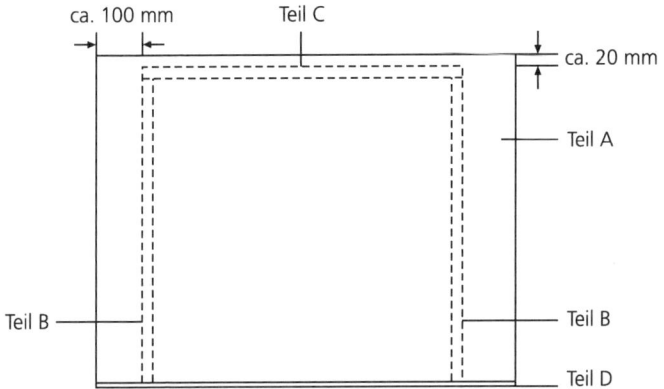

4. Teil D so an Teil A leimen und schrauben (Messingschrauben 15 × 2,5 mm), dass Teil D bündig mit der Unterseite von Teil A abschließt. (Teil D verhindert ein Herabrutschen von Papier, Stiften u.a.m.)
5. Die Schreibplatte (Teil A) nochmals abschmirgeln und mit einer Holzlasur einlassen.
6. Filz oder Schaumstoff zum Schutz auf die Auflageflächen der Teile B und C kleben.
7. Eventuell Metallplatte (ca. 100 × 30 × 2 mm) an Teil A und Teil D schrauben. Dies verhindert ein Verschieben des Pultaufsatzes nach hinten.

Frische Luft und eine günstige Temperatur erleichtern das Lernen

Ein Kind, das in einem überheizten und schlecht gelüfteten Raum seine Hausaufgaben macht, wird Schwierigkeiten haben, einen kühlen und klaren Kopf zu bewahren. Sehr warme und sauerstoffarme Luft führt zu rascher Ermüdung und erschwert die Konzentration. Eine Raumtemperatur von etwa 20–21° C sollte deshalb möglichst nicht überschritten werden. Auch ist darauf zu achten, dass der Schreibtisch sich nicht in unmittelbarer Nähe zu einem Heizkörper befindet. Die aufsteigende Warmluft beeinträchtigt sonst leicht das Kind in seinen Lernbemühungen. Sinnvoll ist es schließlich, das Kind zu ermuntern, vor dem Anfertigen der Hausaufgaben – und ruhig auch einmal zwischendurch – den Raum gut zu lüften. Denn frische, sauerstoffreiche Luft macht das Lernen leichter.

Das Handwerkszeug eines Schülers: die Arbeitsmittel und Arbeitsmaterialien

Die Arbeitsmittel und Arbeitsmaterialien eines Schülers und einer Schülerin sollten wie das Handwerkszeug eines Malers oder Schreiners stets funktionsfähig und griffbereit sein. Praktisch ist es dabei, wenn jedes Kind von einigen wichtigen und häufig benutzten Materialien einen eigenen Satz besitzt und diesen auch selbstständig in Ordnung hält. Auf diese Weise entfallen langwierige Suchaktionen ebenso wie Meinungsverschiedenheiten zwischen Familienmitgliedern, wenn es darum geht, herauszufinden, wer für das Verschwinden einer Schere oder des Klebefilms verantwortlich ist.

Lernmittel und Lernmaterialien, die ein Kind häufig benutzt, sollten sich möglichst unmittelbar am Arbeitsplatz befinden. Dazu gehören außer Heften, Ordnern und Ringbucheinlagen ein Füller, Bleistifte, Buntstifte, Filzstifte, Spitzer, Radiergummi und Ersatzpatronen, ein kleines und ein großes Lineal, Konzeptpapier und Notizzettel, Klebstoff, Klebefilm und Locher sowie Zeichenblock und Malutensilien. Bei älteren Schülerinnen und Schülern kommen noch Kugelschreiber, Büroklammern, Zirkel, Geodreieck, Terminkalender und später ein Taschenrechner hinzu. Sehr wichtig für ältere Schülerinnen und Schüler sind außerdem Nachschlagewerke wie der Rechtschreibduden und ein Fremdwörterbuch, Wörterbücher für die Fremdsprachen, Lexikon und Atlas.

Diese Liste erscheint zwar zunächst sehr umfangreich, doch handelt es sich, gerade bei den kostspieligen Arbeitsmitteln, zumeist um einmalige Anschaffungen, die sich lohnen, sofern sie sorgfältig ausgesucht worden sind. Falls Sie sich bei der Wahl eines Nachschlagewerkes oder eines anderen Lernmittels etwas unsicher fühlen, so lassen Sie Ihr Kind ganz einfach einen fachkundigen Lehrer fragen. Dieser kann helfen, Fehlanschaffungen zu vermeiden.

Noch eine kleine Anregung für Eltern, die selbst über einige Nachschlagewerke verfügen, diese jedoch nur selten benutzen: Prüfen Sie doch einmal, ob Sie Ihre Bücher nicht bei Ihrem Kind sozusagen unterstellen und auch dort benutzen können. Sie ersparen Ihrem Kind dadurch lange Wege und führen es vermutlich zu einem häufigeren Gebrauch von Wörterbüchern und Lexika.

Ein einladender Arbeitsplatz

Der beste Arbeitsplatz nützt nicht viel, wenn sich das Kind dort nicht wohl fühlt. Auch sind die Zeiten längst Vergangenheit, in denen behauptet wurde, ein Raum müsse möglichst karg sein, um den Arbeitseifer anzuregen.

Ein Arbeitsplatz sollte einladend und individuell gestaltet sein. Dies lässt sich beispielsweise durch Fotos, Zeichnungen oder Poster erreichen. Eine persönliche Note kann der Arbeitsplatz aber auch durch die ideenreiche Gestaltung nützlicher Dinge bekommen. So ist es möglich, einen Papierkorb aus einer Waschpulvertonne zu basteln, einen Behälter für Stifte aus einer Kaffeebüchse entstehen zu lassen oder einen Schuhkarton als bunte Lernmittelkiste zu verwenden. Besonders nützlich ist außerdem eine Pinnwand, an die beispielsweise Telefonnummern, Notizen, Merksätze oder der Stundenplan geheftet werden können. Sie kann relativ preisgünstig erstanden, aber auch aus Flaschenkorken oder Styropor selbst gebastelt werden.

Tipps für einen guten Arbeitsplatz:
- einen festen Arbeitsplatz einrichten;
- für Ruhe am Arbeitsplatz sorgen;
- eine gesunde Körperhaltung ermöglichen;
- auf gute Lichtverhältnisse achten;
- für frische Luft und eine günstige Raumtemperatur sorgen;
- notwendige Arbeitsmittel und Arbeitsmaterialien bereitlegen;
- eine individuelle Gestaltung des Arbeitsplatzes zulassen.

Je älter Ihr Kind wird, desto mehr werden wahrscheinlich Ihre Meinungen bei der Frage auseinander gehen, was einen einladenden und dem Lernen förderlichen Arbeitsplatz ausmacht. Mitunter wird Ihr Kind Vorstellungen entwickeln, die den Ihren wenig entsprechen. Doch so schwierig es auch manchmal sein mag – versuchen Sie, den Geschmack Ihres Kindes zu respektieren und zu tolerieren. Es ist sein Recht – und auch seiner Entwicklung förderlich –, Entscheidungen dieser Art selbst zu treffen. Und nicht zuletzt erscheinen Eltern, die einen Blick in die Arbeitszimmer erfolgreicher Frauen und Männer wagen, die Vorstellungen ihres eigenen Kindes nicht mehr so abenteuerlich. Von Schiller ist beispielsweise überliefert, dass er am besten mit angefaulten Äpfeln in der Schreibtischschublade arbeiten konnte.

Bei aller angestrebten Gemütlichkeit und Individualität darf jedoch nicht vergessen werden, dass ein Arbeits-, nicht aber ein Spielplatz gestaltet werden soll. Daher gehören – mit Ausnahme eines Maskottchens oder eines ermutigenden Kuscheltieres –

lernfremde Gegenstände wie Spielzeug oder auch das Haustier bei den Hausaufgaben nicht auf den Schreibtisch und möglichst auch nicht in die unmittelbare Reich- und Blickweite. Besonders für jüngere Kinder wäre die Versuchung sonst gar zu groß.

Eine günstige Zeit für Hausaufgaben

Die Frage, wann Kinder ihre Hausaufgaben am günstigsten anfertigen sollten, ist nicht einfach zu beantworten. Theoretische Erkenntnisse und praktische Gegebenheiten stellen sich hier als äußerst gegensätzlich dar.

Die Leistungskurve – ein Zauberwort in Theorie ...

Die Tatsache, dass wir zu verschiedenen Tageszeiten unterschiedlich leistungsfähig und -bereit sind, war schon mehrfach Gegenstand von Untersuchungen. Dabei ergab sich jedes Mal eine ähnliche Verteilung, die sich in einer Kurve darstellen lässt:

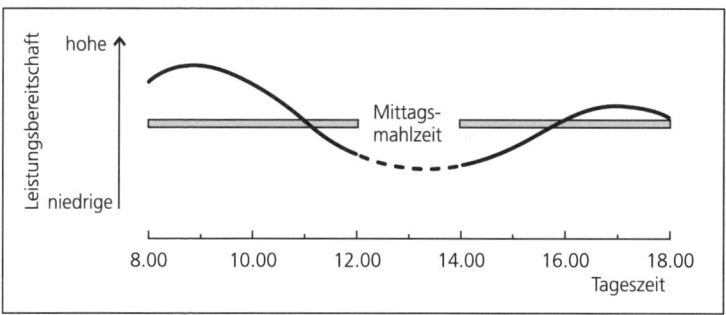

Tageszeitliche Schwankungen der Leistungsfähigkeit bei traditionellem Tagesablauf

Diese Tagesleistungskurve zeigt deutlich zwei Leistungsgipfel – einen am Vormittag und einen am späten Nachmittag – und dazwischen ein Leistungstief. Sie legt es nahe, mit den Hausaufgaben nicht sofort nach dem Mittagessen zu beginnen, sondern erst etwa gegen 15 oder 16 Uhr. Das Sprichwort »Erst die Arbeit, dann das Vergnügen!« trägt aus theoretischer Sicht also sicherlich nicht.

... und Praxis

Bei der praktischen Umsetzung dieser theoretischen Einsicht ergeben sich jedoch einige Schwierigkeiten. So berichtet beispielsweise Frau S., Mutter eines neunjährigen Sohnes:

> *»Mein Sohn Dennis macht seine Hausaufgaben immer gleich nach dem Essen, also so gegen halb zwei. Er will so früh wie möglich damit fertig werden. Er will nachher Zeit zum Spielen haben und nicht den Druck. Es ist für ihn immer ganz schlimm, wenn er nachmittags weg muss und seine Hausaufgaben noch nicht gemacht hat. Das belastet ihn dann die ganze Zeit. Außerdem wohnen noch drei andere Jungen in der Nähe und die sind auch immer schon um zwei oder drei Uhr mit ihren Aufgaben fertig. Da kann ich doch unmöglich von Dennis verlangen, dass er mit den Hausaufgaben beginnt, wenn die anderen gerade anfangen zu spielen oder wenn alle schon mitten im Spiel sind!*
> *Das mit der Tagesleistungskurve bestreite ich überhaupt nicht. Ich kenne das Mittagstief ja von mir selbst. Aber Dennis ist es wirklich lieber so. Und mir eigentlich auch.«*

Die Entscheidung dieser Mutter, ihren Sohn nicht zu einer Abstimmung der Hausaufgabenzeit mit der Tagesleistungskurve zu drängen, ist verständlich. Sie respektiert damit seinen Wunsch, am Nachmittag unbelastet spielen zu können, und zeigt auch, dass sie sein Spiel ernst nimmt. Außerdem ist es auch für sie selbst leichter, wenn die Hausaufgaben bereits am frühen Nachmittag erledigt werden. Schließlich kann es sonst geschehen, dass sich die nachmittäglichen Aktivitäten der gesamten Familie um die Hausaufgaben des Kindes gruppieren.

Die Leistungskurve – erneut betrachtet

Aus dem vorigen Abschnitt könnte leicht der Schluss gezogen werden, dass es eine Tagesleistungskurve zwar gibt, sie aber für die Praxis wertlos ist. Die folgenden Anregungen, die die Tagesleistungskurve zum Ausgangspunkt haben, zeigen jedoch, dass dem nicht so ist. Sie machen deutlich, dass einige theoretische Erkenntnisse gewinnbringend in die Praxis umgesetzt werden können:

> Am Mittag für ein leichtes Essen sorgen

Ein ausgiebiges Mittagsmahl bewirkt in der Regel ein ausgeprägtes Leistungstief, da ein Großteil der Energie zum Verdauen benötigt wird. Deshalb empfiehlt sich mittags das Einnehmen einer leichteren Mahlzeit, was beispielsweise auch in vielen südlichen Ländern üblich ist.

> Das Kind nach dem Mittagessen ausruhen lassen

Auch mit einer kleineren Mittagsmahlzeit lässt sich das Leistungstief am Mittag nicht völlig umschiffen. Daher ist es sinnvoll, die Mittagspause ein wenig auszudehnen und das Kind beispielsweise erzählend, malend, spielend oder Musik hörend noch zumindest eine halbe Stunde ausruhen zu lassen. So hat es auch Gelegenheit, sich nach den vielen schulischen Eindrücken selbst »auszudrücken« und wieder ins Gleichgewicht, ins Lot zu gelangen.

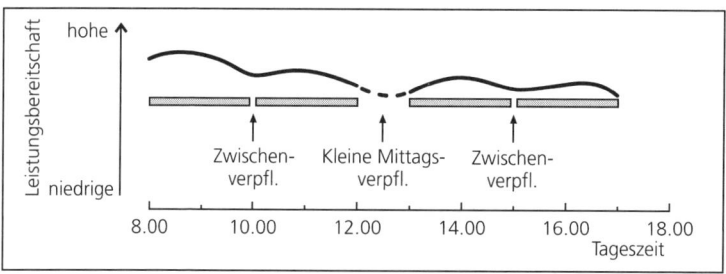

Tageszeitliche Schwankungen der Leistungsfähigkeit bei veränderten Essgewohnheiten

Besonderheiten des Schulvormittags und des Schulwegs beachten

Ein zwölfjähriger Realschüler, der nach einem sechsstündigen Schulvormittag und einer dreißigminütigen Busfahrt gegen 14 Uhr nach Hause kommt, ist wohl ganz anders beansprucht als ein zehnjähriger Grundschüler, der nach vier Stunden Schule und fünf Minuten Schulweg um 12 Uhr zu Hause ist. Und so kann Letzterer seine wenigen Hausaufgaben vermutlich bereits nach einer kurzen Mittagspause oder auch noch vor dieser erledigen, während sich Ersterer wahrscheinlich noch einige Zeit erholen und wieder Kräfte sammeln muss.

Die Art der Aufgaben berücksichtigen

Eine Hausaufgabe, die darin besteht, Tabellen anzulegen oder eine Landkarte auszumalen, kann auch noch im Leistungstief in angemessener Zeit gelingen. Sind hingegen anspruchsvollere Lernleistungen zu erbringen, sollen also beispielsweise schwierige Mathematikaufgaben gelöst werden, so dürfte es unter Umständen sinnvoll sein, eine längere Erholungspause einzuschieben und erst danach mit den Aufgaben zu beginnen.

Besonderheiten der Lernumgebung berücksichtigen

Bei der Bestimmung einer optimalen Hausaufgabenzeit können außer der Leistungskurve und dem Wunsch nach unbelastetem Spiel noch andere Faktoren eine Rolle spielen. Und so ist es oft am günstigsten, wenn Kinder ihre Hausaufgaben in jener Zeit anfertigen, in welcher ihnen ein ruhiges und von spielenden Geschwistern ungestörtes Lernen möglich ist.

Die beiden ungünstigsten Hausaufgabenzeiten vermeiden

Zwei Tageszeiten sollten grundsätzlich nicht für die Anfertigung der Hausaufgaben in Frage kommen: der späte Abend vor dem Schlafengehen und der frühe Morgen vor dem Schulbeginn.

Denn zum einen ist das Kind zu diesen Zeiten nicht besonders leistungsfähig und zum andern können die Hausaufgaben so zu einer Beeinträchtigung des Schlafs führen.

Tipps für eine günstige Arbeitszeit:
- am Mittag für ein leichtes Essen sorgen;
- das Kind nach dem Mittagessen ausruhen lassen;
- Besonderheiten des Schulvormittags und des Schulwegs beachten;
- die Art der Aufgaben bedenken;
- Besonderheiten der Lernumgebung berücksichtigen;
- die beiden ungünstigsten Hausaufgabenzeiten vermeiden;
- die individuelle Leistungskurve erkennen;
- eine feste Arbeitszeit bestimmen;
- dem Kind die Wahl der Arbeitszeit überlassen.

Die individuelle Leistungskurve erkennen

Der auf S. 57 angegebene Verlauf der Tagesleistungskurve ist ein durchschnittlicher Verlauf, der aus vielen verschiedenen individuellen Verläufen errechnet wurde. Daher muss davon ausgegangen werden, dass es bei manchen Menschen zu deutlichen Verschiebungen und Abweichungen von dieser durchschnittlichen Kurve kommen kann. Eltern sollten deshalb ihr Kind möglichst genau beobachten, um zu erkennen, wann es müde und wann es leistungsfähig ist.

Eine feste Arbeitszeit bestimmen

Ebenso wie der feste Arbeitsplatz kann auch eine feste Arbeitszeit das Lernen – und insbesondere den Lernbeginn – erheblich erleichtern. Falls die festgelegte Lernzeit an einem Tag nicht eingehalten werden kann, so ist es durchaus möglich, für diesen Tag eine besondere – und wiederum feste – Lernzeit zu bestimmen. Auch sie kann dann als Signal wirken, welches dem Kind hilft, sich auf das Lernen einzustellen.

Statt einer festen Uhrzeit ist es auch möglich, einen fixen Punkt im Tagesablauf zu bestimmen und die Hausaufgaben beispielsweise immer dann anfertigen zu lassen, wenn das jüngere Geschwisterchen ins Bett gebracht worden ist. Sobald diese feste Zeit vom Kind angenommen worden ist und als hilfreich erlebt wird, ist es auch wieder möglich, an ganz besonderen Tagen, an denen z. B. eine Geburtstagseinladung vorliegt, gegen die feste Arbeitszeit zu verstoßen. Schließlich sollen besondere Regelungen für alle Beteiligten hilfreich sein und nicht der eigenen Gängelung dienen.

Dem Kind die Wahl der Arbeitszeit überlassen

Dieser letzte Punkt mag vielleicht irritieren, weil er alle vorigen in Frage stellt. Er ist aber so lange gültig, wie es zu keinen Schwierigkeiten mit den Hausaufgaben kommt. Eltern sollten erst dann über die Hausaufgabenzeit nachdenken und eventuell etwas an ihr ändern, wenn Hausaufgabenprobleme auftreten. Ansonsten können Eltern ihrem Kind zwar Vorschläge machen und mit ihm über die Arbeitszeit sprechen, sie sollten aber dennoch versuchen, ihrem Kind die Einteilung seiner wenigen noch nicht verteilten Zeit zu überlassen. Sie helfen ihm damit, zunehmend selbstständig und eigenverantwortlich Entscheidungen zu fällen. Außerdem wäre es auch aus motivationaler Sicht ungeschickt, dem Kind eine Lernzeit zu verordnen. Setzt es sich nämlich beispielsweise direkt nach dem Mittagessen hochmotiviert an seine Aufgaben, so kann seine Motivation das eigentlich vorhandene Leistungstief durchaus überdecken und auf diese Weise das Gelingen der Aufgaben gewährleisten.

3. Hausaufgaben machen will gelernt sein

Kinder lernen das Lernen: Hinweise für Eltern

»Lernt bitte bis morgen eure Vokabeln, und lest den Text durch, ich werde Fragen dazu stellen!« – So lautet die typische Hausaufgabe eines Englischlehrers, welche bei der Kontrolle am nächsten Morgen typischerweise folgende Ergebnisse bringt: Zwei, drei Schüler beherrschen die Vokabeln, ebenso viele haben vergessen, sie zu lernen, und die meisten weisen lückenhafte Kenntnisse auf, wobei das eine Mal die Kenntnisse, das andere Mal die Lücken überwiegen. Den Inhalt des Textes können die wenigsten Lernenden wiedergeben – und das, obwohl sie durchweg behaupten, denselben gelesen zu haben. Der Lehrer schwankt zwischen Frust und Ärger über die vermeintlich lernunwillige Klasse, und die Schülerinnen und Schüler überlegen sich ernsthaft, ob sich ihre Mühe am Nachmittag für solche Ergebnisse am Schulvormittag tatsächlich lohnt.

Was ist hier passiert? – Der Englischlehrer nahm – wie viele seiner Kolleginnen und Kollegen – stillschweigend an, jede Schülerin und jeder Schüler wisse, wie sie Vokabeln zu lernen und Texte zu lesen haben. Dies ist jedoch ein Trugschluss, der vielen Schülerinnen und Schülern zum Verhängnis wird. Nur wenige von ihnen finden nach vielen Versuchen und unzähligen Irrtümern Lernwege, die sich als effektiv erweisen. Und noch weniger Schülerinnen und Schüler erzielen trotz mangelhafter Lerntechniken hervorragende Lernleistungen. Die meisten mühen sich Nachmittag für Nachmittag ab, um Schulvormittag für Schulvormittag festzustellen, dass der Erfolg wieder einmal in keinem Verhältnis zum Aufwand steht.

Deshalb gewinnt seit einigen Jahren eine Forderung zu Recht mehr und mehr an Bedeutung: Kinder müssen lernen, wie man lernt! Mit dieser Forderung wird deutlich gemacht, dass die Fähigkeit, schulische Inhalte effektiv zu lernen, keine angeborene ist. Sie bedarf genauso der Übung und des Trainings wie andere Fähigkeiten. Kein Sportlehrer käme auf die Idee, von einer Schülerin oder einem Schüler ohne gezieltes Training eine Bestzeit im Rückenkraulen zu verlangen. Wie kann da ein Englischlehrer von seinen Schülern ohne Training Bestleistungen im Vokabellernen erwarten?

Einige Lehrerinnen und Lehrer lehren bereits heute ihre Schüler das Lernen. Sie haben erkannt, wie entscheidend die Fähigkeit, effektiv lernen zu können, für die weitere Schullaufbahn sowie das gesamte Leben ihrer Schüler ist. So bleibt zu hoffen, dass diese Lehrerinnen und Lehrer bald nicht mehr die Ausnahme, sondern die Regel darstellen.

Da es heute aber noch die Ausnahme ist, wenn Schülerinnen und Schüler in der Schule das Lernen lernen, sind in dieses Buch Lerntipps für Kinder aufgenommen worden. Diese Tipps sollen Ihr Kind zu einem selbstständigeren und effektiveren Lernen befähigen und Sie auf diese Weise mehr und mehr von der Hilfe bei den Hausaufgaben entlasten. – Falls Ihr Kind Sie dennoch bei der einen oder anderen Aufgabe um Unterstützung bittet, so können Sie den Tipps sicher auch einige Anregungen für eine sinnvolle Hilfe entnehmen.

Den Lerntipps sind noch drei wichtige Informationen vorauszuschicken:

- *Nicht jeder Lerntipp kann jedem Kind in gleicher Weise helfen.*
Lerntipps sollten deshalb immer nur im Sinne eines Angebots verstanden werden.
- *Kinder können noch nicht so abstrakt wie Erwachsene denken.*
Sie können also beispielsweise Rechtschreibung noch nicht mithilfe komplizierter Regeln erlernen. Die Fähigkeit zum abstrakten Denken entwickelt sich im Allgemeinen im Alter von etwa zehn bis zwölf Jahren.
- *Kinder können sich bei bestimmten Tätigkeiten zumeist nicht so lange wie Erwachsene konzentrieren.*
Sie können sich zwar selbst gewählten Tätigkeiten oft stundenlang hingeben, doch ist es ihnen kaum möglich, beispielsweise Schreib- oder Rechenaufgaben über längere Zeit hinweg ungeteilte Aufmerksamkeit zukommen zu lassen. Die Konzentrationsfähigkeit von Kindern und Jugendlichen im Hinblick auf schulische Aufgaben wird im Allgemeinen wie folgt angegeben:

Alter	Konzentrationsfähigkeit
5–7 Jahre	bis zu 15 Minuten
7–10 Jahre	bis zu 20 Minuten
10–14 Jahre	bis zu 25 Minuten
ab 14 Jahren	bis zu 30 Minuten

Anmerkung: Individuelle Abweichungen sind immer möglich.

✏ Eine Lern-AG an der Schule

Eine besonders empfehlenswerte Möglichkeit für Schülerinnen und Schüler, das Lernen zu lernen, ist die Teilnahme an einer Lern-Arbeitsgemeinschaft an der Schule. Eine solche Lern-AG können auch Eltern anregen:

»Irgendwann haben wir gemerkt, dass unsere Kinder in der Schule praktisch nicht gesagt bekommen, wie man eigentlich am besten lernt. Nicht mal über das Vokabellernen haben die gesprochen. Da kam meiner Freundin und mir die Idee, wir könnten doch eine Lern-AG anregen, also eine Arbeitsgemeinschaft, in der die Kinder lernen können, wie man lernt. Das war dann erstaunlicherweise gar kein so großes Problem. Es macht wohl organisatorisch gesehen keinen Unterschied, ob man eine Tischtennis- oder eine Lern-AG einrichtet. Man muss halt einen geeigneten Lehrer oder eine geeignete Lehrerin finden. In unserem Fall war das die Beratungslehrerin an der Schule. Jetzt gibt es die Lern-AG schon seit vier Jahren und es ist die Arbeitsgemeinschaft mit dem größten Andrang. Auch meinen beiden Töchtern hat die AG viel genützt. Vor allem die Jüngere lernt jetzt irgendwie bewusster und zielstrebiger und braucht auch nicht mehr so lange für die Hausaufgaben.«
(Frau R., Mutter von zwei Kindern)

An anderen Schulen, in der Regel an weiterführenden Schulen, werden Projektwochen zum Thema »Lernen lernen« angeboten, oder es gibt für die jeweiligen Fünftklässler am Schuljahresanfang ein ein- oder mehrwöchiges Lerntraining (»Lerntage«), das verschiedene Fachlehrerinnen und Fachlehrer gemeinsam durchführen. Alle diese Möglichkeiten nehmen die Tatsache ernst, dass Lernleistungen in starkem Maße von den verfügbaren Lerntechniken und Lernstrategien bestimmt werden: Verbessern sich die Lerntechniken, so verbessern sich in aller Regel auch die Leistungen.

Die Lerntipps und -tricks der folgenden Seiten sind teilweise in Anlehnung an bekannte Lerntrainer für Schülerinnen und Schüler formuliert, wobei sich diese zumeist weniger in ihrem Inhalt als in ihrer Gliederung und Aufmachung unterscheiden. Besonders empfehlenswert sind beispielsweise die folgenden Titel:

- Endres, W./Eickmann, N./Janak, H.: Lernen mit Kniff und Pfiff. Kleine Lernmethodik. Weinheim und Basel 1995, 7. Aufl. (für Schülerinnen und Schüler von 9 bis 13 Jahren).

- Endres, W. u.a.: So macht Lernen Spaß. Praktische Lerntipps für Schüler und Schülerinnen. Weinheim und Basel 2000, 16. Aufl. (für Schülerinnen und Schüler von 11 bis 16 Jahren).

- Keller, G.: Lernen will gelernt sein! Wiesbaden 1998, 6. Aufl. (für Schülerinnen und Schüler ab 10 Jahren).

- Keller, G.: Der Lernknigge für Jugendliche und junge Erwachsene. Bad Honnef 1994, 2. Aufl. (für Schülerinnen und Schüler ab 16 Jahren).

Eltern sollten allerdings nicht glauben, mit dem Kauf eines Lerntrainers würden plötzlich alle Lernprobleme verschwinden. Lerntrainer machen nur dann einen Sinn, wenn die Kinder sie tatsächlich durcharbeiten wollen. Und das bedeutet zunächst einmal zusätzliche Arbeit. Oftmals helfen Lerntrainer aber den Eltern, die beim Lesen erfahren können, welche hilfreichen Lerntechniken es für ihr Kind gibt.

Ein Kapitel für Kinder: Lerntipps für die Grundschule

Liebe Schülerin, lieber Schüler!

Dieses Kapitel ist extra für dich geschrieben. Es möchte dir helfen, die Hausaufgaben besser und schneller zu machen als bisher. Dafür bietet es dir eine Tipp-und-Trick-Kiste mit acht Lernpäckchen an. Jedes Lernpäckchen enthält Tipps zu einem bestimmten Thema, zum Beispiel zu Textaufgaben oder zum Lernen von Gedichten. Diese Lernpäckchen sind keine Wundertüten, mit denen man die Hausaufgaben ins Heft zaubern kann. Aber wenn du die Tipps über längere Zeit befolgst, wirst du bald Erfolge merken.

Nimm dir für den Anfang höchstens zwei oder drei Lernpäckchen vor und probiere sie einige Zeit aus. Entscheide dann, ob dir die Tipps viel, wenig oder gar nicht genützt haben. Wenn du möchtest, kannst du die Lernpäckchen, die dir helfen, im Buch bunt ausmalen.
Viel Erfolg mit der Tipp-und-Trick-Kiste!

P.S.: Es wäre ganz toll, wenn dir selbst neue Lerntricks einfallen würden. Die selbst erfundenen Tricks sind nämlich oft die besten!

Was du schon in der Schule für die Hausaufgaben tun kannst

 Du kannst dir das Anfertigen der Hausaufgaben entscheidend erleichtern, wenn du schon in der Schule drei Punkte beachtest:

⇨ Höre aufmerksam zu, wenn dein Lehrer oder deine Lehrerin die Hausaufgaben erklärt!

⇨ Frage nach, wenn dir etwas unklar ist! Das solltest du auch tun, wenn deine Mitschüler komisch grinsen. Sie wissen es nämlich meistens auch nicht besser, sondern tun nur so.

⇨ Schreibe dir die Hausaufgaben auf, und zwar am besten in ein Hausaufgabenheft! Fliegende Zettel gehen sehr schnell verloren. Und das Ankreuzen im Buch ist nicht so praktisch, weil du dann zu Hause leicht eine Aufgabe übersiehst.

Das Gehirn einmal sportlich betrachtet

 Wenn du mehrere Hausaufgaben aufhast, so ist es meistens am besten, du beginnst mit einer leichten Aufgabe. Das Gehirn kann nämlich nicht sofort aus dem Stand Höchstleistungen erbringen, sondern braucht einige Zeit, um »warm« zu werden. Schiebe aber die schwierigen Aufgaben nicht bis zum Schluss vor dir her, da du dann vielleicht schon ein bisschen müde bist. Die Reihenfolge der Aufgaben könnte also »leicht – schwierig – leicht« heißen. Falls du dich aber wohler fühlst, wenn du als Erstes die schwierigste und unliebsamste Aufgabe machst, dann kannst du auch das tun.

Bleib fit, mach mal Pause!

 Pausen sind sehr wichtig, weil sie einem helfen, fit zu bleiben. Falls du für deine Hausaufgaben länger als eine halbe Stunde brauchst, solltest du ungefähr nach zwanzig bis dreißig Minuten eine kurze Pause von etwa fünf Minuten einlegen. Mache die Pause zu einem sinnvollen

Zeitpunkt, also dann, wenn du gerade mit einer Aufgabe fertig geworden bist! Stehe von deinem Arbeitsplatz auf und lass frische Luft in das Zimmer. Du kannst dann ein wenig herumhüpfen, dir ein Glas Saft holen, ein Lied hören, mit deinem Kuscheltier spielen oder etwas anderes tun, das dir Spaß macht. Suche dir aber keine Tätigkeit aus, von der du dich nur schwer wieder trennen kannst!

Gedichte lernen ist gar nicht so schwer

Hast du auch manchmal Schwierigkeiten, wenn du ein Gedicht auswendig lernen sollst? Oder passiert es dir vielleicht, dass du das Gedicht zu Hause noch kannst, und am nächsten Morgen in der Schule ist alles wie weggeblasen? Diese und andere Probleme kannst du weitgehend vermeiden, wenn du Gedichte geschickt auswendig lernst. Stell dir nun einmal vor, du solltest dieses Gedicht von Janosch auswendig lernen:

> Backenzahn und grüner Kater,
> Katzenschwanz und Eulenvater,
> Bimmelbahn und Negerkuss,
> du bist der, der suchen muss.

Du kannst es so üben, wie du das Herunterspringen von einer hohen Treppe übst. Zuerst springst du ein paar Mal von der ersten Stufe, dann gehst du höher und springst von der zweiten Stufe, schließlich wagst du die dritte und sogar die vierte und letzte Stufe. Genauso ist es beim Lernen eines Gedichts. Du beginnst mit der ersten Zeile und nimmst dann immer eine mehr dazu:
1. Lies die erste Zeile zwei- oder dreimal laut.
2. Decke das Gedicht zu und wiederhole die Zeile auswendig.
3. Lies die erste und die zweite Zeile einige Male.
4. Decke das Gedicht zu und wiederhole die ersten beiden Zeilen.
5. Lies die ersten drei Zeilen.

6. Decke das Gedicht zu und wiederhole die ersten drei Zeilen.
7. Lies alle vier Zeilen.
8. Decke das Gedicht zu und wiederhole alle vier Zeilen.

Wichtig sind dabei folgende Punkte:
- Lerne Gedichte immer laut! Du kannst sie dir dann besser merken.
- Lass das Gedicht möglichst zugedeckt, wenn du es auswendig sprichst!
- Wenn du dich kontrollieren möchtest, ob du das Gedicht schon kannst, so decke immer genau die Zeile auf, die du gerade gesagt hast!
- Lerne die Zeilen zunächst nicht getrennt, sondern sprich ein Gedicht bzw. eine Strophe immer von Anfang an! Dies hilft dir, am Ende einer Zeile nicht ins Stocken zu geraten.
- Übe die Stellen, die dir Schwierigkeiten bereiten, extra!
- Hat ein Gedicht mehrere Strophen, so sprich das Gedicht auch mehrmals im Ganzen! Dies hilft dir, am Ende einer Strophe nicht ins Stocken zu geraten.
- Bleibst du am Ende der Strophen dennoch hin und wieder stecken oder bringst du die Strophen manchmal durcheinander, so lerne die Strophenanfänge extra oder überlege dir Eselsbrücken (»Die erste Strophe handelt vom Frühling, die zweite vom Sommer ...«)! Vielleicht hilft es dir auch, wenn du dir Bilder neben die Strophen zeichnest.

Hast du ein kurzes Gedicht wie dieses hier auf, so kannst du es auch einmal mit einer anderen Methode versuchen: Lies das Gedicht zuerst einige Male laut durch. Nimm dann ein Stück Papier und decke einen Teil des Gedichts senkrecht ab. Versuche, ob du das Gedicht so noch sprechen kannst:

> Backenzahn und grüner K
> Katzenschwanz und Eulen
> Bimmelbahn und Negerku
> du bist der, der suchen

Beim nächsten Mal deckst du noch ein Stück mehr zu. Das machst du noch ein paar Mal – so lange, bis nur noch so viel zu sehen ist:

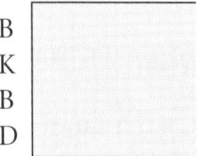

B
K
B
D

Kannst du das Gedicht jetzt noch auswendig sprechen? Wenn ja, dann kannst du es wohl ganz auswendig. Sage es zur Probe einmal laut mit geschlossenen Augen auf!

Das A und O beim Auswendiglernen ist die Wiederholung. Fange deshalb mit dem Lernen eines Gedichts nicht erst einen Tag vor dem Aufsagen an. Du musst es mehrere Male wiederholen, um es dir gut merken zu können. Am günstigsten ist es, du wiederholst das gelernte Gedicht nach ein paar Stunden, nach einem Tag und wieder nach ein paar Tagen. Schreibe das Gedicht auch einmal ab oder auswendig auf! Oder trage es einem Familienmitglied oder einer Freundin oder einem Freund vor! Das macht oft viel Spaß und es hilft auch deinem Gedächtnis. Versuch es doch einmal mit diesem Gedicht!

Tipps für Schriftsteller und solche, die es werden wollen

Nur wenige Schriftsteller bringen ihre Geschichten und Romane in einem Zug aufs Papier. Die meisten machen sich vorher Notizen und feilen zum Schluss noch eine ganze Weile an ihrem Werk herum.

Wenn du auch nicht in einem Zug einen guten Aufsatz schreiben kannst, können dir vielleicht die nächsten Tipps helfen:
⇨ Sammle zuerst Ideen: Was könnte ich schreiben?
⇨ Lege fest, was du schreiben möchtest, und bringe es in eine Reihenfolge! Es ist gut, wenn du dir die Reihenfolge auf einem Konzeptpapier notierst, um später nachschauen zu können.

⇨ Falls du einen Erlebnisaufsatz schreiben sollst, so beachte die Aufteilung in Einleitung, Hauptteil und Schluss! Baue zwischen diesen Teilen auch Übergänge ein!
⇨ Achte darauf, dass du das Wichtigste ausführlich schreibst und dich nicht in Einzelheiten verlierst! Markiere eventuell das Wichtige bzw. deine Haupthandlung, damit du sehen kannst, ob es dir gelungen ist.
⇨ Überprüfe zwischendurch, ob du beim Thema geblieben bist! Nimm dazu die anfangs aufgeschriebene Reihenfolge zu Hilfe.
⇨ Prüfe immer wieder nach, ob du einige Wörter besonders oft verwendest, und ersetze sie dann möglichst durch andere!
⇨ Lies deinen Aufsatz zum Schluss gründlich durch! Stell dir dabei vor, du wärest jemand anders: Könntest du alles verstehen? Hast du Zeit und Ort der Handlung und alle wichtigen Personen angegeben? Ist der Ablauf der Ereignisse klar?
⇨ Falls keine Überschrift vorgegeben ist, so überlege dir eine passende bzw. prüfe nach, ob deine erste Überschrift bleiben kann oder noch verändert werden muss!
⇨ Schaue nach, ob du Rechtschreib- oder andere Fehler gemacht hast!
⇨ Schreibe den Aufsatz eventuell ins Reine!

Ein ganz heißer Tipp ist der letzte:
⇨ Frage einmal deine Lehrerin oder deinen Lehrer, was du in deinen Aufsätzen besonders gut machst und auf was du noch achten solltest!

Wie sich mathematische Nüsse knacken lassen: Vom richtigen Umgang mit Textaufgaben

Textaufgaben erscheinen häufig schwierig, knifflig, ja kaum lösbar. Wenn du aber einige Dinge beachtest, kannst du oftmals auch besonders harte Nüsse knacken:

- ⇨ Lies die Aufgabe mehrmals langsam und aufmerksam durch!
- ⇨ Falls du ein Wort nicht verstehst, so schlage es im Wörterbuch nach oder frage jemanden!
- ⇨ Finde heraus und unterstreiche oder schreibe auf: Was weiß ich? Was will ich wissen?
- ⇨ Fertige eventuell eine Zeichnung an oder baue die Aufgabe mit Klötzen oder Stäben nach!
- ⇨ Überlege dir, wie du vorgehen willst! Fange nicht sofort an loszurechnen!
- ⇨ Wenn möglich, so zerlege die Aufgabe in Teilaufgaben!
- ⇨ Trenne Haupt- und Nebenrechnungen!
- ⇨ Schreibe die Zahlen sauber auf, damit dir keine unnötigen Fehler unterlaufen!
- ⇨ Mache Überschlagsrechnungen!
- ⇨ Überprüfe schon die Zwischenergebnisse, um nachher bei einer Fehlersuche nicht unnötig viel Zeit zu verlieren!
- ⇨ Vergleiche dein Ergebnis mit der Wirklichkeit! Lautet dein Ergebnis zum Beispiel, drei Kinder einer Familie seien 80, 110 und 120 Jahre alt, so solltest du dir deine Rechnung noch einmal ansehen.
- ⇨ Schreibe die Lösung in einem Satz auf!

Bist du auch manchmal so vergesslich?

Vielleicht passiert es dir manchmal, dass du aus Versehen eine Hausaufgabe vergisst. Oder es kommt mal vor, dass du deine Hausaufgaben besonders schön machst – und sie dann zu Hause liegen lässt. Solche ärgerlichen Dinge kannst du aber vermeiden:

- ⇨ Kontrolliere mit deinem Hausaufgabenheft, ob du alle Hausaufgaben gemacht hast!
- ⇨ Packe deine Schultasche in aller Ruhe schon am Nachmittag!
- ⇨ Benutze beim Packen des Schulranzens immer deinen Stundenplan!
- ⇨ Packe deinen Schulranzen aber nicht zu voll. Überlege, ob du

bestimmte Bücher in der Schule lassen kannst. Schwere Schultaschen machen unnötig viel Mühe und sind ungesund. Man sagt im Allgemeinen, dass eine Schultasche höchstens zehn Prozent von dem wiegen darf, was man selbst wiegt. – Was das bedeutet, können dir sicher deine Eltern erklären.

Und zum Schluss: Extratricks

⇨ Wenn du dir einmal etwas ganz und gar nicht merken kannst, so überlege dir eine Eselsbrücke oder einen Reim wie diesen:
Nach l, n, r, das merke ja,
steht nie tz und nie ck!
⇨ Eine gute Sache ist eine Pinnwand. An sie kannst du Zettel heften, die dir als Gedächtnisstütze dienen oder beim Lernen verflixter Dinge helfen können.
⇨ Geschickt sind auch Notizzettel auf dem Schreibtisch. Darauf kannst du alles schreiben, was dir gerade einfällt und du noch erledigen musst (z.B. »Sportzeug einpacken« oder »Elternbrief zeigen«).

Ein zweites Kapitel für Kinder: Lerntipps für Schülerinnen und Schüler ab 10 Jahren

Liebe Schülerin, lieber Schüler!

Auch dieses Kapitel ist extra für Schülerinnen und Schüler geschrieben. Es möchte dir helfen, die Hausaufgaben besser und schneller zu machen als bisher.
Dafür bietet es dir eine Tipp-und-Trick-Kiste mit zwölf Schlüsseln zum Lernerfolg an.
Am besten ist es, du überfliegst diese zunächst einmal.
Suche dir dann zwei oder drei Schlüssel aus, die dich besonders interessieren. Probiere die Tipps einige Zeit aus, d.h. ungefähr zwei bis drei Wochen. Entscheide dann, ob sie dir helfen können.

Lies auch einmal das vorige Kapitel mit den Lerntipps und -tricks für die Grundschule durch! Diese Tipps reichen zwar nicht mehr für dich aus, aber sie können dir sicher noch bei vielen Hausaufgaben helfen. Die Tipp-und-Trick-Kiste für die Grundschule stellt sozusagen die »Grundkiste« dar und die Tipp-und-Trick-Kiste für Schülerinnen und Schüler ab zehn Jahren ist die »Superextraaufbaukiste«. Viel Erfolg mit der Tipp-und-Trick-Kiste!

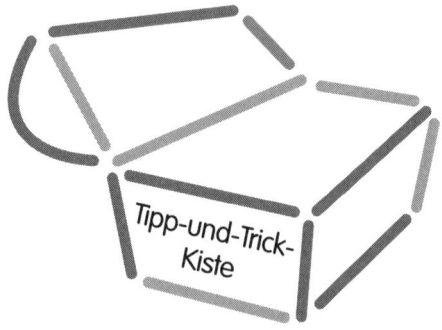

P.S.: Nimm die Tipps auch einfach als Anstoß, um deine bisherigen Lerngewohnheiten zu überdenken! Und erfinde selbst neue Lerntricks, die du in der Klasse austauschen kannst!

Hilfen im Hausaufgabendschungel

 Du hast jetzt in der Schule viele verschiedene Fächer und fast in jedem Fach einen anderen Lehrer. Dadurch ist es oft gar nicht mehr so einfach, bei den Hausaufgaben den Überblick zu behalten. Auch kommt es bestimmt immer wieder vor, dass sich die Hausaufgaben an einem Tag ballen und so der Hausaufgabenberg unüberwindlich groß erscheint. Doch jeder Berg lässt sich erklimmen, wenn man es nur geschickt genug anstellt:

⇨ Mach die Hausaufgaben möglichst schon am selben Tag, weil dann alles noch frisch im Gedächtnis ist!

⇨ Hast du an einem Tag jedoch sehr viele Hausaufgaben auf oder musst du dich noch auf eine Klassenarbeit vorbereiten, so erledige nur die Hausaufgaben für den nächsten Tag!

⇨ Zieh zur Entscheidung, welche Hausaufgaben du gleich erledigen musst und welche noch bis morgen oder übermorgen warten können, deinen Stundenplan und eventuell auch deinen Terminkalender heran! So kannst du das Lernen in letzter Minute vermeiden.
⇨ Lass dir etwas einfallen, um die noch nicht erledigten Hausaufgaben nicht ganz zu vergessen! Eine gute Möglichkeit ist das Einrichten von zwei verschiedenen Schubfächern oder Ablageplätzen: In ein Schubfach kommen die erledigten, in das andere die unerledigten Aufgaben.

Hausaufgaben planen wie ein Profi

Vielen Schülern passiert es immer wieder, dass englische und französische oder lateinische Vokabeln in ihrem Kopf durcheinander purzeln. Oder es kommt vor, dass ihnen Fehler im Diktat unterlaufen, weil sie ein deutsches Wort wie ein englisches schreiben. Du kannst es besser machen:
⇨ Plane die Reihenfolge der Hausaufgaben klug: Lerne keine ähnlichen Lerninhalte wie Englisch und Französisch oder Mathematik und Physik nacheinander!
⇨ Wechsle zwischen leichten und schwierigen Aufgaben ab!
⇨ Wechsle zwischen mündlichen und schriftlichen Aufgaben ab! Bedenke dabei, dass die mündlichen Aufgaben ebenso wichtig sind wie die schriftlichen, und schiebe sie nicht bis zum späten Abend oder bis zum nächsten Morgen im Schulbus auf!

Mach mal Lernpause!

Wie wichtig Pausen sind und was du in einer Pause tun kannst, ist auf S. 69 nachzulesen. Weil du jetzt aber oft länger lernen musst als in der Grundschule, ergeben sich neue Pausentipps:

▷ Lege nach etwa zwanzig bis dreißig Minuten eine Pause von ungefähr zwei bis fünf Minuten ein!
▷ Musst du einmal länger lernen, so lege zusätzlich nach ein bis zwei Stunden eine Pause von ungefähr fünfzehn bis zwanzig Minuten ein!
▷ Wenn du Hunger verspürst, so nütze die Pause, um eine Kleinigkeit wie einen Apfel oder einen Jogurt zu essen! Ein leerer Magen studiert nämlich genauso ungern wie ein voller.

Mit Musik geht nicht alles besser

Grundsätzlich abzulehnen ist Musik bei den Hausaufgaben nicht. Denn bei Aufgaben, die wie das Ausmalen einer Skizze nur wenig Denkarbeit erfordern, wirkt Musik nicht unbedingt störend.

Bei Aufgaben aber, bei denen du viel denken musst, solltest du nebenher keine Musik hören. Mit Musik gehen solche Aufgaben nämlich keineswegs besser. Wie in einer Untersuchung festgestellt wurde, braucht man mit Hintergrundmusik für schwierige Aufgaben länger und macht auch mehr Fehler als in ruhiger Umgebung. Besonders störend sind Musiksendungen im Rundfunk, die immer wieder von Ansagen und Berichten oder Erzählungen unterbrochen werden. Weniger beeinträchtigend wirken klassische und eher ruhige, leise Musik.

Schüler, die behaupten, sie könnten auch schwierige Mathematikaufgaben mit Musik am besten lösen, lernen in Wirklichkeit mit Musik nicht besser und schneller. Vielmehr haben sie sich so an die immer währende Musikberieselung gewöhnt, dass sie sich bei Stille ganz komisch fühlen. Das Musikhören ist also zu einer festen, aber dem Lernen abträglichen Gewohnheit geworden.

Deshalb: Gewöhne dir das Musikhören beim Lernen nicht an! Es ist immer schwierig, sich wieder von Gewohnheiten zu lösen. Falls das Lernen mit Musik bei dir schon zu einer Gewohnheit geworden ist, so versuche, es dir allmählich wieder abzugewöhnen: Drehe die Musik leiser! Schalte sie aus, sobald du dich eingearbeitet hast und gut vorwärts kommst! Höre in den Pausen und vor und nach den Hausaufgaben bewusst Musik!

Kennst du deinen Lerntyp?

Es gibt Schüler, die sich fast alles merken können, was der Lehrer vorträgt, während andere unbedingt eine Skizze oder ein paar Stichworte vor sich sehen müssen, um alles mitzubekommen. Dies liegt mit daran, dass es verschiedene Lerntypen gibt.

Man unterscheidet im Allgemeinen drei oder mehr Lerntypen, nämlich Lerntyp Lesen, Lerntyp Hören, Lerntyp Sehen und eventuell noch Lerntyp Sprechen und Lerntyp Schreiben. Das heißt aber nicht, dass ein Schüler nur über Lesen, der andere nur über Hören und der dritte nur über Sehen lernen kann. Es bedeutet vielmehr, dass sich jeder Mensch Dinge auf eine bestimmte Art besonders gut einprägen kann.

Deshalb ist es gut, wenn du dich beim Lernen beobachtest und herausfindest, wie du selbst am besten lernst. Hast du deinen Lerntyp herausgefunden, so kannst du dein Lernen darauf abstimmen und dann besonders leicht und erfolgreich arbeiten.

Hier sind einige Beispiele dazu:

Lerntyp Lesen: Lies wichtige Dinge immer wieder im Buch oder im Heft durch. Hefte Vokabeln, Merksätze oder Jahreszahlen an deine Pinnwand!

Lerntyp Hören: Sprich den Merkstoff auf Band und höre das Band ab! Lass dir einen Lerntext von einer Freundin oder einem Freund vorlesen.

Lerntyp Sehen: Präge dir Inhalte über Fotos, Schaubilder, Skizzen, Landkarten oder selbst gefertigte Zeichnungen ein!

Lerntyp Sprechen: Sprich dir Vokabeln oder Merksätze laut vor! Erkläre deinen Eltern, was du in der nächsten Klassenarbeit können sollst!

Lerntyp Schreiben: Fertige von einem zu lernenden Text eine Zusammenfassung an! Formuliere Zwischenüberschriften für längere Texte! Schreibe wichtige Begriffe heraus! Schreibe deine Vokabeln ab!

Lernen auf verschiedenen Wegen

Gerade eben hast du gelesen, dass sich jeder Mensch Inhalte auf eine ganz bestimmte Art besonders gut merken kann – je nachdem, welchem Lerntyp er angehört. Das ist aber nur ein Teil der Wahrheit. Am besten merken kannst du dir Dinge nämlich dann, wenn du nicht nur einen Lernweg, sondern zwei oder sogar drei benutzt. Doppelt und dreifach hält auch beim Lernen besser!

Sollst du beispielsweise Formeln in Geometrie lernen, so machst du es deinem Gedächtnis leicht, wenn du die Formeln mehrmals schreibst und wieder liest, sie laut aufsagst und sie dir an Zeichnungen klarmachst.

Frage doch auch einmal deine Lehrerinnen und Lehrer, welche Tipps ihnen zum Lernen auf verschiedenen Wegen, also zum »mehrkanaligen Lernen«, für ihr Fach einfallen!

Flüstern, zeichnen, farbig schreiben: Vokabeln lernen mit Phantasie

»Vokabeln lernen macht mir überhaupt keinen Spaß und außerdem vergesse ich die Wörter sowieso gleich wieder. Ich frage mich wirklich, ob sich die ganze Arbeit eigentlich lohnt.« – Vielleicht spricht dir die Schülerin, die das sagte, aus dem Herzen. Vielleicht weißt du aber auch, dass man Hunderte von Vokabeln beherrschen muss, um eine fremde Sprache sprechen zu können. Versuche deshalb, die Aussage der Schülerin umzuformulieren: »Was kann ich tun, damit sich die ganze Arbeit auch lohnt?«

Im Folgenden einige Tipps dazu:
- Versuche herauszufinden, wie viel Vokabeln du pro Tag höchstens lernen kannst! – Die Zahl wird vermutlich zwischen fünfzehn und vierzig Vokabeln liegen.
- Lerne die Vokabeln im Buch oder im Vokabelheft zunächst einmal nach diesen zehn Schritten:
    1. Teile die Vokabeln in Portionen zu je sechs bis zehn Stück auf!
    2. Lies die Vokabeln einer Portion zwei- oder dreimal laut durch! Achte dabei auf eine gute Aussprache!
    3. Decke eine Seite ab und spreche die abgedeckten Wörter auswendig, einmal von oben und einmal von unten beginnend!
    4. Hake entweder die behaltenen Vokabeln ab oder kennzeichne die nicht behaltenen!
    5. Decke die Seite wieder auf und lies die schwierigen, nicht behaltenen Wörter noch einige Male laut und aufmerksam durch!
    6. Decke die Seite wieder ab und spreche die schwierigen Wörter auswendig!
    7. Spreche noch einmal alle Vokabeln dieser Portion auswendig!
    8. Decke nun die andere Seite ab!
    9. Lerne die andere Seite genauso wie die erste!
    10. Lerne die Vokabeln kreuz und quer!

    Wenn du eine Portion gelernt hast, so mache eine kurze Pause oder eine andere Aufgabe. Du kannst dir die Vokabeln dann besser merken und verwechselst sie nicht so schnell.
- Du kannst die Vokabeln aber auch nach einer anderen Methode lernen:
    1. Teile die Vokabeln in Portionen zu etwa 4 Stück auf!
    2. Lies die Vokabeln einer Portion einige Male laut durch!

3. Decke die Vokabeln ganz ab, und schreibe aus dem Gedächtnis auf, was du noch weißt. Das könnte beispielsweise so aussehen:

ich interessiere mich für	–	I'm interested ____
eine Kirsche	–	_____
_____	–	to have _____
die Luft, _____	–	_____

4. Decke die Vokabeln wieder auf und lies sie aufmerksam durch!
5. Decke die Vokabeln wieder zu, und ergänze aus dem Gedächtnis, was du noch weißt! Das könnte dann beispielsweise dieses Ergebnis bringen:

ich interessiere mich für	–	I'm interested in
eine Kirsche	–	_____
ein Picknick machen	–	to have a picnic
die Luft, das Lied	–	the air, _____

6. Decke die Vokabeln wieder auf und lies sie nochmals durch!
7. Decke die Vokabeln wieder zu, und versuche, dich an das noch Fehlende zu erinnern!
8. Kontrolliere nun selbst, ob du dir alle Vokabeln gemerkt hast. Falte das Blatt dazu so um, dass du die aufgeschriebenen Vokabeln nicht mehr siehst, und schreibe sie alle noch einmal aus dem Gedächtnis auf!

Nun gibt es immer wieder einige ganz verflixte Vokabeln, denen mit diesen Methoden allein nicht beizukommen ist. Für sie gibt es einige Extratricks, bei denen deiner Phantasie keine Grenzen gesetzt sind. Diese Extratricks helfen auch bei deutschen Wörtern mit schwieriger Rechtschreibung:

➪ Schreibe die schwierigen Vokabeln auf eine besondere Weise, d.h. farbig, sehr groß oder sehr klein, mit geschlossenen Augen, mit der Schreibmaschine oder dem Computer, in

den Sand oder in den Schnee oder mit den Füßen in die Luft.
- ⇨ Lass dir die Vokabeln mit Übersetzung von jemandem auf den Rücken schreiben oder schreibe sie einer Freundin oder einem Freund auf den Rücken!
- ⇨ Schreibe die Wörter in der folgenden Geheimschrift, in der es auf die Buchstabenlänge ankommt:
bring – brought – brought = /iii/ - /iiiii/ - /iiiii/.
Zeichne Rahmen für die Wörter:
bring = ⌐⌐⌐
- ⇨ Mache dir zu den Vokabeln Zeichnungen!
- ⇨ Lies ein Wort, schließe die Augen und stelle dir das Schriftbild vor!
- ⇨ Lies den Text mit den neuen Wörtern im Buch durch!
- ⇨ Überlege dir Beispielsätze mit den Vokabeln!
- ⇨ Spreche die Wörter auf eine besondere Weise, d.h. flüsternd, schreiend (Vorsicht, denke an die Nachbarn!) oder mit der Stimme eines bekannten oder seltsamen Geschöpfs!
- ⇨ Spreche die Wörter mit ihrer Bedeutung langsam auf Band und höre es ab! Du kannst das Band auch abhören und die Wörter dabei wie im Diktat auf einen Zettel schreiben.
- ⇨ Spreche die Wörter mit ihrer Bedeutung auf Band und lass dabei eine lange Lücke zwischen dem Wort und seiner Bedeutung! So kannst du dich selbst abfragen, schriftlich oder mündlich.
- ⇨ Spreche einen Lückentext auf Band! Nimm dazu den Text aus dem Buch oder erfinde selbst einen! Spare die zu lernenden Wörter bei der Aufnahme aus. Auch damit kannst du dich selbst abfragen!
- ⇨ Lass dich abfragen!
- ⇨ Frage jemanden ab! Wenn du möchtest, kannst du deine verflixten Vokabeln auch einem Familienmitglied beibringen – sofern dieses Lust dazu hat, versteht sich.
- ⇨ Versuche herauszufinden, warum dir einige Wörter so

schwer fallen oder warum du manche so leicht verwechselst!

➭ Überlege dir Eselsbrücken! Eine Schülerin merkt sich zum Beispiel das lateinische Wort »conservare«, indem sie an Konservendosen, die Nahrungsmittel »bewahren«, dachte. Nütze auch aus, dass sich viele englische, französische und lateinische Vokabeln in Fremdwörtern, Waschpulver-, Kosmetik- und anderen Produktnamen wiederfinden lassen!

➭ Falls du einen Computer hast oder den deiner Eltern benutzen darfst, so frage deine Lehrerin oder deinen Lehrer nach einem guten Lernprogramm für Vokabeln.

➭ Auch ohne ein Lernprogramm kannst du den Computer nutzen, indem du die Vokabeln eingibst und sie in unterschiedlicher Reihenfolge oder in verschiedenen Schriften ausdruckst, um sie anschließend zu lernen. Auch kannst du nach einem ersten Lernen alle Vokabeln löschen, die du schon kannst. Die übrigen Vokabeln kannst du dann extragroß ausdrucken und irgendwo aufhängen.

Das Geheimnis liegt in der Wiederholung: Wie eine Lernkartei funktioniert und warum sie so viel nützt

Wer seine Vokabeln lernt, sie aber nicht wiederholt, hat bereits am nächsten Tag einen großen Teil davon vergessen. Nach ein paar Tagen ist dann nur noch ein kläglicher Rest übrig, sodass es eigentlich fast schade um die Mühe des Lernens ist.

Diesem schnellen Vergessen kannst du jedoch ein Schnippchen schlagen, indem du deine Vokabeln einige Male über einen längeren Zeitraum hinweg wiederholst. Besonders praktisch hierfür ist eine Lernkartei.

Als Karteikasten kannst du einen fertigen Kasten aus dem Schreibwarengeschäft oder einen schmalen Schuhkarton von etwa 30 cm Länge nehmen, den du in fünf verschieden große Fächer einteilst:

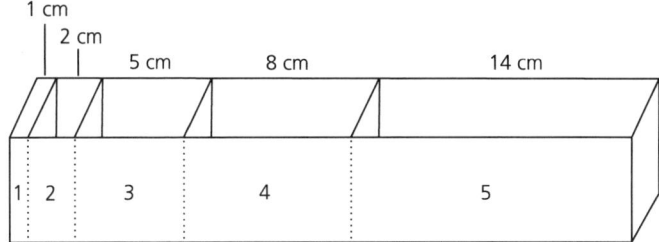

Du kannst dir aber auch selbst einen Karteikasten in der richtigen Größe bauen. Nimm dazu einen großen Pappkarton – besonders schön ist ein farbiger Plakatkarton aus dem Schreibwarengeschäft, aber der Karton von einem Zeichenblock tut es auch – und übertrage auf ihn die folgenden Maße:

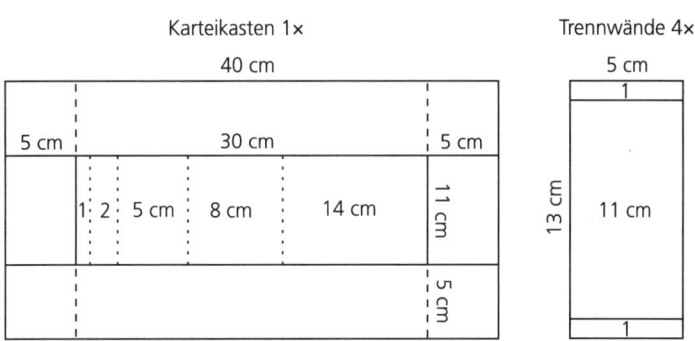

Beachte beim Bauen die Zeichenerklärung:

\- - - - - - - - = an diesen Stellen einschneiden

─────── = an diesen Stellen nach oben knicken (vorher mit einem Messer oder einer Schere einritzen)

.... = an diesen Stellen Trennwände einsetzen

Die Seiten- und Trennwände kannst du festkleben oder mit einer Heftklammer zusammenheften. Wenn du möchtest, kannst du deine Lernkiste auch bemalen oder mit buntem Papier und anderen Dingen verzieren.

Falte nun ein DIN-A4-Blatt drei Mal jeweils auf die Hälfte, und zerteile es dann so, dass du acht Zettel in DIN A7 (7 × 10,5 cm = Karteikartengröße) erhältst. Schreibe dann auf die eine

Seite eines jeden Zettels ein neues Wort und auf die andere Seite seine deutsche Bedeutung. Bei englischen und französischen Vokabeln ist es zumeist zweckmäßig, auf die Vorderseite die deutsche und auf die Rückseite die fremdsprachige Bedeutung zu schreiben, da man sich Letztere zumeist schwerer merken kann. Im Lateinischen verfährt man gerade umgekehrt.

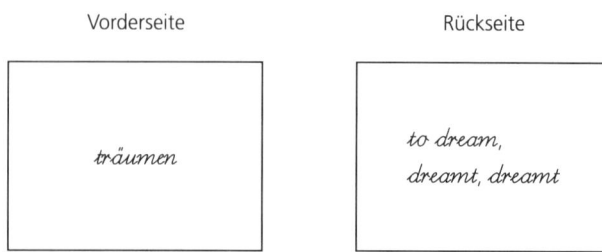

Stelle am besten nur für die schwierigen Vokabeln Lernzettel her. Du sparst dir dadurch unnötige Arbeit und außerdem wird auch die Lernkartei nicht so schnell voll. Bei den schwierigen Vokabeln ist das Beschriften der Zettel jedoch keine Zeitverschwendung, ganz im Gegenteil. Durch Schreiben kann man sich Vokabeln nämlich ganz besonders gut einprägen.

Stecke nun deine Zettel in das erste Fach der Lernkiste. Sobald sich dieses mit Zetteln gefüllt hat, kannst du mit dem Wiederholungslernen beginnen. Ziehe dazu den vordersten Lernzettel heraus und versuche, die gefragte fremdsprachige bzw. deutsche Bedeutung zu nennen oder aufzuschreiben. Kontrolliere deine Antwort, indem du auf der Rückseite des Lernzettels nachschaust. Stimmt deine Antwort, so darf das Kärtchen in das nächste Fach wandern. Stimmt sie nicht, so kommt das Kärtchen an die letzte Stelle im ersten Fach.

Nach ein oder zwei Tagen werden schon einige Lernzettel ins zweite Fach gewandert sein, sodass du mit der Wiederholung der Vokabeln im zweiten Fach beginnen kannst. Die behaltenen Vokabeln wandern dann in das dritte Fach, die vergessenen zurück in das erste. Sind die Vokabeln nach einigen Tagen oder Wochen im letzten Fach angelangt und kannst du auch jetzt die richtige Bedeutung nennen, so sind dir die Vokabeln wohl in

Fleisch und Blut übergegangen. Nun kannst du die betreffenden Lernzettel aus der Lernkiste herausnehmen. Wirf sie aber lieber nicht weg, denn vielleicht kannst du sie später noch einmal gebrauchen.

So wandern die Vokabeln:

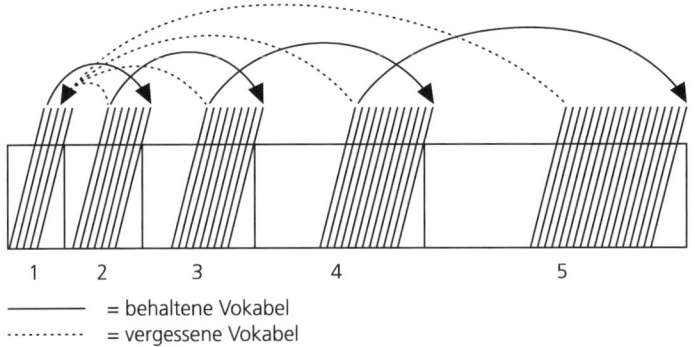

——— = behaltene Vokabel
·········· = vergessene Vokabel

Mit der Lernkartei kannst du aber nicht nur Vokabeln lernen, sondern auch mathematische Formeln, Jahreszahlen, Wörter mit schwieriger Rechtschreibung und anderes mehr.

Dafür musst du nur die entsprechenden Kärtchen schreiben:

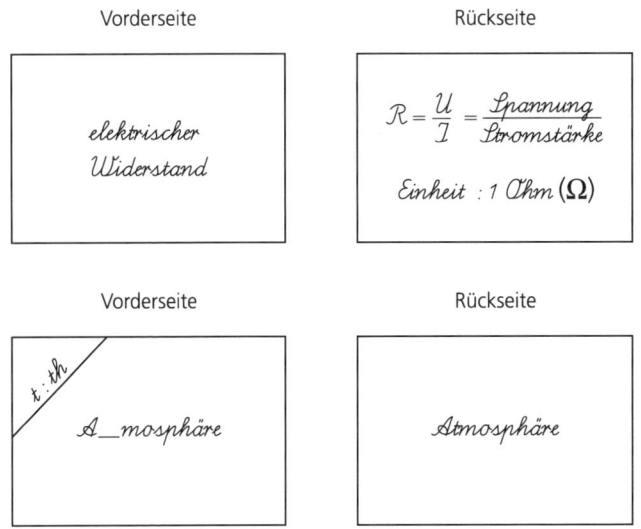

Texte richtig lesen

Hast du dir schon einmal überlegt, wie oft du in der Schule, bei den Hausaufgaben oder wenn du dich über etwas informieren möchtest, Texte lesen musst? Falls ja, dann verstehst du sicher, warum die folgenden Tipps so wichtig sind. Sie helfen dir, Texte zu verstehen und ihren Inhalt auch zu behalten:

⇨ Lies einen längeren Text nicht auf einmal, sondern unterteile ihn in Abschnitte!
⇨ Achte auf Hervorhebungen, Schaubilder und andere Hilfen im Text!
⇨ Gehe am besten nach folgender Lesemethode vor:
   1. Text überfliegen;
   2. Text gründlich lesen, eventuell Begriffe nachschlagen;
   3. Wichtige Stellen (farbig) unterstreichen oder herausschreiben.
⇨ Prüfe nach, ob du den Text wirklich verstanden hast: Kannst du das Wichtige auswendig hersagen? Kannst du Fragen an den Text stellen und diese selbst beantworten?
⇨ Überlege dir Extratricks! Bringe am Rand Notizen an, fertige Zeichnungen zum Text, streiche Unwichtiges durch oder finde neue Überschriften! Tausche dich auch mit deinen Mitschülerinnen und Mitschülern darüber aus!

Gewusst wo!

Beim Lernen geht es nicht nur um das »Gewusst wie«, sondern auch um das »Gewusst wo«, d.h. darum, zu wissen, wo man eine Auskunft finden und eine Antwort auf seine Fragen bekommen kann. Der einfachste Weg, eine Information zu bekommen, ist oft das Befragen der Eltern. Doch zum einen werden deine Eltern nicht immer eine Antwort wissen, und zum anderen macht es zumeist viel mehr Spaß, selbst eine Information aufzuspüren. Im Folgenden einige Tipps dazu:

➪ Ziehe bei Unklarheiten in der Rechtschreibung ein Wörterbuch zurate!
➪ Verstehst du ein Fremdwort nicht, so schlage es im Fremdwörterbuch nach! Manchmal gibt auch der Duden oder ein Lexikon Auskunft.
➪ Wenn dir eine Person, ein Gegenstand oder ein Ereignis unbekannt ist, so schau in einem Lexikon oder einem Fachbuch nach!
➪ Benutze die Stadtbibliothek, die Schul- oder die Pfarrbücherei! Dort findest du eine Riesenmenge an Informationen. Auch gibt es dort immer jemanden, der dir gerne alles in Ruhe erklärt. Es macht also gar nichts aus, wenn du dich noch nicht auskennst.
➪ Falls es dir manchmal noch Schwierigkeiten bereitet: Übe das ABC, denn es ist zum Nachschlagen unentbehrlich.
➪ Wenn du gerne im Internet nach Informationen suchst, so übe den Umgang mit einer Suchmaschine (z. B. www.blinde-kuh.de)!

Klassenarbeiten planen ohne Angst und Stress

Klassenarbeiten verdunkeln immer wieder wie drohende Wolken den Horizont. Die Angst, mit dem Lernen nicht fertig zu werden, den Stoff nicht zu beherrschen und in der Klassenarbeit zu versagen, kann leicht übermächtig werden. Es ist gar nicht so einfach, mit diesen Ängsten fertig zu werden. Doch wenn du einige Punkte beachtest, kommen viele der Ängste gar nicht erst auf:
➪ Lerne regelmäßig mit! Lies dir die Unterrichtsmitschrift zu Hause noch einmal durch! Schreibe unübersichtliche Seiten sauber ab! Ergänze fehlende Mitschrift sofort!
➪ Plane voraus! Notiere die Termine der Klassenarbeiten groß und deutlich in einem Kalender!
➪ Schaue dir schon ein paar Tage vor der Arbeit an, was drankommen wird! Stelle fest, ob es noch Unklarheiten gibt!

- Höre aufmerksam zu, wenn deine Lehrerin oder dein Lehrer erklärt, was in der Klassenarbeit verlangt wird. Fehlt dir eine Information oder hast du etwas nicht verstanden, so frage gleich nach. Grinsende Mitschüler wissen übrigens fast immer auch nicht besser Bescheid.
- Teile den Stoff in kleine Portionen für mehrere Tage auf! Lerne nicht zu viel auf einmal! Wenn es dir hilft, den Überblick zu behalten, so kannst du dir einen Vorbereitungsplan machen, in den du einträgst, wann du was lernen möchtest. Hake dann jeden Tag ab, was du schon gelernt hast!
- Probiere mal aus, wo du dir am besten etwas einprägen kannst: am Schreibtisch, auf dem Sofa, im Schaukelstuhl oder beim Umhergehen?
- Überlege genau, was für Aufgaben in der Arbeit drankommen könnten! Solltest du vielleicht eine Zeichnung üben? Oder solltest du dir noch einige Jahreszahlen besonders gut einprägen?
- Fertige dir eine möglichst knappe Zusammenfassung der wichtigsten Inhalte an! Dabei lernst du eine ganze Menge und außerdem musst du beim Wiederholen nicht noch einmal alles durchgehen.
Vielleicht hast du schon gemerkt, dass diese Zusammenfassung eigentlich einem Spickzettel entspricht. Dennoch besteht ein wichtiger Unterschied: Dadurch, dass du die Zusammenfassung in Ruhe zu Hause schreiben und mehrere Male durchlesen kannst, weißt du ihren Inhalt praktisch auswendig. Somit wird der Spickzettel überflüssig und du sparst dir viel Angst und Aufregung während der Klassenarbeit selbst.
- Schreibe deine Zusammenfassung oder einzelne Sätze auch einmal auf mehrere kleine Karten und sortiere diese dann verschieden. Du kannst beispielsweise jedes Land Europas auf eine Karte schreiben und die Länder dann mal nach ihrer Größe, nach der Höhe ihres Bruttosozialprodukts oder nach der Zahl ihrer Einwohner sortieren.
- Vielleicht hilft es dir auch, deine Zusammenfassung als Bild

zu gestalten. Musst du z. B. etwas über den Igel lernen, so kannst du einen großen Igel zeichnen und kannst dann Stichwörter zur Bewegung an die Beine und Stichwörter zur Nahrungsaufnahme an die Schnauze oder in den Bauch hineinschreiben.

- Überprüfe, ob das Gelernte sitzt! Stelle dir Fragen, löse Übungsaufgaben!
- Spiele die Klassenarbeit einmal in Gedanken durch!
- Wenn der Stoff auch für andere interessant sein könnte, so erkläre doch deinen Eltern oder Großeltern, was du gerade in der Schule lernst. Vielleicht hat auch jemand Spaß daran, mit dir ein Streitgespräch über einen Feldherrn oder König zu führen oder mit dir im Atlas zu blättern. Auch kannst du mal so tun, als wärest du der König aus dem Geschichtsunterricht, und kannst erklären, warum du dich für so großartig hältst.
- Tu einmal so, als wärest du der Frosch oder das Eichhörnchen aus dem Biologieunterricht, und lasse dich von jemandem über dein Leben interviewen.
- Frage deine Eltern unvorbereitet ab. Du kannst ihnen dann ja erklären, was sie nicht wissen …
- Gehe in Deutsch und Englisch einmal deine letzten Aufsätze durch und liste deine Fehler auf. Prüfe nach, ob es vielleicht immer die gleichen Fehler sind. Nimm dir einige davon vor und arbeite sie durch, damit sie dir in Zukunft nicht mehr unterlaufen.
- Falls du manchmal Schwierigkeiten hast, in der Klassenarbeit unter Zeitdruck zu arbeiten, so trainiere dies zu Hause! Frage ruhig auch einmal deinen Lehrer oder deine Lehrerin, wie viel Zeit du für eine Hausaufgabe höchstens brauchen solltest, und probiere dies aus!
- Überlege dir, ob du dich mit einer Mitschülerin oder einem Mitschüler oder in einer Gruppe auf die Arbeit vorbereiten möchtest. Viele Schüler finden es gut, sich gegenseitig abzufragen oder einander Unverstandenes zu erklären. Allerdings funktioniert dies nur bei Gleichgesinnten. Es müssen tat-

sächlich alle lernen wollen und auch bereit sein, sich auf das gemeinsame Lernen vorzubereiten.
⇨ Hast du den Lernstoff durchgearbeitet und hast du das Gefühl, dass er sitzt, so höre mit dem Lernen auf. Das Weiterlernen aus der Angst heraus, du könntest doch noch etwas übersehen oder bereits wieder vergessen haben, nützt in der Regel wenig – ganz im Gegenteil.
⇨ Lerne – sofern möglich – direkt vor der Arbeit nichts Neues mehr! Falls du noch etwas tun möchtest, so wiederhole lieber noch einmal deine Zusammenfassung!
⇨ Lass dich nicht von der Angst der anderen anstecken! Und rede auch möglichst deinen Mitschülerinnen und Mitschülern keine unnötigen Ängste ein! Also: Überlege dir vor der Arbeit nicht, was du noch nicht weißt! Denke lieber an die vielen Inhalte, die du kannst!

Klassenarbeiten schreiben mit einem klaren Kopf

Auch für die Klassenarbeit selbst gibt es einige Tipps und Tricks. Sie können dir helfen, einen kühlen und klaren Kopf zu bewahren und zielstrebig zu arbeiten:
⇨ Wenn du Schwierigkeiten hast, dir eine Formel oder Jahreszahl zu merken, so schaue sie dir direkt vor der Klassenarbeit noch einmal an und schreibe sie dann sofort auf das Aufgabenblatt oder in das ausgeteilte Heft! Das ist erlaubt und auch nicht so beängstigend wie das Arbeiten mit einem Spickzettel.
⇨ Höre aufmerksam zu, wenn die Aufgaben erläutert werden!
⇨ Frage sofort nach, wenn dir etwas unklar ist!
⇨ Teile dir die Zeit für die einzelnen Aufgaben sorgfältig ein. Nimm eine Uhr mit!
⇨ Beginne mit den Aufgaben, die dir leicht fallen!
⇨ Gerate nicht in Panik, wenn dir eine Regel, Formel oder Vokabel nicht sofort einfällt. Es kann gut sein, dass sie dir ein paar Minuten später wieder klar vor Augen steht.

⇨ Beantworte eine Frage nicht zu ausführlich, damit noch genügend Zeit für die anderen bleibt!
⇨ Kommst du mit einer Aufgabe gar nicht klar, so lass sie für den Schluss übrig!
⇨ Hake gelöste Aufgaben ab, damit du keine vergisst!
⇨ Entspanne in längeren Klassenarbeiten ruhig einmal für ein oder zwei Minuten! Danach fällt dir das Denken vielleicht wieder leichter.
⇨ Gebe die Arbeit nicht zu früh ab! Prüfe sie auf Flüchtigkeits- und auch auf Rechtschreibfehler!

Und zum Schluss: Extratricks

⇨ Wie wär's mit einem Lernplakat? Ein Lernplakat ist eine tolle Sache: Du nimmst dazu ein Stück Tapete oder Packpapier und schreibst mit einem dicken Stift wichtige Dinge darauf. Das können zum Beispiel schwierige Formeln, verflixte Vokabeln, wichtige Jahreszahlen oder besonders hilfreiche Lerntipps sein. Wenn du möchtest, so kannst du dein Lernplakat auch mit dem Computer gestalten. Hänge es dann irgendwo auf, wo du es häufig siehst!
⇨ Vieles lässt sich mithilfe eines Merkverses leichter lernen. Einen solchen Merkvers kannst du gut selbst erfinden. Er könnte zum Beispiel lauten:

*Bei Stern und Sport
lasse ich das „ch" fort.*

⇨ Eselsbrücken sind auch für kluge Schüler eine prima Sache. Eine gute Möglichkeit, um sich wichtige Begriffe oder Namen merken zu können, ist zum Beispiel das Basteln von Merkwörtern aus den Anfangsbuchstaben dieser Namen oder Begriffe. So ergeben beispielsweise die Anfangsbuchstaben fünf wichtiger Nagetiere (Biber, Ratte, Eichhörnchen, Hamster und Maus) den Namen des berühmten Tierforschers Brehm.

4. Wie Eltern ihren Kindern bei den Hausaufgaben helfen können

Das Wichtigste zuerst: Weniger ist oft mehr

Die Frage, ob Eltern ihren Kindern bei den Hausaufgaben helfen sollen, wird häufig gestellt und zumeist sehr kontrovers diskutiert. Viele Eltern und auch Lehrerinnen und Lehrer sind sich deshalb unsicher, ob bzw. inwieweit die elterliche Hilfe bei den Hausaufgaben gutzuheißen ist. So meint beispielsweise Frau D., Realschullehrerin und Mutter von zwei Kindern:

> »Es ist für mich schwierig zu sagen, ob Eltern ihren Kindern bei den Hausaufgaben helfen sollen. Als Mutter und Lehrerin

bin ich da in einer Doppelrolle. Als Lehrerin lehne ich die Mithilfe der Eltern ab, weil ich der Meinung bin, dass die Schüler lernen müssen, selbstständig zu arbeiten. Außerdem weiß ich dann in der Schule nicht, wie gut die Kinder mit dem Stoff schon umgehen können. Und gerade darin sehe ich eine ganz wichtige Funktion der Hausaufgaben. Auf der anderen Seite bringe ich es als Mutter einfach nicht fertig, meine Kinder da ganz allein zu lassen. Wenn mein Sohn zum Beispiel nicht herausbekommt, was acht plus drei gibt, dann kann ich mich doch nicht hinstellen und sagen: ›Wenn du es nicht hinkriegst, dann lass es sein!‹«

Elterliche Hilfe kritisch unter die Lupe genommen

Bei näherer Betrachtung zeigt es sich, dass auch die bestgemeinte elterliche Hilfe den Kindern oftmals mehr schadet als tatsächlich nützt. Die folgenden Punkte erläutern, warum dies so ist:

- Eine Funktion der Hausaufgaben besteht darin, der Lehrerin bzw. dem Lehrer Aufschluss über den Lernfortschritt der jeweiligen Klasse und somit über den Erfolg der eigenen unterrichtlichen Bemühungen zu geben. Wenn nun die Eltern ihrem Kind häufig bei den Hausaufgaben helfen und ihm die Aufgaben auch manchmal erledigen, weiß der Lehrer nicht, wo das einzelne Kind steht, und er geht dann in seinem Unterricht immer wieder von falschen Voraussetzungen aus.
- Eine zweite wesentliche Funktion der Hausaufgaben besteht darin, die Selbstständigkeit der Schülerinnen und Schüler zu fördern. Bekommt ein Kind jedoch bei den Hausaufgaben häufig Hilfe, so wird ihm die Chance genommen, selbstständig und eigenverantwortlich zu lernen. Die Folgen zeigen sich dann meist in Klassenarbeiten, wenn das Kind ganz auf sich gestellt ist, oder in höheren Klassen, wenn ein intensives häusliches Training unmöglich wird.

»*Ich merke in der Schule ganz genau, bei welchen Kindern die Eltern viel helfen. Ich merke das daran, dass diese Kinder sehr unselbstständig sind. Der Carsten zum Beispiel ruft immer:* ›*Frau O., ich komme nicht weiter!*‹ *Dann sage ich zu ihm:* ›*Carsten, du hast doch noch gar nicht angefangen, da kannst du auch nicht weiterkommen. Fang erst mal an, und wenn es dann gar nicht geht, dann darfst du kommen.*‹ *Und dann geht's. Der Carsten ist das so gewöhnt, dass er die Mutter daneben hat. Das ist eine Mutter, die kann ihr Kind einfach nicht loslassen. Und wenn sie aus dem Zimmer geht, dann sagt sie:* ›*Warte, bis ich wieder da bin!*‹ *Sie möchte es eben besonders gut machen und sie macht es genau falsch.*«
(Frau O., Grundschullehrerin)

- Die gut gemeinte elterliche Hilfe schadet dem Kind manchmal mehr, als dass sie ihm nützt. Denn zum einen wissen die Eltern häufig gar nicht, worauf es bei einer Aufgabe tatsächlich ankommt, und zum andern wird das Kind immer wieder verwirrt, wenn es sich auch noch mit den Erklärungen der Eltern, die ganz anders als jene in der Schule sind, auseinander setzen muss.
- Auch besteht die Gefahr, dass ein Kind, dem zu Hause regelmäßig geholfen wird, keine Notwendigkeit sieht, sich in der Schule wirklich zu bemühen. Bereitet die Mutter oder der Vater außerdem schon zukünftige Lerninhalte vor – in der Hoffnung, das Kind werde damit in der Schule glänzen können –, wird sich das Kind im Unterricht vermutlich langweilen, unbeteiligt und lustlos dasitzen, kaum aktiv mitmachen und so die entscheidenden Stellen verpassen – was wiederum die elterliche Hilfe am Nachmittag notwendig macht.
- Eltern, die ihrem Kind ständig bei den Aufgaben helfen, zeigen ihm im Grunde, wie wenig sie von seinen Fähigkeiten halten. Diese Einstellung kann sich auch auf das Kind übertragen, sodass es sich bald nicht mehr zutraut, sich mit einer Aufgabe eigenständig auseinander zu setzen. Außerdem wird

ihm so das schöne und beflügelnde Erfolgserlebnis genommen, das sich nur im Anschluss an eine selbstständig bewältigte Aufgabe einstellen kann.
- Die gut gemeinte elterliche Hilfe belastet immer wieder die Eltern-Kind-Beziehung, versachlicht sie, macht sie leistungsorientiert und provoziert ständig Enttäuschungen und Konflikte. Das Kind, das nach einem langen und anstrengenden Schulvormittag mit einem großen Zuwendungsbedürfnis nach Hause kommt und nun weiter unter Aufsicht lernen soll, fühlt sich unverstanden und erneut unter Druck gesetzt. Die Eltern ihrerseits glauben ihrer Pflicht genügen zu müssen und fühlen sich bald überfordert, sind reizbar und erschöpft.

»Mein Sohn hatte gestern einen Bericht auf. Er hatte zwar die Schule versäumt, hatte die Aufgabe aber von einem Mitschüler mitgebracht bekommen. Er hat sich dann auch sofort fleißig drangemacht. Und dann schaltete sich mein Mann ein – gerade weil mein Sohn den Unterricht versäumt hatte – und sagte: ›Komm, jetzt machen wir eine Gliederung für deinen Bericht!‹

Und da habe ich schon diesen Mechanismus gemerkt, wie sich durch das Einschalten von meinem Mann die Motivation meines Sohnes schlagartig geändert hat. Und gestern Abend hat mein Sohn dann auch gesagt: ›Ach, der blöde Bericht, den brauche ich ja nicht, also mache ich ihn auch nicht.‹«
(Frau V., Mutter von zwei Kindern)

- In einen größeren Rahmen gestellt, erscheint die Mitarbeit der Eltern auf eine andere Art fragwürdig. Denn solange mit der Ausdauer und der Bereitschaft der Eltern gerechnet werden kann, sich als unbezahlte Nachhilfelehrer zu betätigen und die am Vormittag entstandenen Lücken zu schließen, können bequeme Lehrer weiterhin bequem unterrichten und kann nach wie vor am Bildungsetat gespart werden.

> ### Elterliche Hilfe bei den Hausaufgaben: Was die Forschung dazu sagt
>
> Sehr viele Studien zu den Auswirkungen der elterlichen Hilfe bei den Hausaufgaben liegen bislang nicht vor. Aus den wenigen vorhandenen Studien kann aber immer der gleiche, durchaus frappierende Schluss gezogen werden: Je mehr Eltern ihre Kinder bei den Hausaufgaben beaufsichtigen und kontrollieren und je mehr sie mit ihnen üben, desto schlechter fallen die Schulleistungen aus. Dieser auf den ersten Blick erstaunliche Zusammenhang gilt übrigens für alle Kinder und ihre Eltern und hat nichts oder nur zum Teil damit zu tun, dass die Eltern mit ihren Bemühungen vielleicht auf die schwachen Leistungen ihrer Kinder reagieren wollen. (Trautwein/Köller/Baumert, 2001; Trudewind/Wegge, 1989)

Hilfe zur Selbsthilfe

Auch in Anbetracht der vorgenannten Argumente wäre es in vielen Fällen unsinnig und dem Rat und Hilfe suchenden Kind gegenüber wohl auch kaum zu verantwortlichen, jede Hilfe aus Prinzip zu verweigern. Oft genügt ja schon ein kleiner Denkanstoß, ein Hinweis oder ein Ratschlag, um den ins Stocken geratenen Denkprozess wieder in Gang zu bringen und so die Fertigstellung der Hausaufgaben zu ermöglichen. Eine solche Hilfe nimmt dem Kind weder die Anstrengung noch das Erfolgserlebnis, aber sie kann ihm die Verzweiflung am Nachmittag ersparen und auch die Blamage am Schulvormittag, wenn die Aufgaben besprochen werden.

Die Frage, ob die elterliche Hilfe bei den Hausaufgaben gutzuheißen ist, kann also nicht einfach mit »Ja« oder »Nein« beantwortet werden. Das Alter des Kindes, gegebenenfalls seine

Sonja, 10 Jahre: »Wenn meine Mutter dabei ist, kann ich die Aufgaben nicht so gut. Sie sagt dann immer: ›Ich glaube, ich lass dich jetzt besser alleine lernen.‹«

besonderen Schwierigkeiten und vor allem die Art und Weise der Unterstützung sind hier entscheidend.

Nicht sinnvoll ist die Hilfe bei den Hausaufgaben, wenn Eltern aufgrund ehrgeiziger Wünsche oder ängstlicher Erwartungen hinsichtlich des weiteren Lebensweges ihres Kindes Kurse belegen, sich dann mit den neu erworbenen Kenntnissen neben das Kind setzen und ihm sämtliche Schwierigkeiten aus dem Weg räumen.

Eine wirkliche Hilfe muss das Kind befähigen, möglichst bald ohne sie auszukommen und Schwierigkeiten eigenständig zu bewältigen. Sie muss Hilfe zur Selbsthilfe sein.

Eine solche Hilfe kann eine Einstellungsänderung bei den Eltern zur Voraussetzung haben. Eltern müssen es oft erst mühsam lernen, ihr Kind ein Stück weit loszulassen, Verantwortung abzugeben und Kontrolle einzuschränken, auch auf die Gefahr hin, dass die Hausaufgaben nicht mehr mit dem gewohnten Grad an Perfektion angefertigt werden. Solange Eltern sich direkt für den Schulerfolg ihres Kindes verantwortlich fühlen, davon ihr Selbstwertgefühl abhängig machen, ihrem Kind nichts zutrauen und ihm nicht vertrauen, werden sie immer Schwierigkeiten haben, ihm die Chance zu selbstständigem Arbeiten zu geben.

> *»Ich bin der Meinung, Hausaufgaben sind Sache der Kinder, ihre Aufgabe und ihre Verantwortung. Ich traue meinen Kindern zu, dass sie das selbstständig können und dass sie, wenn sie Hilfe brauchen, es auch sagen. Das große Problem ist wohl, so glaube ich, dass sich viele Eltern direkt dafür verantwortlich fühlen, dass ihre Kinder gut in der Schule sind. Und sie meinen, wenn eines ihrer Kinder eine Fünf geschrieben hat, dann haben quasi sie eine Fünf geschrieben. Und das ist schlimm, vor allem für die Kinder. Das gibt doch einen ungeheuren Druck.«*
> (Herr L., Vater von vier Kindern)

Gezieltes Helfen in bestimmten Situationen

Ihre Hilfe als Mutter oder Vater kann in bestimmten Situationen durchaus gerechtfertigt und sinnvoll sein. Dies ist beispielsweise dann der Fall,
- wenn sich Ihre Hilfe auf Ausnahmen beschränkt, so zum Beispiel auf den Schulanfang oder den Wechsel auf eine weiterführende Schule, auf die Zeit nach einer längeren Krankheit oder einem umzugsbedingten Schulwechsel,
- wenn sich Ihre Hilfe auf bestimmte Fächer oder schwierige Unterrichtseinheiten bezieht, so zum Beispiel auf die schriftliche Subtraktion oder das Bruchrechnen,
- und wenn Ihr Kind Sie darum bittet.

Selbstverständlich benötigen jüngere Schülerinnen und Schüler ein deutliches Mehr an Unterstützung als ältere. Besonders Schulanfänger sind immer wieder auf das Mitdenken ihrer Eltern angewiesen, um alle Aufgaben und Aufträge rechtzeitig und vollständig ausführen zu können. Dies ist insbesondere dann der Fall, wenn die Schülerinnen und Schüler langfristige Hausaufgaben zu bearbeiten haben, also beispielsweise das Wetter oder das Wachsen einer Pflanze mehrere Tage lang beobachten sollen. Für viele Kinder würde die Aufforderung, selbstständig jeden Tag zu einer bestimmten Zeit an die Hausaufgabe zu denken, höchstwahrscheinlich zu einer Überforderung werden.

Viele Grundschullehrerinnen und -lehrer schreiben auch kleine Nachrichten oder Kommentare in die Hefte ihrer Schülerinnen und Schüler – beispielsweise dann, wenn ein Aufsatz besonders gut gelungen ist – und freuen sich über Eltern, die diese Notizen auch zur Kenntnis nehmen.

Maren, 7 Jahre: »Wenn meine Mutter nicht zufrieden ist, dann schimpft sie. Aber sie weiß gar nicht, wie schwer die Aufgaben sind.«

Ältere Schülerinnen und Schüler hingegen müssen es allmählich lernen, ihre Hausaufgaben selbstständig zu organisieren und für unvollständig erledigte oder vergessene Aufgaben selbst einzustehen. Kritische Worte und Ermahnungen vonseiten der Lehrerin oder des Lehrers sind übrigens fast immer weitaus wirkungsvoller als die Kritik der Eltern.

Viele Kinder ziehen auch die Hilfe älterer Geschwister vor, da diese zumeist das Lehrbuch kennen, die besonderen Lernwege und Fachausdrücke beherrschen, vielleicht dieselben Schwierigkeiten durchzustehen hatten und somit oftmals gezielter und schneller helfen können als ihre Eltern. Die älteren Geschwister ihrerseits übernehmen die Funktion eines Nachhilfelehrers vielfach gerne und mit Stolz – sofern ihre Zeit und Geduld nicht überstrapaziert werden.

Bedenken Sie aber immer, dass Lehrerinnen und Lehrer Hausaufgaben so stellen müssen, dass sie von den Kindern ohne fremde Hilfe bewältigt werden können. Wenn Sie also merken, dass Ihrem Kind ein oder zwei kleine Denkanstöße zur Lösung einer Aufgabe nicht genügen werden, da es den betreffenden Inhalt schon im Ansatz nicht verstanden hat, sollten Sie sich nicht sofort als Nachhilfelehrerin bzw. -lehrer bemühen. Es ist dann sinnvoller, das Kind die Arbeit abbrechen zu lassen und die Lehrerin oder den Lehrer um nochmalige Erklärung zu bitten. Schreiben Sie dazu einfach eine kleine Nachricht auf einen Zettel oder ins Heft – mit Bleistift, damit sie wieder ausradiert werden kann –, die beispielsweise so lauten könnte: »Sehr geehrter Herr Eilig, meine Tochter konnte die Hausaufgaben nicht machen, da sie sie nicht verstanden hatte. Ich bitte Sie also, sie ihr noch einmal zu erklären.«

Die meisten Lehrerinnen und Lehrer sind für solche Nachrichten dankbar und fordern die Eltern auch dazu auf, da sie auf diese Weise erfahren können, an welcher Stelle weitergearbeitet werden muss. Oftmals stellt sich dann auch heraus, dass mehrere Kinder an derselben Stelle Schwierigkeiten hatten, und so kann dieser Punkt nochmals im Unterricht bzw. im Förderkurs aufgegriffen werden. Voraussetzung, um dem Lehrer eine solche Nachricht zukommen zu lassen, ist natürlich das Einverständnis des Kindes, das vom Klassenklima und der Lehrer-Schüler-Beziehung abhängig ist. Hat ihr Kind Angst vor Bloßstellung und Blamage, so ist zu überlegen, ob nicht ein Gespräch mit der Lehrerin bzw. dem Lehrer notwendig ist.

Richtig helfen: Die Lernhilfen-Treppe macht's möglich

Von sinnvollen und weniger sinnvollen Hilfen

Fragt man Schülerinnen und Schüler, wie sie ihren Kindern beim Anfertigen der Hausaufgaben helfen würden, so bekommt man im Kern immer wieder zur Antwort, sie würden erst einmal versuchen, das Problem des Kindes genau zu erfassen, um dann eine möglichst kurze, verständliche und nicht noch mehr Verwirrung stiftende Erklärung geben zu können. Doch so einleuchtend diese Vorstellungen erscheinen mögen, so schwierig sind sie in die Praxis umzusetzen. Und es zeigt sich bei der Analyse von Tonband- oder Videoaufzeichnungen auch immer wieder, dass die gut gemeinte elterliche Hilfe sich oftmals gar nicht auf das Problem des Kindes bezieht, es über- oder unterfordert, unnötig ablenkt, noch mehr verwirrt, seinen Widerspruch provoziert oder dass Erklärungen und Ratschläge völlig überflüssig sind. Das vielfache Missglücken elterlicher Hilfe ist eigentlich auch nicht weiter verwunderlich, schließlich können Eltern im Normalfall weder auf dem Hintergrund einer abgeschlossenen Lehrerausbildung tätig werden, noch haben sie die Zeit, um sich stundenlang in die Lerninhalte und Lernschwierigkeiten ihrer Kinder einzudenken.

Dennoch können Eltern ihre Unterstützung bei den Hausaufgaben ganz entscheidend verbessern, also wirksamer und weniger konfliktträchtig gestalten, indem sie ihr eigenes Verhalten kritisch betrachten und an entscheidenden Stellen zu verändern versuchen. Die nachstehenden Punkte können dabei helfen:

- Vermeiden Sie alles überflüssige Reden, alle Ablenkungen und Unterbrechungen! Dazu gehören beispielsweise folgende Äußerungen: »Du musst überlegt vorgehen!« – »Ohne Fleiß keinen Preis!« – »Jetzt streng dich doch mal an!« – »Hast du deine Zeichensachen eingepackt?«.
- Verlangen Sie von Ihrem Kind nicht zwei Dinge gleichzeitig! Knobelt Ihr Kind zum Beispiel gerade an einer besonders

schwierigen Textaufgabe herum, so ist dies ein denkbar ungeeigneter Zeitpunkt, um Aufforderungen wie diese vorzubringen: »Sitz gerade!« – »Halt den Füller nicht so verkrampft!«.
- Formulieren Sie Ihre Erklärungen und Tipps so kurz, konkret und eindeutig wie möglich! Nennen Sie nicht zu viele Teilschritte oder Aufforderungen hintereinander, vermeiden Sie unnötige Ratschläge, und geben Sie keine Informationen, die bereits bekannt sind!
- Setzen Sie sich nicht an den Arbeitsplatz Ihres Kindes, sondern daneben, um klar zu zeigen, dass es sich bei den Hausaufgaben um die Aufgaben des Kindes handelt! Schreiben Sie deshalb auch nicht für Ihr Kind, und radieren und verbessern Sie nicht in seinem Heft!
- Lassen Sie bei Aufgaben mit Gestaltungsmöglichkeiten nicht den Eindruck entstehen, es ginge darum, es möglichst Ihnen recht zu machen und eine Zeichnung beispielsweise so anzufertigen, wie sie Ihnen vorschwebt. Zeigen Sie stattdessen, dass Sie gespannt sind, zu welcher Lösung Ihr Kind gelangt.

Hängen Sie auch so gerne Nullen an?

Eltern schütteln immer wieder verständnislos den Kopf, wenn sie sehen, auf welchen Wegen und mithilfe welcher Begriffe ihre Kinder lernen. Da wird schon in der Grundschule nicht mehr malgenommen und geteilt, sondern multipliziert und dividiert, da wird mit Einern, Zehnern und Hundertern seltsam gerechnet, und da werden Diktate in einer Weise vorbereitet, die man noch nie zuvor gesehen hat.

Manche Eltern versuchen dann, ihrem Kind ihre eigene, vermeintlich bessere Methode beizubringen, und ernten dafür fast ausnahmslos Protest. Vor allem jüngere Kinder bestehen fest auf dem in der Schule eingeübten Lernweg und lassen sich nicht einmal versuchsweise auf einen anderen ein. Ihren Eltern mag dies unvernünftig und eigensinnig erscheinen. Dennoch: Die Kinder, die auf dem ihnen bekannten Lernweg bestehen, tun genau das Richtige. Denn ganz abgesehen davon, dass die neuen

Die eltern sollen nicht schtören wenn die Kinder lernen.

Die kinder nich anbrüllen.
Die kinder sollten ein par schnaufpause Machen.

wenn Kinder bei den Hausaufgben fehler nachen sollen die Eltern nicht gleich simpfen und mekern.

Meine Eltern würden mir sehr helfen, wenn sie mich nicht immer drängen würden, meine Hausaufgaben zu machen.

Eltern sollten sich nicht immer neben einen setzen, sondern einen in Ruhe arbeiten lassen

Bei falschen Gedanken oder Ergebnissen Geduldig bleiben

Die Eltern sollten die Kinder nicht unter Druck setzen.

Sie sollten nur helfen, wenn der Schüler gar nichts mehr kapiert.

cool bleiben
Verständnis, wenn man nicht mehr kann.

Methoden so umständlich oder ungeschickt, wie sie auf den ersten Blick vielleicht erscheinen mögen, gar nicht sind, ist zu bedenken, dass einem Schüler mit Lernschwierigkeiten die Methode der Eltern wenig nützt. Bekommt er nämlich die Aufgabe anhand der elterlichen Methode erklärt, so erlebt er die Hilfe nicht als solche, sondern als neue Anforderung, als neue Aufgabe, in die er sich mühsam eindenken und die er zusätzlich bewältigen muss. Außerdem hilft ihm die elterliche Methode – sollte er sie tatsächlich verstanden haben und anwenden können – auf lange Sicht wenig, da er in der Schule methodisch wieder umdenken muss.

Drängen Sie deshalb Ihrem Kind nie eine andere Methode auf, sondern versuchen Sie, sich in den Lernweg Ihres Kindes einzudenken, indem Sie sich anhand des Lehrbuchs oder der Unterrichtsmitschrift einen Überblick verschaffen. Sollte es Ihnen nicht in angemessener Zeit gelingen, sich mit dem Lernweg des Kindes vertraut zu machen, so ist es das Beste, Sie verwirren Ihr Kind nicht unnötig, sondern bitten es, sich die Aufgabe in der Schule erklären zu lassen.

Die Aufforderung, sich bei Lernschwierigkeiten in den Lernweg des Kindes einzudenken, bedeutet natürlich nicht, dem Kind die Tatsache vorzuenthalten, dass ein und dasselbe Problem auf verschiedene Weise gelöst werden kann. Auch kann es für Kinder wie für Eltern interessant sein, zu vergleichen, wie beispielsweise früher gerechnet wurde und wie heute gerechnet wird. Doch in dem Moment, in dem ein Kind Schwierigkeiten hat, mit einem Lernweg zurechtzukommen, darf es nicht noch mit einem zweiten konfrontiert werden.

Die Lernhilfen-Treppe

Eltern, die ihrem Kind sinnvoll bei den Hausaufgaben helfen wollen, werden ihm beim Auftreten einer Lernschwierigkeit nur jene Informationen zukommen lassen, die es ihm ermöglichen, seine Schwierigkeit eigenständig zu bewältigen. Wer vorschnell alle Lernwiderstände beseitigt, beseitigt gleichzeitig viele Lernmöglichkeiten und verhindert so ein aktiv-produktives Lernen. Langfristig gesehen wird durch ein Zuviel an Hilfe auch die Anstrengungsbereitschaft des Kindes gemindert, da es davon ausgehen kann, dass die Bitte um Hilfe die Lösung der Aufgabe nach sich zieht. Deshalb ist eine gute Lernhilfe immer eine möglichst geringe Hilfe im Sinne einer Hilfe zur Selbsthilfe!

Die nachfolgend aufgeführte Lernhilfen-Treppe soll zeigen, welche minimalen Lernhilfen es gibt. Die einzelnen Lernhilfen sind so aufeinander bezogen, dass die jeweils nächste ein Mehr an Hilfe als die vorausgehende bietet. Beginnen Sie also immer mit jener Lernhilfe, von der Sie glauben, dass sie gerade noch ausreichen könnte, und steigen Sie dann – sofern nötig – eine oder mehrere Stufen höher. Die wörtlichen Formulierungen dienen dabei nur dazu, die Lernhilfen näher zu bestimmen, und sind als Beispiele ohne jeden Verbindlichkeitscharakter gedacht. Letzteres gilt auch für die gesamte Lernhilfen-Treppe. Sie sollte nicht als Vorschrift verstanden werden, als etwas, das Schritt für Schritt abgearbeitet werden muss. Die Lernhilfen-Treppe ist nämlich nichts anderes als eine Möglichkeit, um darüber nachzudenken, wie einem Kind bei den Hausaufgaben sinnvoll geholfen werden kann.

1. Von der Abneigung gegen die Hausaufgaben erzählen lassen

Z.B.: *Ja, das kann ich mir gut vorstellen, dass es dir da schwer fällt, mit den Aufgaben zu beginnen.*

Oftmals ist ein Kind durchaus in der Lage, jedoch nicht bereit, mit seinen Hausaufgaben zu beginnen. Vielleicht erscheinen sie ihm zu umfangreich oder zu langweilig, oder es ist noch auf negative Weise von der Stunde berührt, aus der die Hausaufgaben erwuchsen. In einem solchen Fall braucht ein Kind keine Hilfestellung im eigentlichen Sinne, sondern ein aufmerksames Zuhören, ein teilnehmendes Wort und eine freundliche Ermunterung.

2. Zum selbstständigen Arbeiten auffordern

Z.B.: *Versuch es erst einmal alleine, und wenn du gar nicht weiterkommst, dann darfst du mich gerne fragen.*

Manche Kinder bitten von vornherein um die elterliche Hilfe, ohne überhaupt mit den Aufgaben begonnen zu haben. Vor allem Grundschulkindern geht es dabei oft mehr um die körperliche Nähe und die Zuwendung von Mutter oder Vater als um die Hilfe an sich. Eltern sollten versuchen, diesem so wichtigen Wunsch nach Aufmerksamkeit und Zärtlichkeit außerhalb der Hausaufgabenzeit nachzukommen und ihrem Kind zu zeigen, dass sie sich über sein selbstständiges Arbeiten freuen – und es ihm auch zutrauen.

3. Das Nachsehen der Ergebnisse anbieten

Z.B.: *Wenn du möchtest, sehe ich deine Rechnungen nachher gerne durch.*

Diese Lernhilfe hat gleich mehrere Vorteile: Unsicheren und ängstlichen Kindern ermöglicht sie es, der Hausaufgabenkontrolle im Unterricht mit mehr Gelassenheit entgegenzusehen. Langsam arbeitende und leicht ablenkbare Schülerinnen und Schüler arbeiten vermutlich zügiger und zielstrebiger, und vor allem jüngere Kinder freuen sich, wenn ihre Arbeitsergebnisse Beachtung finden und ihnen ein Lob einbringen. Auf diese Weise unterstützen Eltern ihr Kind, wahren aber weitgehend seine Selbstständigkeit und können in seiner Hausaufgabenzeit eigenen Aktivitäten nachgehen.

4. Die Aufgabenstellung erklären lassen

Z.B.: *Versuch mir erst einmal zu erklären, was du aufhast.*

Glaubt Ihr Kind, nicht allein mit den Hausaufgaben beginnen zu können, ist es oft sinnvoll, sich von ihm die Aufgabenstellung erklären zu lassen. Denn häufig fällt dem Kind schon beim Erklären wieder ein, was es eigentlich tun soll. Ist dies nicht der Fall, so kann den Eltern bei den Formulierungsversuchen des

Kindes immerhin deutlich werden, wo das aktuelle Problem liegen könnte. Ist das Kind jedoch gar nicht in der Lage, die Aufgabenstellung auch nur annähernd wiederzugeben, hilft oft nur noch ein Anruf bei einer Mitschülerin oder einem Mitschüler.

5. Lernschwierigkeiten vom Kind erfragen

Z.B.: *Kannst du mir erklären, worin deine Schwierigkeit liegt?*

Es ist wesentlich sinnvoller und ökonomischer, das Kind nach seinen Lernschwierigkeiten zu fragen und die Erklärungen nicht einfach auf selbst vermuteten und dabei völlig unzutreffenden Schwierigkeiten aufzubauen. Oft stellt sich nämlich heraus, dass die Lernschwierigkeit des Kindes an einer Stelle liegt, auf die ein Erwachsener kaum gekommen wäre.

6. Lernschwierigkeiten des Kindes herausfinden

Z.B.: *Ich überlege mir gerade, ob du mit dem Begriff »Durchschnitt« etwas anfangen kannst.*

Ist Ihr Kind nicht in der Lage, anzugeben, wo seine Lernschwierigkeiten liegen, so können Fragen nach Fremdwörtern, Begriffen, Zusammenhängen, Lernmethoden und anderem mehr weiterhelfen. Dieses Abklären der Lernschwierigkeiten ist außerordentlich wichtig, um dem Kind gezielt helfen zu können. Stellt sich dabei heraus, dass das Kind den gesamten Lerninhalt schon im Ansatz nicht verstanden hat, so ist bereits an dieser Stelle zu überlegen, ob es nicht besser ist, die Arbeit vorzeitig zu beenden und eine Mitteilung an die Lehrerin bzw. den Lehrer zu schreiben.

7. Einen konkreten Hinweis geben

Z.B.: *Schlag nach bei …*

Manchmal zeigt sich beim Abklären der Lernschwierigkeiten, dass diese mit einem konkreten Hinweis behoben werden können. Versuchen Sie dann, diesen mehr indirekt zu geben, also beispielsweise auf ein entsprechendes Nachschlagewerk oder eine Seite im Schulbuch zu verweisen. Indirekte Lernhilfen stellen in den Augen von Lernenden keine »echten« Lernhilfen dar, und so bleibt ihnen das Gefühl, die Aufgabe selbstständig gelöst zu haben.

8. Auf Musteraufgaben oder früher gelöste Aufgaben verweisen

Z.B.: *Kannst du dich noch an die Textaufgabe mit den Eichhörnchen und den Haselnüssen erinnern?*

Stellt sich beim Abklären der Lernschwierigkeiten heraus, dass dem Kind ein Lernweg oder eine Arbeitstechnik nicht mehr klar vor Augen steht, kann der Verweis auf eine Musteraufgabe oder eine früher gelöste Aufgabe weiterhelfen. Einer solchen Aufgabe kann das Kind beispielsweise entnehmen, wie Tabellen angelegt oder Wörterschlangen ausgefüllt werden. Auch diese Lernhilfe lässt dem Kind noch das Gefühl, die Aufgabe selbstständig bewältigt zu haben.

9. Kleinere Lücken gezielt schließen

Z.B.: *Ich merke gerade, dass du noch Schwierigkeiten beim Teilen hast.*

Es kommt immer wieder vor, dass beim Versuch, eine bestimmte Aufgabe zu lösen, allgemeine Lücken offenbar werden. In einem solchen Fall hat es wenig Sinn, wenn Kind und Mutter bzw. Vater die Aufgabe irgendwie hinter sich bringen. Stattdessen sollte die Lücke gezielt geschlossen und erst anschließend die Aufgabe bearbeitet werden. Erscheint die Lücke jedoch groß und kaum abgrenzbar, so wird die Mithilfe des Lehrers zu ihrer Schließung erforderlich.

10. Vom vorausgegangenen Unterricht berichten lassen

Z.B.: *Erzähl mir doch bitte, was ihr in der Schule gemacht habt. Versuch dich ganz genau zu erinnern.*

Da Hausaufgaben zumeist in Verbindung mit dem vorangegangenen Unterricht stehen, kann es hilfreich sein, diesen gemeinsam zu rekonstruieren. Auch die Unterrichtsmitschrift kann wichtige Anhaltspunkte für ein weiteres Vorgehen bieten und die Lernhilfen 7 bis 9 ersetzen. Konnte das Kind dem Unterricht jedoch nicht folgen, so schwächt sich die Bedeutung dieser Lernhilfe ab.

11. Die Aufgabe umformulieren

Z.B.: *Ich versuche einmal, die Aufgabe anders zu formulieren ...*

Leider gibt es noch immer Schulbücher, in denen die Aufgaben so formuliert sind, dass auch ein Erwachsener Schwierigkeiten hat, sie zu verstehen. In einem solchen Fall kann das Umformulieren einer Aufgabe sinnvoll sein und die Lernhilfen 7 bis 10 ersetzen. Dennoch sollten Eltern mit dieser Lernhilfe möglichst sparsam umgehen, da Schülerinnen und Schüler es lernen müssen, schriftlich formulierten Aufgaben selbstständig den Sinn zu entnehmen. Dies gilt insbesondere für Textaufgaben in Mathematik.

12. Die Aufgabe in Teilaufgaben zerlegen

Z.B.: *Bei dieser Aufgabe sollst du drei Dinge tun. Zuerst ...*

Durchschaut ein Kind eine komplizierte Aufgabe nicht, so kann es hilfreich sein, diese in Teilaufgaben zu zerlegen. Oft genügt auch schon das Nennen der ersten Teilaufgaben, um das Kind in die Lage zu versetzen, die gesamte Vorgehensweise zu durchschauen. Achten Sie aber darauf, dass Sie Ihrem Kind nicht alle Lernwiderstände aus dem Weg räumen und auch nicht so weit ausholen, dass Ihr Kind Ihre Hilfe als neue Aufgabe erlebt und nur noch mehr verwirrt wird.

13. Zum Probehandeln ermutigen

Z.B.: *Ich glaube, du hast jetzt verstanden, was du tun sollst. Versuch mal, ob du die Aufgabe nun alleine lösen kannst.*

Sobald Sie das Gefühl haben, dass Ihr Kind die Aufgabe durchschaut hat und über die notwendigen Voraussetzungen verfügt, um sie eigenständig bewältigen zu können, sollten Sie sich zurückziehen, um Ihrem Kind nicht ein Zuviel an Hilfe zukommen zu lassen. Vielleicht schlagen Sie Ihrem Kind auch vor, zunächst einmal auf Konzeptpapier zu arbeiten und die Ergebnisse dann mit Ihnen zu besprechen. Spätestens an dieser Stelle ist übrigens eine Ermutigung angebracht, damit sich das Kind auch tatsächlich an die Aufgabe heranwagt.

14. Den ersten Arbeitsschritt vorgeben

Z.B.: *Weißt du was, ich fange an, und du machst weiter.*

Der erste Schritt ist bekanntlich oft der schwerste und deshalb ist seine Vorgabe für Lernende zumeist sehr hilfreich. Dennoch sollten Sie auch mit dieser Lernhilfe sehr sparsam umgehen, damit Ihr Kind sich nicht daran gewöhnt und bei weiteren Aufgaben wieder auf Ihren ersten Schritt wartet. Sinnvoll kann diese Lernhilfe auch bei mehreren Aufgaben gleicher Art sein, bei denen Sie die erste Aufgabe als Musteraufgabe gemeinsam mit Ihrem Kind lösen.

15. Teilergebnisse anerkennen

Z.B.: *Das stimmt genau. Mach weiter so!*

Ist ein Kind sehr unsicher oder soll eine besonders umfangreiche Aufgabe gelöst werden, so kann es vorteilhaft sein, wenn die betreuende Person Teilergebnisse kontrolliert. Stimmen die Ergebnisse bzw. erscheinen sie ansprechend gestaltet, kann das Kind mit neuem Schwung weiterarbeiten. Hat sich ein Fehler eingeschlichen, so ist er leicht und ohne großen Zeitverlust zu korrigieren. In diesem Fall kann dann auch das geleistete Bemühen Anerkennung finden.

16. Zur Selbstkorrektur auffordern

Z.B.: *Mach mal einen Überschlag zu deiner Rechnung!*

Stellen Sie beim Durchsehen der Teil- oder Endergebnisse einen Fehler fest, den Ihr Kind vermutlich selbst korrigieren kann, so sollten Sie ihm diese Lernchance lassen. Selbstkorrektur ist wichtig in der Erziehung zur Selbstständigkeit, während Fremdkorrektur zu Hilflosigkeit führen und Abhängigkeitsverhältnisse begünstigen bzw. verstärken kann. Außerdem empfindet ein Kind einen Fehler als nicht so gravierend, wenn es ihn selbst entdecken konnte.

17. Mehrere Lernschritte gemeinsam vollziehen

Z.B.: *Gut, nun hast du schon die Hälfte gemacht. Wie geht es jetzt weiter?*

Es wird immer wieder geschehen, dass einem Kind die Vorgabe des ersten Arbeitsschritts nicht genügt, um selbstständig weiterarbeiten und Teilergebnisse vorweisen zu können. Versuchen Sie in diesem Fall, sich so weit wie möglich zurückzuhalten und Ihr Kind so viel wie möglich selbst denken, rechnen und formulieren zu lassen. Keinesfalls darf das gemeinsame Vollziehen mehrerer Lernschritte so geschehen, dass die Mutter oder der Vater denkt und das Kind nur noch schreibt.

18. Die Arbeit vorzeitig beenden

Z.B.: *Du hast dich wirklich bemüht und bist jetzt müde. Ich schreibe ein paar Zeilen an deine Lehrerin und bitte sie, dir die Aufgabe noch einmal zu erklären.*

Ist abzusehen, dass die Aufgabe nicht in angemessener Zeit bewältigt werden kann, so ist es weitaus vernünftiger, die Arbeit vorzeitig zu beenden, als das Kind und sich selbst noch weiter zu quälen. Sobald sich der Eindruck verdichtet, das Kind sei mit den Hausaufgaben häufig überfordert, sollte unbedingt Kontakt mit der Lehrerin bzw. dem Lehrer aufgenommen werden. Es ist durchaus möglich, dass sie oder er überhöhte Anforderungen stellt und sich dessen gar nicht bewusst ist.

Eine kleine Anmerkung zum Schluss: Wenn Sie einmal eine Aufgabe selbst nicht durchschauen, so sollten Sie dies ruhig zugeben und Ihrem Kind Ihre verwirrenden Erklärungsversuche ersparen. Sie werden dadurch sicherlich nicht an Autorität ein-

Die Lernhilfen-Treppe

18. Die Arbeit vorzeitig beenden
17. Mehrere Lernschritte gemeinsam vollziehen
16. Zur Selbstkorrektur auffordern
15. Teilergebnisse anerkennen
14. Den ersten Lernschritt vorgeben
13. Zum Probehandeln ermutigen
12. Die Aufgabe in Teilaufgaben zerlegen
11. Die Aufgabe neu formulieren
10. Vom vorausgegangenen Unterricht berichten lassen
9. Kleinere Wissenslücken gezielt schließen
8. Auf Muster- oder früher gelöste Aufgaben verweisen
7. Einen konkreten Hinweis geben
6. Lernschwierigkeiten des Kindes herausfinden
5. Lernschwierigkeiten vom Kind erfragen
4. Die Aufgabenstellung erklären lassen
3. Das Nachsehen der Ergebnisse anbieten
2. Zum selbstständigen Arbeiten auffordern
1. Von der Abneigung gegen die Hausaufgaben erzählen lassen

büßen, ganz im Gegenteil. Kinder schätzen Erwachsene, die sich nicht scheuen, ihr eigenes Unvermögen zuzugeben – welches von den Kindern ja oft schon längst bemerkt worden ist.

In Ludwig Thomas »Lausbubengeschichten« findet sich hierzu eine kleine Episode, die wohl keiner weiteren Erläuterung bedarf:

»Einmal musste ich eine Arithmetikaufgabe machen. Die brachte ich nicht zusammen, und da fragte ich den Onkel, weil er zu meiner Mutter gesagt hatte, dass er mir nachhelfen will. Und die Tante hat auch gesagt, dass der Onkel so gescheit ist und dass ich viel lernen kann bei ihm. Deswegen

habe ich ihn gebeten, dass er mir hilft, und er hat sie dann gelesen und gesagt: ›Kannst du schon wieder nichts, du nichtsnutziger Lausbub? Das ist doch ganz leicht.‹
Und dann hat er sich hingesetzt und hat es probiert. Es ging aber gar nicht schnell. Er rechnete den ganzen Nachmittag, und wie ich ihn fragte, ob er es noch nicht fertig hat, schimpfte er mich fürchterlich und war sehr grob. Erst vor dem Essen brachte er mir die Rechnung und sagte: ›Jetzt kannst du es abschreiben; es war doch ganz leicht, aber ich habe noch etwas anderes tun müssen, du Dummkopf.‹
Ich habe es abgeschrieben und dem Professor gegeben. Am Donnerstag kam die Aufgabe heraus, und ich meinte, dass ich einen Einser kriege. Es war aber wieder ein Vierer, und das ganze Blatt war rot, und der Professor sagte: ›So eine dumme Rechnung kann bloß ein Esel machen.‹«

Bei Problemen und Konflikten: Wie Eltern und Kinder miteinander reden können

Die Eltern sollten nicht sagen kuk Da ist ein fehler sondern hier fällt dir da nicht etwas auf.
(Florian, 8 Jahre)

In diesem Tipp des achtjährigen Florian an die Eltern ist ganz klar erfasst, worauf Psychologen und Kommunikationswissenschaftler uns immer wieder aufmerksam machen und worin eine der Hauptursachen für nicht gelungene Verständigung besteht: Es kommt nicht nur darauf an, *was* jemand sagt, d.h., welchen Inhalt er übermittelt, sondern es ist auch ganz entscheidend, *wie* dieser Inhalt ausgedrückt wird. Kommunikationswissenschaftler sprechen davon, dass jede Mitteilung einen Inhalts- und einen Beziehungsaspekt enthält.

Selten finden Konflikte beim Miteinandersprechen vornehmlich auf der Inhaltsebene statt. Denn nehmen zwei Gesprächspartner zu einem Gegenstand oder einem Ereignis verschiedene Positionen ein, so können sie im Normalfall darüber diskutieren, ohne ihre Beziehung zu gefährden – es sei denn, es handelt sich dabei um weltanschauliche oder existenzielle Probleme. Weitaus konfliktträchtiger ist hingegen die Beziehungsebene. Dazu gibt Friedemann Schulz v. Thun in seinem Buch »Miteinander reden: Störungen und Klärungen« ein Beispiel, das hier noch ein wenig weiter gesponnen wird: Ein Ehepaar ist im Auto unterwegs, der Mann sagt zu seiner am Steuer sitzenden Frau: »Du, da vorne ist Grün!« Reagierte die Frau nun lediglich auf den mitgeteilten Inhalt, so könnte sie vielleicht sagen: »Ja, das stimmt.« Tatsächlich antwortet sie jedoch barsch: »Fährst du oder fahre ich?« Damit wehrt sie sich keinesfalls gegen den Inhalt der Mitteilung, der unzweifelhaft richtig ist, sondern gegen die darin ausgedrückte Bevormundung. Merkt das wiederum ihr Mann nicht und reagiert er statt auf der Beziehungs- auf der Inhaltsebene, indem er sagt: »Soweit ich das beurteilen kann, hast du die Hände am Steuer!«, so ist der Anfang eines Beziehungskonflikts bereits gemacht.

Konflikte zwischen Eltern und Kindern

Zwischen Eltern und Kindern stellen sich solche Beziehungskonflikte oft noch in schärferer Form dar, weil die Macht zwischen Eltern und Kindern ungleich verteilt ist. So üben Eltern immer wieder Zwang aus, um ihre Ziele zu erreichen, reden herabsetzend mit ihren Kindern, verletzen deren Gefühle und Würde und spielen notfalls alle Machtmittel aus, wenn sie nicht mehr weiterwissen. Die Kinder ihrerseits haben die Wahl, entweder alles hinzunehmen und auf diese Weise seelischen Schaden zu erleiden oder sich mit ihren Mitteln gegen die Eltern zu wehren, indem sie sich den Aufforderungen widersetzen, genau das Gegenteil des Erwünschten tun, Wutanfälle bekommen oder anfangen zu lügen und zu betrügen. Bei Kindern, welche die zweite

Möglichkeit wählen, werden sich die Eltern dann bald veranlasst sehen, Druck und Zwang zu erhöhen, was von den Kindern wiederum entsprechend quittiert werden wird. Damit ist der Anfang einer nur noch schwer zu unterbrechenden Spirale gemacht.

Die Situation des Anfertigens von Hausaufgaben kann sich dann beispielsweise wie die folgende abspielen:

> Vater: *»Und fang eine neue Seite an, damit die Sache wenigstens einmal ordentlich aussieht!«*
> Kind: *Tut so, als ob es nicht gehört hätte, und beginnt zu rechnen.*
> Vater: *»Sag mal, hast du keine Ohren?«*
> Kind: *Rechnet weiter und macht dabei einen Fehler.*
> Vater: *»Du passt ja heute überhaupt nicht auf! Was gibt denn 17 plus 8?«*
> Kind: *Kaut auf dem Füller herum.*
> Vater: *»Nimm den Füller aus dem Mund!«*
> Kind: *Reagiert nicht und schaut aus dem Fenster.*
> Vater: *»Muss ich dir alles drei Mal sagen? Du nimmst jetzt sofort den Füller aus dem Mund ...!«*
> Kind: *Nimmt den Füller aus dem Mund und streicht die Rechnung durch und überlegt: »17 plus 8 gibt ...«*
> Vater: *»Ja, was?«*
> Kind: *»... gibt ... äh ... äh ... 35.«*
> Vater: *»Wie??«*
> Kind: *»Äh ... äh ...*
> Vater: *...*

Kommt es immer wieder zu Konflikten dieser Art, so ist das Wohlbefinden des Kindes beeinträchtigt und damit auch seine Entwicklung gefährdet. Es ist zu befürchten, dass das Selbstwertgefühl und die Erfolgszuversicht leiden und die Lebenstüchtigkeit und Lebensfreude eine Einschränkung erfahren. Doch selbstverständlich wirken sich häufige Eltern-Kind-Konflikte nicht nur negativ auf das Befinden des Kindes, sondern auch auf das seiner

Eltern aus. Sie haben vielleicht dem Kind zuliebe auf vieles verzichtet, haben ihre ganzen Hoffnungen in das Kind gesetzt, haben sich vielfach bemüht – und sehen nun ihre Erwartungen enttäuscht. Statt schöne Stunden mit einem lieben, aufgeweckten und klugen Kind verbringen zu können, müssen sie sich mit einem lustlos und renitent erscheinenden Kind abmühen. Erschöpfung, Frustration und das Gefühl, versagt zu haben, machen sich breit – kein angenehmer Zustand, mit Sicherheit.

Es ist schwierig, ungute Beziehungsmuster zu verändern. Sie haben ja ihren Grund und außerdem häufig eine lange Geschichte. Eltern, die selbst mittendrin stehen, tun sich da oft schwer mit ihren Veränderungswünschen. Doch in vielen Fällen ist »das Kind noch nicht in den Brunnen gefallen«, können sich die Eltern, um ein weiteres Bild zu bemühen, auch ein Stück weit »am eigenen Schopf aus dem Sumpf ziehen«. Sie können über ihr eigenes Verhalten nachdenken, können sich ein Ziel setzen und daran arbeiten. Oft können schon kleine Veränderungen große Ergebnisse bewirken. Und all jene Eltern, deren Kind gerade erst angefangen hat, die Schule zu besuchen, können in allen schulischen Dingen wirklich von vorne beginnen.

Wichtig ist eine gute Atmosphäre

Vielleicht erinnern Sie sich noch an eine Prüfung, in der Sie sich freundlich, zuvorkommend und fair behandelt fühlten, der Prüfer Ihnen aufmunternd zunickte und Sie in dieser Atmosphäre mit Ihren Kenntnissen und Einfällen besonders glänzen konnten. Vielleicht erinnern Sie sich aber auch noch an das genaue Gegenteil davon, an eine Prüfung, die kein Ende nehmen wollte und die Sie unsicher, nervös und stockend hinter sich brachten. Auf jeden Fall können Sie daraus entnehmen, wie wichtig eine entspannte Atmosphäre ist, um gute Denkleistungen zu erbringen und Kreativität entfalten zu können. Umgekehrt hat es sich in Untersuchungen auch immer wieder gezeigt, dass eine Angst und Unsicherheit hervorrufende Atmosphäre zu Denkblockaden, d.h. zum Versagen aller Denkfunktionen, führen kann.

Wichtig ist es deshalb, eine Atmosphäre zu schaffen, die im Wesentlichen von Achtung, Wärme, Rücksichtnahme und einfühlendem Verstehen getragen ist. Eltern sollten versuchen, ihrem Kind mit dem Respekt und der Aufmerksamkeit zu begegnen, die ihnen im Umgang mit Erwachsenen selbstverständlich erscheinen. Hören Sie deshalb Ihrem Kind aufmerksam zu, und zeigen Sie auch Ihre Aufmerksamkeit, indem Sie immer wieder Blickkontakt mit ihm aufnehmen, zwischendurch kurz nicken und ab und zu »Mhm«, »Ja« oder »Oh« sagen. Ist Ihnen ein solches interessiertes Zuhören gerade nicht möglich, weil Sie mit Ihren Gedanken noch oder schon an anderer Stelle sind, so ist es das Beste, Sie täuschen keine nicht vorhandene Aufmerksamkeit vor, sondern geben Ihre momentane Lage beispielsweise wie folgt an: »Ich warte gerade auf einen wichtigen Anruf, deshalb kann ich dir im Moment nicht richtig zuhören. Nachher spreche ich aber gerne noch einmal mit dir darüber.«

Versuchen Sie Ruhe und Geduld zu bewahren, und überprüfen Sie auch immer wieder selbstkritisch ihr eigenes Verhalten und stellen sich beispielsweise folgende Fragen: Sehe ich ständig auf die Uhr und setze damit mein Kind unter Druck? Gähne ich hin und wieder offensichtlich oder zeige auf andere Art und Weise meine Langeweile und mein Desinteresse? Rede ich mit anderen, wenn mein Kind etwas sagt, und setze es dadurch herab? Entmutige ich mein Kind, indem ich bei Schwierigkeiten von meiner Sicht aus behaupte: »Das ist doch ganz leicht!«?

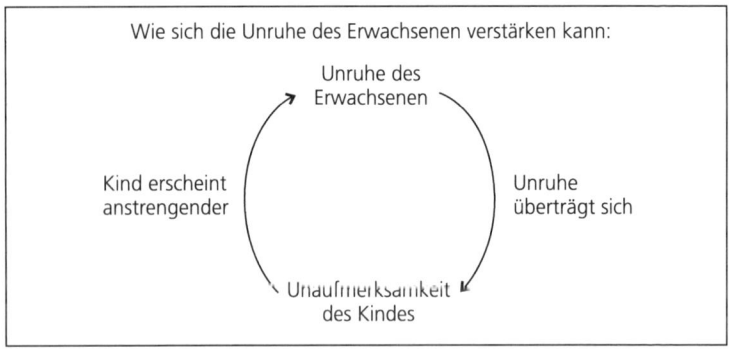

Nachdenklich stimmen schließlich die Ergebnisse eines Versuchs am Pädagogischen Institut in Luxemburg-Walferdange: Weil festgestellt worden war, dass viele Eltern ihr Kind in einer fragwürdigen Weise bei den Hausaufgaben betreuten, kam die Idee auf, einen »Kindertausch« zu organisieren. Dazu wurden Eltern, die mit ihrem Kind aufgrund von Schulschwierigkeiten die Erziehungsberatungsstelle aufgesucht hatten, gebeten, an einem Versuch teilzunehmen. Sie gaben dann ihr eigenes Kind zur Hausaufgabenbetreuung an andere Eltern ab und übernahmen an seiner Stelle ein anderes. Und plötzlich ergab sich bei den Eltern ein völlig verändertes Betreuungsverhalten. Die Mütter oder Väter zeigten sich ihren »neuen Kindern« gegenüber geduldig und aufmerksam, und die Kinder wiederum strengten sich an und kamen gut mit ihren Aufgaben voran.

Sicher, eines ist klar: Fremden Kindern gegenüber sind Eltern unbelastet. Sie setzen keine besonderen Erwartungen in sie und sie blicken auf keine Geschichte voller Konflikte zurück. Dennoch bleibt zu fragen, ob Eltern sich ihren eigenen Kindern gegenüber nicht mindestens so aufmerksam, geduldig und höflich verhalten sollten bzw. möchten, wie sie es anderen Menschen gegenüber tun.

Höflichkeit: keine Zier, sondern Selbstverständlichkeit

Eltern, die ihrem Kind so beim Lernen helfen wollen, dass es diese Hilfe auch gerne annimmt, versuchen, sich ihrem Kind gegenüber höflich und partnerschaftlich zu verhalten, also Bitten und nicht Befehle an es zu richten und jedes Bevormunden und Erniedrigen zu vermeiden. Sie versuchen, ihr Kind als gleichberechtigten Partner anzuerkennen und nur solche Fragen und Aufforderungen an das Kind heranzutragen, die sie auch umgekehrt von ihm akzeptieren würden. Damit ist auch bereits das Kriterium genannt, das es Ihnen ermöglicht, festzustellen, ob Sie sich Ihrem Kind gegenüber höflich und partnerschaftlich verhalten: Höfliche und partnerschaftliche Äußerungen sind umkehrbar, d.h., die Formulierung, die Sie Ihrem Kind gegenüber verwenden, muss dieses auch Ihnen gegenüber benutzen dürfen.

Die Tabelle mit Formulierungsbeispielen auf der folgenden Seite kann Ihnen helfen, das eigene Sprachverhalten kritisch zu betrachten, und sie bietet Ihnen gleichzeitig Anregungen auf dem Weg zu einem Miteinanderumgehen, das von gegenseitiger Achtung, von Respekt und Rücksichtnahme getragen ist.

Die Tabelle soll allerdings nicht den Eindruck erzeugen, Eltern dürften nicht mehr spontan sein und müssten jedes Wort auf die Goldwaage legen. Sie soll auch nicht darüber hinwegtäuschen, dass es Situationen gibt, in denen Höflichkeit nicht mehr gelingen kann. Doch immerhin ist es dann möglich, im Nachhinein für das eigene Verhalten um Entschuldigung zu bitten, sofern man es als kritikwürdig erkannt hat.

Wichtig ist, dass sich Eltern immer wieder vor Augen führen, wie wichtig die Art des Miteinanderumgehens für das Selbstbild und die Persönlichkeitsentwicklung ihres Kindes ist. Für ein Kind ist die Familie die Welt im Kleinen, und aus der Art und Weise, wie es in dieser behandelt wird, bildet es sich eine Meinung von sich selbst, die es nur schwer wieder ablegen kann.

Eltern sollten schließlich nicht vergessen, dass Kinder immer ein Spiegel ihrer Eltern, ihrer Einstellungen, Verhaltensweisen und Umgangsformen sind. Wie Eltern zu ihrem Kind sprechen, so wird es antworten.

Unhöfliche Formulierungen	**Höfliche Formulierungen**
Mach den Mund auf, wenn du mit mir sprichst!	Ich konnte dich gerade nicht verstehen.
Los, los, nun mach schon!	Bitte beeil dich, wir müssen in 10 Minuten zum Arzt.
Pass doch auf!	Es ist gar nicht so einfach, mit einem Zirkel umzugehen. Versuch mal, ihn weiter oben zu halten.

Warum hast du das nicht gleich gesagt?	Entschuldige, du hast Recht. Ich habe vorhin nicht aufgepasst.
Wann lernst du das endlich?	Jetzt bist du sehr enttäuscht. Möchtest du, dass wir es noch mal gemeinsam versuchen?

Bei Erfolgen und Fortschritten: Loben ohne Einschränkung

Stellen Sie sich einmal folgende Situation vor: Ihr Partner kann sehr gut Ski laufen, während Sie dabei sind, sich von einer Skikurs-Kategorie zur anderen hochzuarbeiten. Nun gelingt Ihnen zum ersten Mal ein Parallelschwung – mit weichen Knien zwar, aber immerhin –, und ihr Partner kommentiert den Erfolg Ihrer Bemühungen etwa mit den Worten: »Nicht schlecht. Aber schau mal, so elegant wie die (der) müsstest du auch die Tiefschneeabfahrt herunterwedeln können!«

Oder Sie räumen in stundenlanger Arbeit einige Schränke auf und bekommen dafür den Kommentar zu hören: »Also, da findet man ja überhaupt nichts mehr!«

Es scheint uns schwer zu fallen, andere Menschen zu loben. Sind wir frisch verliebt, so sparen wir nicht mit lobenden Äußerungen, finden alles bewunderungswürdig und gehen ausgesprochen freundlich miteinander um. Im Alltag sieht es jedoch oft ganz anders aus. So zeigte sich auch in einer Untersuchung, dass Mütter, die ihren Kindern bei den Hausaufgaben helfen, diese weitaus mehr tadeln als loben.

Dabei ist Lob für jeden von uns – und insbesondere für Kinder – ein wichtiges Lebenselixier. Lob erfreut, es macht selbstsicherer, gelöster, aktiver, zielstrebiger und fantasievoller, es gibt Zuversicht und bewirkt Leistungsfreude und Leistungsbereitschaft.

Das soll nun keinesfalls heißen, dass Eltern ihre Kinder für alles und nichts loben sollen. Lob ist nur dort angebracht, wo es tatsächlich etwas zu loben gibt. Ansonsten sind Enttäuschungen in späteren Lebenssituationen vorprogrammiert. Auf der anderen Seite ist vielen Eltern gar nicht bewusst, wie viel an ihren Kindern doch eines Lobes würdig ist. Ist nicht zum Beispiel auch ein kleiner Fortschritt, der viel Mühe und Anstrengung gekostet hat, lobenswert, selbst wenn das gesteckte Ziel noch lange nicht erreicht ist? Oder ist nicht auch für etwas ein Lob angebracht, das schon lange zur Selbstverständlichkeit geworden ist? Freuen nicht auch Sie sich, wenn Sie hin und wieder für eine selbstverständliche und seit langem eingespielte Tätigkeit Anerkennung finden?

Auch Loben lässt sich wie vieles andere mehr im Bereich zwischenmenschlicher Beziehungen erlernen. Die nachfolgenden Punkte können dabei helfen:

- Lob muss nicht immer mithilfe von Worten erfolgen. Ein Lächeln, ein Zunicken, ein Zublinzeln und eine freundliche Berührung können genauso schön sein.
- Schränken Sie Ihr Lob nicht gleich wieder ein, indem Sie ihm sofort einen Tadel folgen lassen (»Der Aufsatz ist gut geschrieben, aber die vielen Kommafehler sind einfach fürchterlich!«)!
- Loben Sie möglichst sofort, und loben Sie detailliert und mit Begründung, damit Ihr Kind genau weiß, worauf sich das Lob bezieht und warum es ausgesprochen wurde!
- Verwenden Sie beim Loben auch hin und wieder »Du-Formulierungen« (»Da bist du stolz auf dich, nicht wahr!« – »Diese Aufgabe hat dir jetzt Spaß gemacht!«)! Sie zeigen Ihrem Kind dadurch, dass es seine Leistungen für sich selbst erbringt, und Sie verhelfen ihm so zu mehr Selbstständigkeit und Unabhängigkeit von Fremdkritik und Fremdeinschätzung.

Die nachstehende Tabelle möchte Ihnen wiederum dabei helfen, das eigene Sprachverhalten kritisch zu hinterfragen, um es dann zu verändern und zu verbessern.

Lob, wie es nicht sein sollte	Lob, wie es sein könnte
Ja, richtig. Wenn du doch deine Vokabeln immer so lernen würdest!	Klasse, du hast alle Vokabeln gekonnt.
Na also, warum denn nicht gleich so!	Hervorragend! Jetzt kannst du's!
Na ja, wenigstens hast du dich angestrengt.	Einfach toll, dass du dir so viel Mühe gibst!
Dein Bild ist schön.	Das Bild ist dir wirklich gelungen. Vor allem die Wolken hast du sehr eindrucksvoll gemalt. Hast du das mit etwas Orange und Violett so hinbekommen?

Vorsicht und Zurückhaltung sind im Umgang mit materiellen Belohnungen wie Geld, Süßigkeiten oder Spielzeug geboten. Zu leicht werden sie wichtiger als der Erfolg selbst, untergraben die ursprüngliche Lernfreude und das vorhandene Interesse, fördern ein Anspruchs-und-Konsum-Denken und rufen Eifersucht und fragwürdige Verhaltensweisen zwischen Geschwistern hervor. Materielle Belohnungen sollten deshalb eher selten erfolgen und dann nicht als Entlohnung für eine geleistete Arbeit, sondern als Ausdruck der Freude verstanden werden: »Du, das ist einfach toll. Ich glaube, ich freue mich fast so sehr wie du. Das müssen wir gleich heute Abend mit einem großen Eisbecher feiern!«

Belohnungen sind oft unklug

Zunächst einmal erscheint der Sachverhalt ganz einfach: Wird einem Kind für ein Verhalten eine Belohnung in Aussicht gestellt (z. B. Bonbons, Schokolade, Spielzeug oder Geld), so wird es das Verhalten vermutlich eher zeigen. Mit Belohnungen kann man ein Kind also dazu bringen, etwas zu tun, das es sonst vielleicht nicht unbedingt tun würde. Insofern ist es kein Wunder, dass Eltern häufig mit Belohnungen arbeiten: Sie funktionieren zumeist. Schaut man aber genauer hin, so wirken sich Belohnungen oft nachteilig aus.

Insbesondere kann Folgendes festgestellt werden:
- Kinder, denen für eine an und für sich schöne Tätigkeit eine Belohnung in Aussicht gestellt wird, empfinden beim Arbeiten oft weniger Freude. Sie arbeiten häufig oberflächlicher und erbringen schlechtere Leistungen (siehe »Belohnungen können sich negativ auswirken: Was die Forschung dazu sagt«).
- Kinder, die für etwas Selbstverständliches belohnt werden (z. B. altersgerechte Mithilfe im Haushalt), entwickeln unter Umständen weniger Verantwortungsbewusstsein. Ein Anspruchs-und-Konsum-Denken kann entstehen.
- Kinder, die für etwas belohnt werden, das eigentlich in ihrem eigenen Interesse ist (z. B. Schulranzen und Mäppchen in Ordnung halten), entwickeln oftmals weniger Eigenverantwortung und glauben, das Verhalten nur für andere zu zeigen.
- Eltern, die ihrem Kind für ein bestimmtes Verhalten eine Belohnung in Aussicht stellen, geben diesem zu verstehen, dass sie es ihm nicht zutrauen, das Verhalten aus eigenem Antrieb und in eigener Verantwortung zu zeigen.
- Kinder, denen eine Belohnung versprochen wird, um eine etwas unangenehme oder (mäßig) beunruhigende Situation durchzustehen (z. B. unbekannte Ultraschalluntersuchung beim Arzt), können am Ende nicht wirklich stolz auf ihre Leistung sein. Sie können nicht das schöne Gefühl haben, eine schwierige Situation selbst gemeistert zu haben: Sie haben sich ja nur bestechen lassen.

Sinnvoll können Belohnungen beispielsweise dann sein, wenn das Kind zu etwas wirklich Wichtigem motiviert werden soll, das es von sich aus nicht tun würde. Auch können Belohnungen dann empfehlenswert sein, wenn sich ein ungutes Verhalten schon verfestigt hat, mit dem das Kind sich selbst schadet (z. B. wenn das Kind seit Monaten bei den Hausaufgaben trödelt). Belohnungen können hier helfen, das Kind ohne Schimpfen und Tadeln zu einem anderen Verhalten zu bewegen, das ihm selbst nützt (es arbeitet schneller). In einem solchen Fall markieren die Belohnungen nur ein Zwischenstadium und sind keinesfalls auf Dauer angelegt. Das Kind kann auf sie verzichten, sobald das neue Verhalten einigermaßen stabil ist und erkennbar angenehme Konsequenzen mit sich bringt (das Kind hat mehr Zeit zum Spielen). Um das Kind für sein Verhalten in einem solchen Fall immer sofort belohnen zu können – was wichtig ist –, ohne es mit Belohnungen zu überhäufen, empfiehlt es sich, z. B. mit Spielmarken oder Perlen zu arbeiten. Das Kind bekommt immer dann eine Perle, wenn ihm das angestrebte Verhalten geglückt ist. Sobald es z. B. zwanzig oder dreißig Perlen zusammenhat, darf es diese gegen ein zuvor verabredetes Geschenk eintauschen. Dieses Geschenk kann auch eine gemeinsame Unternehmung mit der Mutter oder dem Vater sein, muss also nicht zwangsläufig aus etwas Materiellem bestehen.

Belohnungen können sich negativ auswirken: Was die Forschung dazu sagt

Das klassische Experiment zu den nachteiligen Auswirkungen von Belohnungen auf die eigene Motivation sieht wie folgt aus: Zwei Kindergruppen bekommen die gleiche, für sie reizvolle Aufgabe gestellt, wobei die eine Gruppe eine Belohnung versprochen bekommt und die andere nicht. Fragt man die Kinder anschließend, ob ihnen die Aufgabe Spaß gemacht hat, so zeigt sich immer wieder, dass die belohnte Gruppe weniger Freude bei der Arbeit empfunden hat. Wie kommt das? Nun, Belohnungen können dazu führen, dass eine zunächst vorhandene Motivation geringer wird. Das Kind kostet nicht mehr die ursprüngliche Lernfreude aus, sondern ist auf die spätere Belohnung fixiert. Es arbeitet häufig oberflächlicher und schlechter und entwickelt weniger Interesse. Wer also möchte, dass sein Kind etwas (weiterhin) gern und gut tut, sollte es nicht dafür belohnen. (Vgl. z. B. Heckhausen 1989, Weiner 1994).

Bei Misserfolgen und Fehlern: Aufbauend kritisieren und Hilfestellung geben

Kaum etwas ist so unangenehm, so verletzend und entmutigend wie eine unbedachte Kritik, die voller Vorwürfe, Belehrungen oder Ironie steckt. Entsteht bei einem Kind schließlich der Eindruck, es mache nur Fehler, und sieht es zudem keine Möglichkeit, der geballten Kritik in Zukunft durch eigene Anstrengung zu entgehen, so wird ihm nicht nur die Freude am Arbeiten, sondern auch bald an sich selbst genommen. Und dennoch kann Kritik – aufbauend vorgebracht – außerordentlich hilfreich sein, um einen einmal gemachten Fehler kein zweites Mal machen zu müssen und um allmählich zu einer wirklichkeitsnäheren Einschätzung der eigenen Fähigkeiten zu gelangen.

Die folgenden Punkte beinhalten Hinweise und Anregungen für ein verständnisvolles Reagieren und ein aufbauendes Kritisieren bei Misserfolgen und Fehlern:

- Stellen Sie mit Ihrer Kritik niemals die gesamte Person in Frage (»Du bist immer so unordentlich!«), sondern beziehen Sie sich immer nur auf die kritikwürdige Handlung!
- Gehen Sie bei Ihrer Wertung nicht von einem idealen Maßstab, sondern von den tatsächlichen Leistungsmöglichkeiten Ihres Kindes aus! Versuchen Sie, eher das Gelungene als die Fehler zu sehen. Erkennen Sie Fortschritte an, auch dann, wenn noch nicht alles perfekt ist.
- Wenn ein Kind selbst weiß, dass ihm etwas misslungen ist, so besteht keine Notwendigkeit, es noch einmal darauf hinzuweisen. Trösten Sie stattdessen Ihr Kind, ermutigen Sie es, und überlegen Sie gemeinsam mit ihm, wie es das nächste Mal erfolgreicher sein kann.
- Strafen und Strafandrohungen sind denkbar ungeeignete Mittel, um auf Fehler und Misserfolge zu antworten. Denn zum einen bieten sie keinerlei Hilfen, um das nächste Mal erfolgreicher zu sein, und zum andern erzeugen sie beim Bestraften Wut und Aggressionen. Er wird sich bald überlegen, wie er der Strafe durch Lügen und Betrügen entgehen oder

wie er Vergeltung üben kann. Nicht zu verwirklichende Drohungen hingegen werden bald als solche erkannt und nicht mehr ernst genommen.
- Ein ausgesprochen fragwürdiges Erziehungsmittel ist das Drohen mit Liebesentzug, weil dabei die Abhängigkeit des Kindes und sein Bedürfnis nach Zuwendung, Anerkennung und Liebe zur Erreichung eines Zieles ausgenutzt werden. (»Wenn du wieder eine Fünf schreibst, habe ich dir heute zum letzten Mal geholfen. Dann kannst du alleine schauen, wie du weiterkommst.«)
- Ähnlich bedenklich ist es, wenn Eltern vorgeben, »traurig« über das Fehlverhalten oder die schlechten Zensuren ihres Kindes zu sein. Denn dann kommt zu dem eigenen Unglück noch die Last dazu, die geliebten Eltern traurig gemacht zu haben. Es entsteht ein schlechtes Gewissen und das Bild von der eigenen Person kann erheblichen Schaden nehmen.
- Eltern sollten es auch vermeiden, Erfolge durch Zufall (»Da hast du aber Glück gehabt!«) und Misserfolge durch Begabungsmangel (»In Mathe ist bei dir eben gar nichts los!«) zu erklären. Das Kind sieht sonst keinen Zusammenhang zwischen seiner Anstrengung und dem Ergebnis und wird es nur schwer lernen, sich für Erfolge anzustrengen.
- Misserfolge sollten auch deshalb nicht durch einen vermeintlichen Begabungsmangel erklärt werden, da dieser Erklärungs-

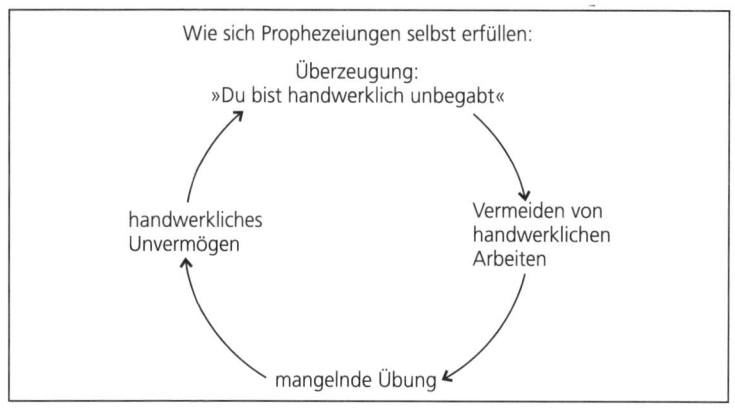

versuch – unabhängig davon, ob er zutrifft oder nicht – leicht zu einer weiteren Verschlechterung der Leistungen beitragen kann, also zu einer sich selbst erfüllenden Prophezeiung wird.
- Wenig hilfreich ist es darüber hinaus, einem unglücklichen Kind mitzuteilen, es sei doch »alles nur halb so schlimm« und es bestehe überhaupt kein Grund, enttäuscht zu sein. Schließlich *ist* das Kind unglücklich, auch wenn die Erwachsenen eine andere Gefühlslage für angebrachter halten. Bekommt ein Kind häufig gesagt, wie es in einer Situation eigentlich empfinden sollte, so traut es irgendwann seinen eigenen Gefühlen nicht mehr.

Auch hier wieder eine Tabelle mit positiven und negativen Beispielen:

Verletzende, entmutigende Äußerungen bei Misserfolgen und Fehlern	Aufbauende, hilfreiche Äußerungen bei Misserfolgen und Fehlern
In letzter Zeit geht aber eine Menge schief bei dir.	Ich habe das Gefühl, dass du Schwierigkeiten bei den Gleichungen hast. Wollen wir einmal versuchen herauszufinden, woran es liegt?
So geht das doch nicht!	Die erste Rechnung stimmt nicht.
Na, in der Luft siehst du's bestimmt nicht!	Wenn du die ersten beiden Zeilen im Buch nochmals liest, erkennst du vielleicht deinen Fehler.
Das sieht ja unmöglich aus! Kein Wunder, dass du da nicht mehr weiterkommst.	Erzählst du mir bitte einmal, wie du bis jetzt vorgegangen bist?
Die Fehler hättest du dir aber wirklich sparen können.	Du hast dieses Mal schon viel weniger Fehler als im letzten Diktat. Ich glaube, du kannst es schaffen, noch ein paar Fehler wegzukriegen.

Eine Anmerkung am Schluss

Dieses Kapitel beinhaltet eine große Gefahr, nämlich jene, missverstanden zu werden. Insbesondere die Formulierungsbeispiele könnten den Eindruck erwecken, es sei wichtig, immer wohl überlegte Sätze zu sprechen und sich ständig perfekt zu verhalten. An einen anstrengenden – und für alle unerträglichen – Perfektionismus ist hier jedoch keineswegs gedacht. Stattdessen geht es darum, zum Nachdenken anzuregen. Und so könnte es beispielsweise sinnvoll sein, wenn sich Eltern am Ende eines Tages einmal selbstkritisch fragen, wie sie eigentlich mit ihren Kindern umgegangen sind und ob es vielleicht Punkte gibt, die einer Veränderung bedürfen.

Gordon, Th.: Familienkonferenz. Die Lösung von Konflikten zwischen Eltern und Kind. München 1989.
Ein viel zitierter »Klassiker« der Elternliteratur, der konkret und eindrucksvoll aufzeigt, wie die Beziehungen zwischen Eltern und Kindern verbessert werden können. Es werden Möglichkeiten angeboten, um Konflikte zu vermeiden, und eine Methode vorgestellt, die hilft, Konflikte zur Zufriedenheit aller Beteiligten zu lösen.

Schulz v. Thun, F.: Miteinander reden. Störungen und Klärungen. Reinbek bei Hamburg 1986.
Ein verständlich und amüsant geschriebenes Buch, das typische Probleme der zwischenmenschlichen Kommunikation beleuchtet. Wer möchte, kann das Buch nutzen, um hinter Kommunikations- und Beziehungsprobleme zu schauen und das eigene Kommunikationsverhalten zu verbessern.

Wenn Eltern und Kinder verschieden schreiben: alte und neue Rechtschreibung

»*Mein Sohn ist jetzt in der dritten Klasse und schreibt schon richtige Aufsätze und Diktate oder auch mal so Texte. Manchmal fragt er mich, wie man ein Wort schreibt. Ich merke dann, dass ich total verunsichert bin. Ich habe keine Ahnung, was jetzt richtig ist. Früher war ich eigentlich immer recht gut, auch in meinen eigenen Diktaten. Aber jetzt? Ich sag dann meinem Sohn, er soll in seinem Schülerwörterbuch nachschlagen. Aber da steht auch nicht alles drin.*«
(Herr L., Vater eines Sohnes)

Schon lange wurde in den deutschsprachigen Ländern um eine neue Rechtschreibung gerungen. Zu kompliziert und zu viele Ausnahmen, so lautete das allgemeine Urteil. Doch als die neuen Regeln wirklich kamen, war das Entsetzen in der Bevölkerung groß. Nun sollte auf einmal das alte, dicke und schwierige Regelwerk, durch das man sich einmal mühsam durchgearbeitet hatte, hinfällig sein. Das Gewohnte und Vertraute, das Sicherheit gab, sollte etwas Neuem weichen, das man noch nicht durchschaut hatte und vielleicht nie durchschauen würde. »Wie sieht Goethes Dichtung in der neuen Rechtschreibung aus?«, fragten die einen, während die anderen riefen, Schreibungen wie »Fantasie« oder »Schikoree« seien eine Beleidigung für ihr Auge. Sie alle wollten auf jeden Fall jenes Regelwerk beibehalten, das sie selbst nie wirklich beherrscht hatten. Doch ganz gleich, für wie gelungen man die Rechtschreibreform hält: Goethe hätte die neue Schreibung vermutlich wenig gestört (siehe unten) und eine Schreibung wie »Fotografie« statt »Photographie« ist den meisten schon in Fleisch und Blut übergegangen. Wie auch immer: Zusammen mit der neuen Währung und weiteren Veränderungen zeigt auch die neue Rechtschreibung der jetzigen Elterngeneration, dass ihr Wissen nicht mehr von heute ist …

Wie das neue Regelwerk entstand: Ein kurzer Blick in die Geschichte unserer Rechtschreibung

Die neuen Regeln für die geschriebene deutsche Sprache gelten seit dem 1. August 1998 (mit einer Übergangsfrist bis 2005). Sie lösen das seit 1902 gültige Regelwerk ab, an dessen Erstellung unter anderem Konrad Duden beteiligt war. Duden selbst hielt das entstandene Regelwerk übrigens für alles andere als geglückt und hoffte auf eine baldige Veränderung. Das Regelwerk, an dem er selbst maßgeblich mitgewirkt hatte, hielt er lediglich für ein Etappenziel. Dass es fast hundert Jahre lang gelten sollte, hätte ihn sicher wenig gefreut. Wie aber kommt das? Warum hatte Duden etwas veröffentlicht, das er nicht einmal selbst für gut hielt?

Nun, beginnen wir vorne: Der Anfang der Geschichte unserer Rechtschreibung liegt im frühen Mittelalter. Damals wurden die lateinischen Schriftzeichen für die deutsche Sprache übernommen. Problematisch war unter anderem, dass es nicht für jeden Laut einen Buchstaben gab, sodass Hilfsdarstellungen entwickelt werden mussten (z.B. ee für ein lang gesprochenes e). Auf der anderen Seite gab es aber nicht nur einen Mangel, sondern auch einen Überhang an Buchstaben (z.B. z – c – k), der sich bis heute bemerkbar macht.

Geschrieben wurde noch lange nach dem Prinzip »Schreibe, wie du sprichst!«. Da die Menschen im Norden, Süden, Osten und Westen durchaus verschieden sprachen, schrieben sie auch verschieden. Überhaupt nahm man es mit der Schreibung nicht so genau: Bei Luther beispielsweise finden sich auf einer einzigen Seite vier verschiedene Schreibweisen für »Zweifel« (zweifel, zweiffel, zweyffel, zweivel).

Es gab dann eine Zeit, in der Schrift und Schreibung als Ausdruck der Persönlichkeit und ihrer Kreativität betrachtet und effektvolle Schreibungen (z.B. ij für i oder dt für t) entwickelt wurden. Schreibungen wie Stadt oder Mohn zeugen noch heute von diesen Entwicklungen. Unterstützt wurden die Kreationen von den Buchdruckern, die nach Lettern bezahlt wurden und somit ein verständliches Interesse daran hatten, möglichst viele Buchstaben in einem Wort unterzubringen.

Weitere Entwicklungen, ähnlich zufällig und willkürlich, folgten. Sie führten aber erst dann zu massiven Problemen, als immer mehr Kinder lesen und schreiben lernten und somit die Frage entstand, welche Schreibung eigentlich gelehrt werden sollte. Zur Illustration: 1862 kam es in Preußen zu dem bezeichnenden Erlass, es dürfe an jeder Schule nur eine Rechtschreibung gelehrt werden.

Konrad Duden nun war selbst Lehrer und kannte das Problem. Er wünschte sich für seine Schüler zweierlei: Eine einheitliche deutsche Rechtschreibung, die überall gelten würde, und eine vereinfachte deutsche Rechtschreibung, die das Erlernen der Rechtschreibung erleichtern sollte. Allerdings wurde ihm und seinen Mitarbeitern bald klar, dass – auch politisch – nur eines durchsetzbar sein würde. So entschied er sich auf Kosten der Vereinfachung für die dringend notwendige Vereinheitlichung der deutschen Rechtschreibung und schuf gemeinsam mit anderen das bereits erwähnte, bis 1998 gültige Regelwerk.

Die wichtigsten neuen Regeln

Auch wenn von einem neuen Regelwerk gesprochen wird: faktisch hat sich für die Schreibenden nicht viel geändert. Sie können diese Aussage gut selbst überprüfen, indem Sie einmal aufmerksam eine Seite dieses Buches lesen, das in der neuen Rechtschreibung gedruckt ist. Nur wenige Schreibungen werden Ihnen ungewohnt vorkommen. Schließlich ergeben sich durch die Rechtschreibreform nur bei 1,7% aller Wörter Änderungen. Wer allerdings unsere Rechtschreibung neu erlernen muss, sieht sich wesentlich weniger Regeln als früher gegenüber.

Was aber sind die wichtigsten Änderungen? Vermutlich handelt es sich im Hinblick auf jüngere Kinder unter anderem um die folgenden Regeln:
- Nach einem kurzen Selbstlaut folgt nicht mehr »ß«, sondern »ss«:

Fluss, Kuss, müssen, dass, lässt.
Aber: Nach einem langen Vokal oder einem Doppellaut wie »ei« folgt noch immer ein »ß« (z.B. heiß, Fuß, außen).
- Bei Worttrennungen wird konsequenter nach der Regel verfahren, Wörter so zu trennen, wie es sich beim langsamen Sprechen ergibt:
Wes-te, Las-ter, Zu-cker, Lü-cke, U-fer, E-ner-gie
- Bei Zusammensetzungen bleiben immer alle Buchstaben erhalten:
Schifffahrt, Krepppapier.
Wer unübersichtliche Wortbilder vermeiden möchte, kann auch mit Bindestrich schreiben: Tee-Ei, Bestell-Liste.
- Im Brief werden »du«, »dir«, »deine«, »euch«, »eure« etc. kleingeschrieben. Die Großschreibung von »Sie«, »Ihnen« etc. bleibt dagegen erhalten.

Übrigens: Das neue Regelwerk ist toleranter als das vorige. Es erlaubt bei Fremdwörtern auch nach Ende der Übergangsfrist im Jahr 2005 vielfach zweierlei Schreibungen, also sowohl Fantasie als auch Phantasie und sowohl Schikoree als auch Chicorée.

LESE-TIPPS

📖 Sicherlich unabdingbar für jeden Haushalt, in dem geschrieben wird, ist der Duden oder ein anderes Wörterbuch. Für welches Wörterbuch man sich entscheidet, ist unter anderem eine Frage der Gewohnheit und auch des Geldbeutels. Alle gängigen Wörterbücher beruhen auf den amtlichen Regelungen, sind aber unterschiedlich aufgemacht. Viele Wörterbücher gibt es selbstverständlich auch in einer CD-ROM-Version.

📖 Wer die neue Rechtschreibung erlernen möchte, findet im Buchhandel eine Vielzahl kleiner Bücher sowie verschiedene CD-ROMs für deutlich mehr Geld. Sie alle erklären die neuen Regeln verständlich, listen neue Schreibungen auf und bieten zum Teil Übungen an. Sie stammen vorwiegend aus den bekannten Schulbuchverlagen (z.B. Cornelsen, Diesterweg, Klett, Oldenbourg, Schroedel oder Westermann), von denen alle Lehrerinnen und Lehrer Kataloge haben. Vielleicht erklärt sich ein Lehrer oder eine Lehrerin ja auch bereit, eine Sammelbestellung aufzugeben und eine kleine Einführung vorzunehmen.

Eltern und die neue Rechtschreibung

Wie können Eltern nun mit der Tatsache umgehen, dass sie eine andere Rechtschreibung als ihre Kinder gelernt haben? Was bedeutet dies für die elterliche Hilfe bei den Hausaufgaben oder beim Schreiben von Texten? Nun, eigentlich nichts, das Ratlosigkeit erzeugen oder irgendwie verunsichern müsste. Die Kinder erleben lediglich, dass ihre Eltern auch nicht allwissend sind, dass sie sich aber – hoffentlich – zu helfen wissen, indem sie eben ein Wörterbuch zu Rate ziehen. Damit können die Eltern ganz selbstverständlich und überzeugend ihre Vorbildfunktion ausüben – und vielleicht auch ihre Kinder besser verstehen, wenn diese wieder einmal eine Schreibung nicht beherrschen.

Sicher ist es gut, wenn Eltern versuchen, die neue Rechtschreibung zu lernen, vielleicht auch von ihren Kindern zu lernen. Sie zeigen damit an, dass sie bereit sind umzulernen, und haben auch selbst den Vorteil, korrekt schreiben zu können. Für das schulische Fortkommen der Kinder ist das Umlernen allerdings nicht notwendig. Schließlich ändern sich nur wenige Schreibungen. Vor allem die in den ersten Schuljahren einzuübenden Wörter sind – mit Ausnahme der oben angeführten Regeln – von den Änderungen kaum betroffen. Außerdem sind die Kinder für ihre Schreibungen zunächst einmal selbst verantwortlich, und nicht zuletzt gibt es ja Wörterbücher, deren Autoren sich freuen, wenn sie auch einmal benutzt werden.

5. Wenn Hausaufgaben zum Problem werden: die zwölf häufigsten Schwierigkeiten

Warum Hausaufgaben so häufig zum Problem werden

Probleme bei den Hausaufgaben sind eher die Regel als die Ausnahme. Und so stellt die Situation, in der Hausaufgaben angefertigt werden, eine der schwierigsten alltäglichen Situationen in Familien mit Schulkindern dar.

Die Frage, warum die Hausaufgabensituation so schwierig sein kann, lässt sich auf unterschiedliche Weise beantworten. Ein wichtiger Punkt dabei ist sicherlich die Tatsache, dass Kinder und ihre Eltern bei den Hausaufgaben oft Dinge »ausbaden« müssen, die andere Stellen zu verantworten haben: So kommt es beispielsweise dann zu Schwierigkeiten, wenn Lehrende zu viele, zu schwierige oder wenig motivierende Hausaufgaben aufgeben, diese nicht kontrollieren oder auf nicht gemachte Hausaufgaben mit übertriebenen Sanktionen reagieren.

> Unser Mathematiklehrer gibt uns manchmal so viele Hausaufgaben. Bei uns ist ein Kind nicht so schnell, deshalb muß es eine oder zwei Stunden schreiben. Wir haben auch einen Kasper in der Klasse, aber eigentlich ist er ganz nett. Nur es berücksichtigt ihn keiner, deshalb spinnt er herum. Er bekommt immer tonnenweise Hausaufgaben auf und das finde ich ganz gemein.

Ein bedeutsamer Punkt ist auch, dass unser dreigliedriges Schulsystem oft schon im vierten Schuljahr, spätestens aber im sechsten Schuljahr, eine folgenreiche Entscheidung für eine weiterführende Schule verlangt. Dies führt in vielen Fällen zu einem höchst problematischen Entscheidungs- und Leistungsdruck. Nicht zuletzt gibt es Hausaufgabenprobleme bei uns nur deshalb in einem so großen Ausmaß, weil das deutsche Schulsystem im Wesentlichen als Halbtagsschulsystem geführt wird. Andere Länder mit einem Ganztagsschulsystem kennen vor allem für die jüngeren Kinder das Hausaufgabenproblem nicht in dem uns bekannten Ausmaß.

Schwierig sein kann die Hausaufgabensituation auch dann, wenn eine besondere Schwäche vorliegt und das Kind beispielsweise Lese-Rechtschreib-Schwierigkeiten oder feinmotorische Probleme hat. Besonders problematisch ist die Hausaufgabensituation natürlich bei jenen Kindern, die Probleme mit der Aufmerksamkeit und damit enorme Schwierigkeiten haben, ihre Aufgaben zu Ende zu bringen (siehe S. 223 ff.).

Manchmal ist der ganze mitag ferdorben.

Darüber hinaus muss aber auch festgestellt werden, dass Hausaufgabenprobleme häufig Beziehungsprobleme zwischen Eltern und Kindern zum Ausdruck bringen. Hausaufgaben können sozusagen zum Kristallisationspunkt dieser Beziehungsprobleme werden. Denn während Eltern beim Spiel des Kindes vielleicht viel durchgehen lassen und über manche Unarten hinwegsehen, zeigen sie bei allen schulischen Dingen wenig Nachsicht. Sie bangen oft schon beim kleinsten Fehler um die schulische Karriere ihres Kindes und reagieren entsprechend. Die Kinder wiederum wissen um ihre Macht in der Hausaufgabensituation. Sie wissen, dass sie es letztlich in der Hand haben, wie sich der betreuende Elternteil fühlt und ob er bald einer anderen Aktivität nachgehen kann. Fertigen die Kinder ihre Hausaufgaben mal unter der Obhut einer anderen Person an, so sind die üblichen Probleme oft wie weggeblasen, zumindest aber deutlich geringer.

Immer dann, wenn Letzteres der Fall ist, kann davon ausgegangen werden, dass das Kind nicht mit den Hausaufgaben an sich Schwierigkeiten hat. Stattdessen drückt es mit seinem Verhalten aus, dass es mit seinen Eltern in irgendeiner Weise nicht einverstanden ist. Folglich hat es auch keinen oder nur wenig Sinn, wenn sich die Eltern um die Hausaufgaben ihres Kindes bemühen. Der Weg zu einer Verbesserung der Situation liegt stattdessen in einer Verbesserung der Beziehung zum Kind.

Die Kinder, vor allem die älteren, wissen dies oftmals sehr genau.

> Wenn ich Erwachsen bin schaffe ich die Hausaufgaben ab, dann habe ich keinen Streit mit meinen Kindern.

Die häufigsten Schwierigkeiten

Im Folgenden werden zwölf Schwierigkeiten vorgestellt, die sich in Verbindung mit den Hausaufgaben besonders häufig ergeben. Dies geschieht in der Weise, dass zunächst betroffene Eltern beispielhaft von ihrer Schwierigkeit bzw. der ihres Kindes berichten, anschließend die Suche nach möglichen Ursachen erfolgt und darauf aufbauend mögliche Hilfen beschrieben werden.

Einige Punkte sind den Problembeschreibungen noch vorauszuschicken:

- Es kann keinesfalls davon ausgegangen werden, dass für alle Schwierigkeiten sämtliche Ursachen und Hilfen genannt sind. Deshalb ist es im Einzelfall durchaus denkbar, dass keine der beschriebenen Ursachen zutrifft und somit auch keine der vorgestellten Hilfen tatsächlich nützt.
- Für jede Schwierigkeit wird eine Vielzahl möglicher Ursachen ausgewiesen, von denen im konkreten Fall sowohl nur eine als auch mehrere zutreffend sein können. Dabei ist damit zu rechnen, dass die zweite Möglichkeit die häufigere sein wird, für die meisten Schwierigkeiten also ein ganzes Geflecht verschiedener Ursachen verantwortlich ist.
- Am Anfang eines jeden Suchens nach Ursachen und möglichen Hilfen sollte in der Regel das Gespräch mit dem Kind stehen – ruhig, ausführlich und in angstfreier Atmosphäre. Eine Veränderung kann und darf nicht über seinen Kopf hinweg erfolgen. Außerdem haben Lösungen nur dann einen Sinn, wenn das Kind sie akzeptiert.

- Sinnvoll ist es zumeist auch, die Klassenlehrerin oder den betreffenden Fachlehrer aufzusuchen und sich mit ihr oder ihm zu beraten. Dieses Gespräch kann auf neue Gedanken bringen und davor schützen, eine nicht zutreffende Ursache als die vermeintlich richtige anzunehmen und somit wenig sinnvolle Maßnahmen zu ergreifen.
- Eltern, die eine Veränderung erreichen möchten, sollten ihr Kind nicht beschuldigen und ihm keine Vorwürfe machen (»Du machst immer ...!« – »Du bist unmöglich! Ständig ...!«). Stattdessen sollten sie das störende Verhalten mit seinen Auswirkungen möglichst genau benennen (»Wenn du jetzt nicht mit den Hausaufgaben beginnst, kannst du nachher nicht spielen gehen«) und eventuell noch angeben, wie sich dieses Verhalten auf sie selbst auswirkt (»Und ich ärgere mich, wenn ...«).
- Eltern sollten nicht im Beisein ihres Kindes und über dessen Kopf hinweg mit anderen Erwachsenen über seine Probleme oder vermeintlichen Untaten sprechen. Schließlich würden auch wir Erwachsenen es nicht schätzen, wenn beispielsweise unser Partner anderen berichten würde, was uns in den letzten Wochen wieder alles misslungen ist.
- Oft ist es sinnvoll, eine Lösung auf Zeit zu vereinbaren, also beispielsweise zu verabreden, dass eine bestimmte Maßnahme zunächst zwei Wochen lang konsequent durchgeführt wird. Nach dieser verabredeten Zeit kann dann der Erfolg der Maßnahme gemeinsam überprüft und das weitere Vorgehen besprochen werden.

Eines ist natürlich klar: Ein konfliktloses Zusammenleben in Familie (und Gesellschaft) ist nicht möglich. Kinder müssen sich an ihren Eltern reiben und müssen sich in Auseinandersetzungen erproben. Kinder, die immer machen, was ihre Eltern sagen, entwickeln sich nicht gesund. Auf der anderen Seite sollte es schon das Ziel sein, die Hausaufgaben nicht zum täglichen Konfliktherd werden zu lassen. Und diesem Ziel dienen die folgenden zwölf Abschnitte.

Sarah weiß nicht mehr, was sie aufhat

»*Sarah, meine jüngste Tochter, ist jetzt in der zweiten Klasse. Bisher, also in der ersten Klasse, gab es nie Hausaufgabenprobleme, und sie strengt sich auch immer sehr an und will alles besonders gut machen. Jetzt hat sie eine neue Lehrerin bekommen, und da passiert es ihr immer wieder, dass sie die Aufgaben zu Hause nicht mehr weiß. Sie kriegt die irgendwie nicht mit oder vergisst sie wieder. Erst gestern hat sie eine Viertelstunde geweint. Sie sollte Sätze mit Tunwörtern bilden und wusste nicht mehr, ob sie die Tunwörter aus der Stunde nehmen sollte oder ob sie neue nehmen sollte. Und dann hatte sie so Angst, sie könnte das Falsche machen.*«
(Herr S., Vater von drei Kindern)

Dieser Vater schildert ein Problem, das besonders in den ersten Schuljahren häufig auftritt. Das Kind möchte seine Hausaufgaben unbedingt gut machen, doch es ist zu Hause nicht mehr in der Lage, sie genau zu bestimmen.

Mögliche Ursachen

- Die Lehrerin stellt die Hausaufgaben unverständlich, unter Zeitdruck und ohne den Schülern Gelegenheit zu Rückfragen zu geben.
- Sarah folgt der Aufgabenstellung nicht mit der erforderlichen Aufmerksamkeit.
- Sarahs Banknachbarin lenkt Sarah ab, während die Hausaufgaben erklärt werden.
- Sarah ist während des Unterrichts mit den Gedanken häufig woanders, sodass sie die Aufgaben nicht einordnen und wirklich verstehen kann.
- Die Lehrerin sorgt nicht dafür, dass die Kinder die Hausaufgaben notieren.
- Die Lehrerin schreibt die Aufgabenstellung an der Wandtafel missverständlich oder nicht genau genug an.

- Die Lehrerin stellt Schüler mit nicht oder falsch gemachten Hausaufgaben bloß oder bestraft sie, sodass die Angst davor die Erinnerung am Nachmittag zusätzlich blockiert.

Mögliche Hilfen

Oftmals können Eltern ihrem Kind bereits dadurch helfen, dass sie gemeinsam mit ihm – am besten unter Zuhilfenahme von Schulbuch und Schulheft – darüber nachdenken, was es in der

Schule gelernt hat und an welcher Stelle die Hausaufgabe entstanden sein könnte.

Hilft dies dem Kind nicht oder ist seine Erinnerung durch die Angst vor der Hausaufgabenkontrolle zusätzlich blockiert, so ist ein Telefonanruf bei einer Mitschülerin oder einem Mitschüler meist die beste Soforthilfe.

Sinnvoll kann aber auch ein Anruf bei der betreffenden Lehrerin oder eine schriftliche Notiz an diese sein. Denn auf diese Weise bekommt sie eine direkte Rückmeldung über ihre vielleicht unzulängliche Art, Hausaufgaben zu stellen.

Eltern sollten sich also keinesfalls an tägliche Maßnahmen der Soforthilfe gewöhnen. Sie sollten vielmehr das Gespräch mit der Lehrerin bzw. dem Lehrer suchen, um das Problem in Zukunft gar nicht erst entstehen zu lassen.

Vielleicht zeigt sich in einem solchen Gespräch dann, dass das Kind seinen Sitzplatz wechseln und neben einem anderen Kind sitzen sollte. Vielleicht wird der Lehrerin auch bewusst, dass sie sich für das Stellen der Hausaufgaben mehr Zeit nehmen sollte. Fast immer aber wird das sorgfältige Führen eines Hausaufgabenheftes, das die Lehrerin eventuell kontrolliert, zu einer entscheidenden Verbesserung der Situation beitragen.

Jan schiebt die Hausaufgaben vor sich her

»Ich kann es manchmal wirklich kaum fassen. Da setzt sich Jan so um 14 Uhr an seinen Schreibtisch, packt vielleicht auch noch seine Sachen aus, und wenn ich nach einer halben Stunde wiederkomme und nach ihm schaue, sitzt er immer noch da, guckt Löcher in die Luft oder spielt mit irgendetwas herum. Dann sage ich ihm, er solle endlich anfangen – aber ich weiß schon, wenn ich später wiederkomme, hat sich noch immer nichts getan. Ich muss mich dann manchmal wirklich neben ihn stellen und ihm genau sagen, was er machen soll, sonst fängt er einfach nicht an. Das ärgert mich unheimlich,

schließlich ist Jan jetzt in der sechsten Klasse und da sollte er das eigentlich alleine können.«
(Frau B., Mutter eines Sohnes)

Jan hat Schwierigkeiten, einen Einstieg zum Arbeiten zu finden, und schiebt die Hausaufgaben am Nachmittag vor sich her – manchmal so lange, bis seine Mutter eingreift. Dieses Problem tritt bei Schülerinnen und Schülern praktisch aller Altersstufen auf.

Mögliche Ursachen

- Jan ist sehr müde, wenn er von der Schule nach Hause kommt, und braucht Zeit zum Ausruhen, bevor er mit seinen Hausaufgaben beginnen kann.
- Zur Mittagszeit hat er immer ein ausgeprägtes Leistungstief, von dem er sich erst gegen 15.30 Uhr erholt.
- Er kann den vielen Ablenkungen in der Nähe seines Arbeitsplatzes einfach nicht widerstehen und findet so immer etwas, das ihm interessanter als die Hausaufgaben erscheint.
- Jans innere Energie ist zurzeit auf ganz andere Dinge gerichtet, so ist er vielleicht zum ersten Mal verliebt oder hat gar schon Liebeskummer.
- Jan bringt den ihm langweilig und unwichtig erscheinenden Aufgaben, eventuell auch dem betreffenden Fach im Allgemeinen, dem Lehrer oder der gesamten Schule nur wenig Interesse entgegen.
- Die Aufgaben erscheinen Jan unüberschaubar, und so glaubt er nicht, sie in angemessener Zeit bzw. überhaupt bewältigen zu können.
- Jan verfügt tatsächlich nicht über die notwendigen Kenntnisse und/oder Strategien, um mit den Aufgaben beginnen zu können.
- Bei Jan besteht eine ausgeprägte allgemeine Misserfolgserwartung, da er in letzter Zeit kaum eine Aufgabe richtig lösen konnte.

- Jan weiß aus Erfahrung, dass er maximal eine Dreiviertelstunde warten muss, bis seine Mutter kommt und ihm hilft.
- Jan fühlt sich vernachlässigt und holt sich deshalb auf diese Weise Aufmerksamkeit und Zuwendung.

Mögliche Hilfen

Oftmals kann einem Schüler mit Jans Schwierigkeiten vergleichsweise einfach geholfen werden, indem ihm eine längere Pause nach dem Mittagessen gegönnt wird oder indem die Eltern gemeinsam mit ihm alle ablenkenden Gegenstände aus der Nähe des Arbeitsplatzes entfernen.

Eine große Hilfe ist es auch für viele Schülerinnen und Schüler, wenn sie bereits im Unterricht mit ihren Aufgaben beginnen können. Sie haben dann zu Hause den so schwierigen Anfang bereits hinter sich und brauchen nur noch weiterzuarbeiten.

Sinnvoll kann es weiterhin sein, mit dem Kind eine feste Hausaufgabenzeit zu bestimmen, die eventuell noch mit einem Signal wie dem Klingeln eines entsprechend gestellten Weckers unterstrichen wird. Beginnt das Kind nicht von sich aus zu der festgelegten Zeit mit den Aufgaben, kann der betreuende Elternteil es einmal daran erinnern. Kommt das Kind der Aufforderung nach, so hat es auf jeden Fall ein Lob verdient. Befolgt es sie nicht, so sollte es höchstens ein weiteres Mal erinnert werden und dann die entsprechenden Konsequenzen – Lernen am Abend bzw. nicht gemachte Hausaufgaben – selbst tragen. Es muss klar werden, dass das Kind nicht den Eltern, sondern sich selbst einen Dienst erweist, wenn es möglichst rasch seine Aufgaben erledigt. Eltern sollten ihr Kind auf keinen Fall immer wieder zum Arbeiten auffordern und es drängen, da sie auf diese Weise leicht das Gegenteil des Erwünschten erreichen. Dies kann vor allem dann der Fall sein, wenn sich das Kind nicht genügend beachtet und zu wenig umsorgt fühlt. Es versucht in seiner Lage vielleicht, sich die Aufmerksamkeit und Zuwendung der Eltern durch sein unerwünschtes Verhalten zu erzwingen. Es möchte lieber getadelt oder mit Drohungen bedacht werden,

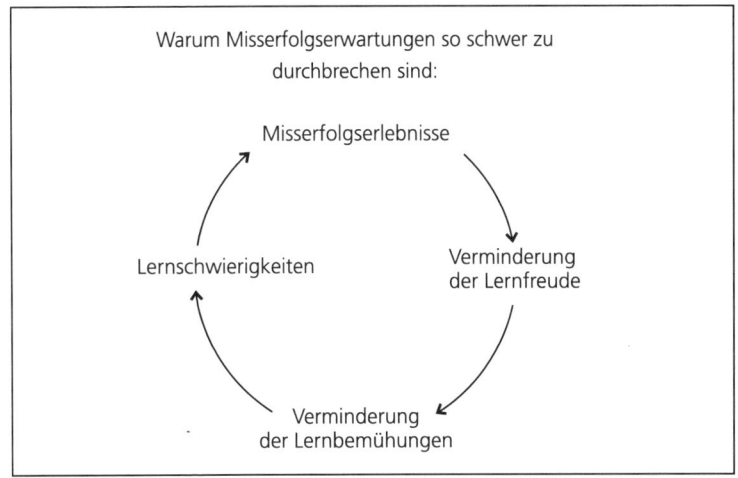

als überhaupt keine Zuwendung zu bekommen. Eltern, die feststellen müssen, dass sich ihr Kind hin und wieder in solcher Weise um ihre Aufmerksamkeit bemüht, können diesem Verhalten am besten entgegenwirken, indem sie ihm außerhalb der Hausaufgabensituation so viel Beachtung, Zuwendung und Liebe schenken, wie es tatsächlich braucht.

Liegt die Ursache des Nicht-anfangen-Könnens darin, dass dem Kind notwendige Kenntnisse und/oder Lerntechniken fehlen, so ist zumeist ein Gespräch mit der Lehrerin bzw. dem Lehrer nötig, um herauszuarbeiten, auf welche Weise die Kenntnislücken geschlossen oder die fehlenden Lerntechniken eingeübt werden können.

Schwierig wird es dann, wenn bei einem Kind eine ausgeprägte Misserfolgserwartung vorliegt. Eine gut gemeinte Äußerung wie »Was hast du denn, das ist doch ganz leicht« nützt zumeist wenig oder nichts. Stattdessen ist es erforderlich, mit dem Kind verständnisvoll umzugehen, es auf seine besonderen Fähigkeiten in anderen Bereichen aufmerksam zu machen und so sein Selbstbewusstsein zu stärken. Gleichzeitig sollte ihm geholfen werden, seine tatsächlichen Mängel auszugleichen, sodass es nach und nach Erfolgserlebnisse zu verzeichnen hat.

Katharina will nicht alleine arbeiten

> »Es heißt ja immer, man solle die Kinder die Hausaufgaben alleine machen lassen, nicht dabei sein, höchstens mal eine kleine Hilfe geben. Aber Katharina macht da einfach nicht mit. Sie will unbedingt, dass ich mich neben sie setze, wenn sie ihre Hausaufgaben macht. Ich habe auch schon versucht, nach einer Weile wieder zu gehen, aber das hat dann jedes Mal Tränen gegeben und das will ich ja auch nicht. Trotzdem finde ich die Situation sehr schwierig, vor allem wegen Daniel. Daniel ist ein halbes Jahr alt und ich brauche noch sehr viel Zeit für ihn. Da wäre ich schon froh, ich müsste mich am Nachmittag nicht immer zu Katharina setzen. Sie kommt jetzt auch immerhin bald in die dritte Klasse.«
> (Frau D., Mutter zweier Kinder)

Frau D. schildert ein äußerst vielschichtiges Problem, über das viele Eltern von Grundschulkindern klagen: Das Kind kann oder möchte seine Hausaufgaben nicht selbstständig anfertigen.

Mögliche Ursachen

- Bei Katharina besteht eine hohe Misserfolgserwartung. Sie glaubt nicht, die Aufgaben allein bewältigen zu können.
- Katharina fehlen die erforderlichen Kenntnisse und/oder Methoden, um die Aufgaben selbstständig lösen zu können.
- Katharina ist es gewohnt, ständig umsorgt oder kontrolliert zu werden. Es ist ihr deshalb nicht möglich, in dieser einen Situation selbstständiges Verhalten zu zeigen.
- Katharina ist so an die Anwesenheit der Mutter gewöhnt, dass sie sich ein Arbeiten ohne ihre Mutter gar nicht vorstellen kann.
- Frau D. legt sehr viel Wert auf eine saubere Ausführung der Hausaufgaben. Katharina befürchtet deshalb, ihre selbstständig angefertigten Aufgaben könnten den Anforderungen der

Mutter nicht genügen. Sie hat Angst, die Aufgaben dann nochmals anfertigen zu müssen.
- Für Katharina ist es einfach bequemer, sich von ihrer Mutter alles erklären zu lassen. So spart sie sich einen Teil der Anstrengung, die mit Lernen immer verbunden ist.
- Frau D. traut ihrer Tochter nicht zu, die Aufgaben eigenständig bewältigen zu können.
- Seitdem ihre Mutter sich mehr um ihren Bruder als um sie kümmert, fühlt sich Katharina vernachlässigt und versucht deshalb, sich auf diese Weise Zuwendung zu erzwingen.
- Katharina hat die Erfahrung gemacht, dass ihre Mutter sich am ehesten Zeit für sie nimmt, wenn es um schulische Dinge geht. Für das Spiel der Tochter zeigt die Mutter hingegen nur wenig Interesse.
- Frau D. hat Angst, ihre Tochter könne ohne mütterliche Hilfe die Aufgaben nicht richtig und vollständig lösen und verpasse so vielleicht den Sprung aufs Gymnasium. Sie möchte sich später einmal nichts vorwerfen und so überträgt sich ihre Sorge auf Katharina.
- Das Gefühl, vom Kind gebraucht zu werden, tut Frau D. so gut, dass sie unbewusst den Ablösungsprozess ihrer Tochter behindert.
- Frau D. bezieht ihr Selbstwertgefühl zu einem ganz entscheidenden Teil aus dem Schulerfolg ihrer Tochter. Ihr Ehemann fördert diese Haltung, indem er seine Frau für schulische Misserfolge der Tochter verantwortlich macht.

Mögliche Hilfen

Vielleicht verwundern die oben aufgeführten Ursachen. Warum sollte Frau D., so könnte man fragen, etwas mit den Problemen ihrer Tochter zu tun haben, wo sie doch unter der derzeitigen Situation so leidet? Nun, wir Menschen sind eben nicht so einfach »gestrickt«. Wir bestehen durchaus aus Widersprüchen, wollen vielleicht eine Situation und bedauern sie gleichzeitig. Diese Erfahrung kennen eigentlich alle Mütter, die jeden Fortschritt ihres Babys und damit die Zunahme an eigener Freiheit begrüßt haben – und gleichzeitig traurig waren, das Baby nicht mehr stillen, füttern oder auf dem Arm tragen zu dürfen.

So wird sich also Katharinas Mutter zunächst einmal fragen müssen, was der Schulerfolg ihrer Tochter mit ihrem eigenen Selbstwertgefühl zu tun hat und ob sie ihre Tochter nicht einem zu hohen Erwartungsdruck aussetzt. Trifft dies zu, so müsste sie versuchen, Verantwortung und Kontrolle ein Stück weit abzugeben und auch weniger perfekte Ergebnisse zu akzeptieren, die nun aber in selbstständiger Arbeit entstanden sind.

Eltern, deren Kind seine Hausaufgaben nicht eigenständig anfertigen möchte, obwohl keine besonderen Lücken vorliegen, sollten versuchen, seine Selbstständigkeit in allen Bereichen zu fördern, indem sie ihm möglichst viele Entscheidungen überlassen und ihm Mitbestimmungsmöglichkeiten einräumen. Sehr wichtig ist es weiterhin, dem Kind Forderungen zu begründen, anstatt einfach Gehorsam zu verlangen. Außerdem sollte ihm die Möglichkeit gegeben werden, auch seine Eltern zu kritisieren.

Die elterliche Hilfe kann natürlich nicht von einem Tag auf den anderen abgebaut werden, da sonst die Gefahr besteht, dass das Kind tatsächlich scheitert. Außerdem kann sie auch nur dann mit Erfolg eingeschränkt werden, wenn das Kind zumeist in der Lage ist, mit seinen Aufgaben selbstständig zurechtzukommen. Liegen sehr große Lücken vor, die es daran hindern, so muss mit der Lehrerin bzw. dem Lehrer das weitere Vorgehen besprochen werden.

Eine Möglichkeit, die Hilfe schrittweise abzubauen, gestaltet sich wie folgt: Der betreuende Elternteil bespricht mit dem Kind die Aufgaben und sagt dann: »Du, ich sehe, du hast deine Aufgaben verstanden und kannst jetzt damit anfangen. Ich setze mich dort drüben an den Tisch und arbeite noch etwas. Nachher, wenn du so weit bist, kannst du mir deine Ergebnisse zeigen. Ich schaue sie mir dann gerne an.« Für Kinder, die bereits damit überfordert wären, können verschiedene Zwischenschritte eingebaut werden. So kann die Mutter oder der Vater mit dem Kind verabreden, bei der ersten Aufgabe noch dabei zu sein, oder es kann vereinbart werden, dass das Kind nach einer bestimmten Anzahl von gelösten Aufgaben und bei sehr großen Schwierigkeiten zum betreuenden Elternteil kommen darf (nicht umgekehrt!).

Auch in räumlicher Hinsicht kann mit Abstufungen gearbeitet werden, indem sich der betreuende Elternteil zuerst direkt neben das Kind und dann etwas weiter weg setzt, um schließlich in einen Nebenraum zu gehen.

Zu erwähnen bleibt noch, dass jeder Fortschritt des Kindes – auch wenn er aus der Sicht eines Erwachsenen klein erscheint – ein Lob verdient. Und es darf auch nicht übersehen werden, dass das Kind, das nun auf die elterliche Zuwendung bei den Hausaufgaben verzichtet, diese zu einem anderen Zeitpunkt in anderer Form benötigt.

Lukas verliert leicht die Übersicht

> »*Mein Sohn Lukas hat große Probleme mit den Hausaufgaben, seitdem er auf dem Gymnasium ist. Er kommt irgendwie nicht mit den vielen verschiedenen Fächern zurecht und weiß oft gar nicht, wo er wie anfangen soll. Manche Lehrer verlangen dann noch, dass die Kinder zu Hause regelmäßig mitlernen und sich selbstständig auf die Tests vorbereiten. Lukas ist da einfach überfordert. Er schafft das noch nicht. Ich merke das auch an seinen Noten. Von Eins bis Fünf ist da alles drin, je nachdem, ob er rechtzeitig für die Arbeit gelernt hat oder nicht. Ich weiß nicht, wie ich ihm da helfen soll. Zu viel einmischen möchte ich mich auf keinen Fall. Aber so kann es auch nicht weitergehen.*«
> (Herr M., Vater zweier Söhne)

Herr M. beschreibt eine Schwierigkeit, die sehr häufig nach dem Wechsel von der Grundschule auf eine weiterführende

Schule auftritt: Die Schüler verlieren die Übersicht über die vielen verschiedenen Hausaufgaben und sind überfordert, wenn sie sich eine langfristige Aufgabe selbstständig einteilen sollen.

Mögliche Ursachen

- Einige Lehrerinnen und Lehrer geben langfristige Hausaufgaben auf und verlangen von den Schülern, sich selbstständig auf Klassenarbeiten vorzubereiten, ohne ihnen gezielte Hilfen zu geben.
- Lukas ist noch an das Klassenlehrersystem und an die Arbeitsweise der Grundschule gewöhnt. Er erlebt die weiterführende Schule als unüberschaubar und fühlt sich überfordert.
- Lukas hat es noch nicht gelernt, vorausschauend zu planen und sich Aufgaben selbstständig einzuteilen.

Mögliche Hilfen

Zunächst einmal sollte von Lukas' Mitschülern bzw. deren Eltern erfragt werden, ob auch bei ihnen Lukas' Problem besteht. Ist dies der Fall, so ist es angebracht, die Lehrenden beispielsweise am Elternabend auf das Problem aufmerksam zu machen und sie um unterstützende Maßnahmen zu bitten. Ist dies nicht der Fall, so sollten Lukas und/oder seine Eltern die Klassenlehrerin oder den Klassenlehrer in Kenntnis setzen und mit ihr oder ihm über eine Lösung des Problems nachdenken.
Schüler, die wie Lukas leicht die Übersicht über die vielen verschiedenen Hausaufgaben verlieren, haben es zumeist noch nicht gelernt, ihre Arbeit zu planen und zu organisieren. Sie benötigen zuerst einen übersichtlichen Taschenkalender, in den sie alle Klassenarbeiten – am besten in einer auffälligen Farbe – sowie weitere Termine eintragen. Außerdem erscheint es zumindest in dieser schwierigen Zeit der Veränderung und Umstellung sinnvoll, noch weiterhin ein Hausaufgabenheft zu führen. Der Stundenplan am Arbeitsplatz schließlich ist unverzichtbar (siehe auch die Lerntipps auf Seite 74).

Eine große Hilfe ist für manche Schülerinnen und Schüler darüber hinaus das bewusste, systematische Planen der Hausaufgaben mit Hilfe eines Arbeitsplanes. Ein solcher Arbeitsplan macht in der Regel ab der fünften Klasse Sinn und kann z.B. zunächst einmal zwei Wochen lang erstellt werden.

Bei der Aufstellung eines Arbeitsplanes entscheidet das Kind zunächst, welche Hausaufgaben es bis zum nächsten Tag erledigen muss und welche eventuell zu einem späteren Zeitpunkt – sofern der Terminkalender grünes Licht gibt – angefertigt werden können. Dann wird überprüft, ob in die Aufgabenplanung dieses Mal auch die Vorbereitung einer Klassenarbeit einbezogen werden muss. Sobald geklärt ist, welche Aufgaben an diesem Tag angefertigt werden müssen und welche eventuell noch gemacht werden können, wird ihre Reihenfolge bestimmt. Diese wird dann – eventuell zusammen mit Zeiteinschätzungen und Pausen – schriftlich festgehalten:

Fach	Aufgabe	nötige Zeit	Uhrzeit
Deutsch	Diktatverbesserung	15 Min.	ab 14:30
Biologie	Text lesen (S. 49)	10 Min.	ab 14:45
Pause	mit dem Hamster spielen	5 Min.	ab 14:55
Mathematik	Buch S. 23, Nr. 1-5	30 Min.	ab 15:00
Pause	ein Glas Saft trinken	5 Min.	ab 15:30
Englisch	Vokabeln lernen	10 Min.	ab 15:35
evtl. Erdkunde	Querschnitt zeichnen	15 Min.	ab 15:45

Wichtig ist, dass das Kind jedes Mal überprüft, ob es den Plan einhalten konnte bzw. warum es ihm nicht möglich war. Dies kann ihm helfen, seine Planung und sein Arbeitsverhalten systematisch und entscheidend zu verbessern.

Christian kann sich nicht konzentrieren

»Wie Christian – er ist jetzt in der vierten Klasse – nachmittags vor seinen Hausaufgaben sitzt, das ist für mich einfach unfassbar. Da schreibt er einen Satz, dann träumt er, schaut aus dem Fenster, singt vor sich hin oder kritzelt auf seinem Block herum. Dann schreibt er wieder einen Satz, spielt mit seinem Meerschweinchen, fängt an, Klarinette zu spielen, und kommt ständig in die Küche, um sich etwas zu trinken zu holen. Er kann sich einfach überhaupt nicht konzentrieren. Das ist ihm unmöglich. Aber dann, wenn er mit seinen Legos spielt oder mit Fischer-Technik, kann er drei Stunden bei der Sache bleiben und kriegt nicht einmal Hunger oder Durst!«
(Frau R., Mutter eines Sohnes)

Konzentrationsschwierigkeiten, wie sie Frau R. schildert, sind sehr vielen Eltern von Schulkindern bekannt. Dabei sind viele Kinder genau wie Christian nicht generell konzentrationsschwach, sondern zeigen nur in bestimmten Situationen und bei bestimmten Tätigkeiten Konzentrationsstörungen. Somit ist die Feststellung »Er kann sich nicht konzentrieren« eigentlich nicht richtig bzw. bedarf einer genaueren Beschreibung.

Konzentration meint einen Zustand hoher, willentlich herbeigeführter Aufmerksamkeit, welche sich auf einen bestimmten »Gegenstand« richtet. Konzentrationsfähigkeit im Hinblick auf Hausaufgaben bedeutet somit die Fähigkeit, einer Hausaufgabe willentlich volle Aufmerksamkeit zukommen zu lassen. Ist ein Schüler nicht willens, seinen Aufgaben ungeteilte Aufmerksamkeit zu schenken, so zeigt sich dies zum Beispiel darin, dass er leicht ablenkbar und auch nicht sehr ausdauernd ist, mengenmäßig wenig leistet oder fehlerhaft arbeitet und es große Schwankungen in seinem Leistungsverhalten gibt. Wichtig zu wissen ist, dass es sich bei einer Konzentrationsstörung nicht um eine Art Krankheit handelt, die sich in bestimmten Symptomen wie Ablenkbarkeit äußert. Der Begriff »Konzentrationsstörung« fasst vielmehr eine ganze Reihe von Symptomen zusammen, deren Ursachen es herauszufinden gilt. Anders verhält es sich dagegen bei Kindern mit einer Aufmerksamkeitsdefizit-Störung (ADS), auf deren Problematik im 7. Kapitel gesondert eingegangen wird (siehe Seite 223 ff.).

Mögliche Ursachen

- Bei Christian liegt eine dauerhafte, momentane oder zeitweilig auftretende körperliche Beeinträchtigung vor. So ist er vielleicht gerade besonders viel gewachsen, oder er leidet an Kreislaufstörungen, an Störungen in der Blutzuckerregulation, an einer chronischen Erkrankung oder stark ausgeprägter Wetterfühligkeit. Bei Schülern in der Vorpubertät und Pubertät kommt es auch häufig zu entwicklungsbedingten Konzentrationsschwierigkeiten. Körperliche Faktoren sind jedoch

nur äußerst selten die alleinigen Ursachen einer Konzentrationsstörung.
- Christian fehlen aufgrund eines ungünstigen Tagesablaufs die nötigen Energien, um seine Aufmerksamkeit über längere Zeit hinweg bewusst auf die Aufgaben richten zu können. So mangelt es ihm vielleicht an Schlaf, oder er macht die Hausaufgaben gerade dann, wenn seine im Tageslauf schwankende Leistungsfähigkeit auf ihren Tiefpunkt abgesunken ist (siehe S. 57 ff.).
- Christian arbeitet an einem ungünstigen Arbeitsplatz, an dem er vielerlei Störungen und Ablenkungen ausgesetzt ist. Außerdem ist der Arbeitsplatz so unbequem für ihn, dass sich seine Rücken- und Nackenmuskeln schon nach kurzer Zeit verkrampfen und er deshalb ständig nach Bewegungsmöglichkeiten sucht.
- Christians Ernährung ist einseitig und unregelmäßig, und so sitzt er das eine Mal mit zu vollem und das andere Mal mit gänzlich leerem Magen vor seinen Aufgaben. Außerdem gehören zu Christians Speisezettel auch koffeinhaltige Getränke wie Cola, die unruhiges und nervöses Verhalten mitverursachen bzw. verstärken können.
- Die Hausaufgaben fordern Christians Leistungsbereitschaft nicht heraus, da sie ihm zu einfach oder zu langweilig erscheinen oder Christian eine Abneigung gegen das Fach, den Lehrer oder die gesamte Schule hegt. Ausgesprochen viele vermeintliche Konzentrationsprobleme sind in Wirklichkeit Motivationsprobleme! Viele Kinder, die sich bei den Hausaufgaben ablenken lassen, können sich selbst gewählten Tätigkeiten oft lange Zeit ohne Unterbrechung hingeben.
- Bei Christian liegen besondere Lernschwierigkeiten vor, zum Beispiel Lese-Rechtschreib-Schwierigkeiten. Sein unruhiges Verhalten und seine vermeintlichen Flüchtigkeitsfehler, die die Mutter als »Unkonzentriertheit« erlebt, rühren in Wirklichkeit von diesen Lernschwierigkeiten her.
- Christian erlebt die Hausaufgaben aufgrund seines Bildes von sich selbst als zu schwierig oder zu umfangreich. Er fühlt sich überfordert und wagt sich nicht richtig an die Aufgaben heran.

- Die Hausaufgaben überfordern Christian tatsächlich. Er ist nicht in der Lage, sie zu bewältigen.
- Christian ist ein fantasievoll-träumerischer Junge, der beispielsweise den Klang und die Bedeutung von Wörtern viel wichtiger nimmt als ihre Schreibweise. So lösen manche Aufgaben bei ihm leicht Tagträume aus.
- Christians Energie ist zurzeit fast ausnahmslos auf andere Dinge gerichtet, so zum Beispiel auf die veränderte Situation nach einem Wohnortwechsel, auf die Scheidung der Eltern und die damit verbundene Trennung von einem Elternteil, auf die schwere Krankheit, Behinderung oder den Tod eines nahe stehenden Menschen oder ganz einfach auf die Reibereien mit dem besten Freund.
- Christian sieht zu viel fern und kann die auf ihn einstürmenden Eindrücke nicht alle verarbeiten.
- Christian spielt vor den Hausaufgaben am Computer Spiele, die seine Konzentration so stark herausfordern, dass er sich in einer ungeeigneten Verfassung an die Hausaufgaben setzt.
- In seiner frühen Kindheit hat Christian es nicht gelernt, sich ausdauernd und lustvoll mit einer einzigen Sache zu beschäftigen. Zu viel und zu perfektes Spielzeug oder zu viel Fernsehen hinderten ihn daran. Auch kann es sein, dass ihm seine Eltern beim Spielen aus großer Liebe und Sorge alle Hindernisse vorschnell aus dem Weg räumten und ihn keine Schwierigkeiten eigenständig überwinden ließen.
- Christian wird auf eine sehr strenge und Angst auslösende Weise erzogen. Die dadurch entstehenden seelischen Belastungen erfordern so viel Kraftaufwand, dass er sich nur schwer konzentrieren kann.
- Christians Mutter nimmt schulische Leistungen übermäßig wichtig und setzt ihren Sohn einem solchen Erwartungsdruck aus, dass sich dieser nicht mit der nötigen Ruhe und Gelassenheit an seine Aufgaben wagen kann.
- Christians Eltern sind selbst unruhig, hektisch und immer nur mit einem halben Ohr bei der Sache, sodass sie ein ungünstiges Vorbild darstellen.

Überblick: Wie sich die Konzentrationsfähigkeit entwickeln kann

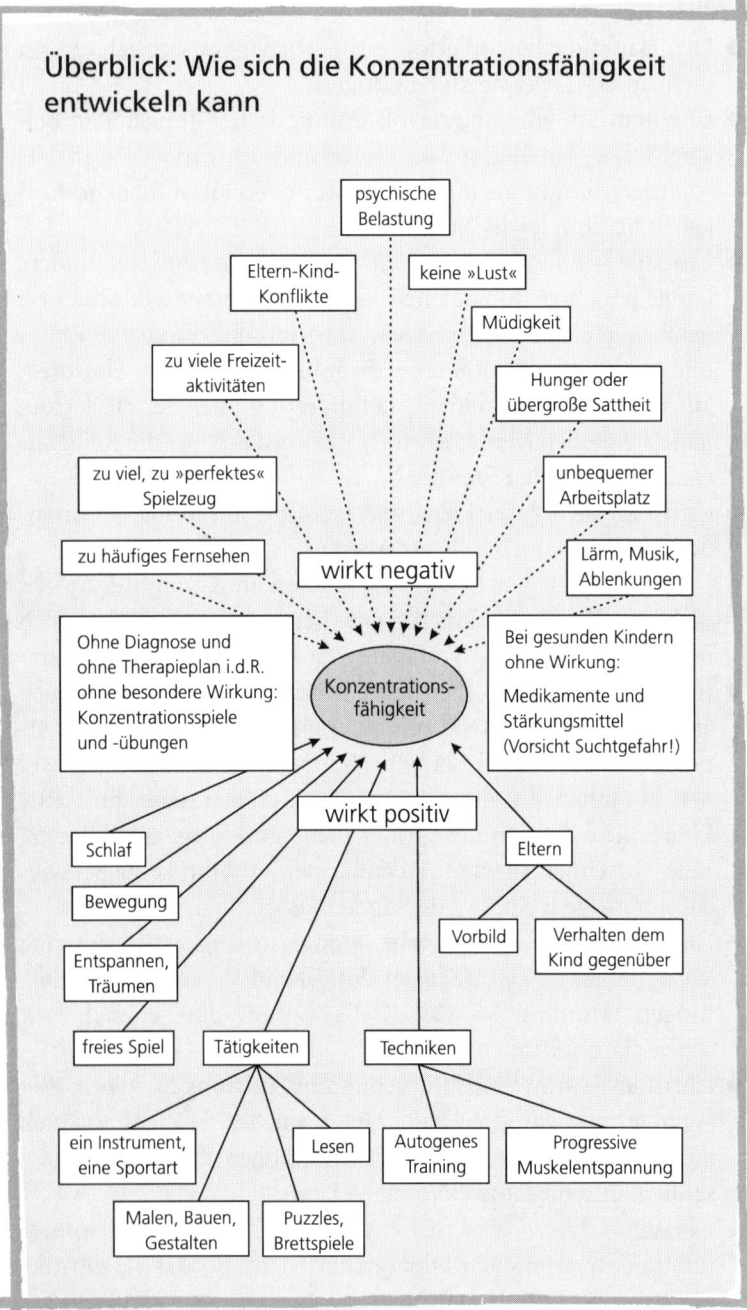

- Christian geht so vielen Freizeitaktivitäten nach, dass er von einem Termin zum andern hetzt, ohne wirklich zur Ruhe kommen zu können.
- Familie R. unternimmt am Wochenende häufig Ausflüge, die im Wesentlichen aus langen Autofahrten bestehen und bei denen von vornherein jede freie Minute verplant ist. So bringt auch das Wochenende weder den dringend benötigten körperlichen Ausgleich noch ermöglicht es selbstvergessene Muße.
- Frau R. wird immer dann auf ihren Sohn aufmerksam, wenn dieser gerade nicht an seinen Aufgaben arbeitet. Christian kennt diesen Zusammenhang und bestimmt so durch sein Verhalten, wie viel Beachtung und Zuwendung ihm zuteil wird.
- Das Verhältnis zwischen Christian und seiner Mutter ist nicht ganz ungetrübt. So ärgert Christian seine Mutter immer wieder durch sein unkonzentriert erscheinendes Verhalten, weil er weiß, wie sehr seine Mutter sich daran stört.
- In Wirklichkeit bestehen bei Christian gar keine besonderen Konzentrationsprobleme. Seine Mutter begeht lediglich den Fehler, sein Träumen und sein Weglaufen vom Arbeitsplatz sofort zu bemerken und sein aufmerksames Arbeiten nicht so sehr zu beachten. Zu dieser Unterschätzung seiner Konzentrationsfähigkeit kommt noch hinzu, dass Frau R. die altersbedingte Konzentrationsfähigkeit überschätzt (siehe S. 65).

Mögliche Hilfen

Es ist schwierig, für ein so vielschichtiges und zumeist durch ein ganzes Geflecht von Ursachen bedingtes Problem, wie es eine Konzentrationsstörung darstellt, Hilfen und Tipps zu geben. Leichter ist es da, zu sagen, welche Maßnahmen zu keiner Besserung führen. So dürfte jedes Herumkurieren an den Symptomen ebenso zwecklos sein wie die Aufforderung: »Jetzt konzentrier dich doch endlich mal!« Aus diesem Grund wurden in dieses Buch auch keine Vorschläge für Konzentrationsübungen oder Hinweise auf im Handel erhältliche Konzentrationsprogramme aufgenommen. Sicher: So genannte Konzentrationsübungen, wie zum Beispiel das Nachfahren von Linien oder das Durchstreichen von Buchstaben, schaden einem Kind nicht, wenn es diese gern macht. Doch ob sie – zumal als kurzfristige Einzelmaßnahme – tatsächlich helfen, bleibt dahingestellt. Denn zum einen müssten solche Übungen ganz individuell auf die besonderen Schwierigkeiten eines jeden Kindes abgestimmt sein und auch unter fachkundiger Anleitung durchgeführt werden, damit sich keine falschen oder ungünstigen Arbeitstechniken einschleifen können; und zum andern stellen sie für Kinder, die Schwierigkeiten mit den Hausaufgaben haben und viel Zeit für sie benötigen, noch eine zusätzliche Belastung dar. Somit ist es gut möglich, dass sie nicht zu einer Verbesserung der Konzentrationsfähigkeit, sondern vielmehr zu einer völligen Ablehnung all dessen, was mit Papier und Bleistift zu tun hat, beitragen.

Die sicher erfolgversprechendste – genauer gesagt: die einzig richtige – Möglichkeit, um Konzentrationsstörungen abzubauen, besteht darin, die Ursachen aufzuspüren und so weit als möglich zu beseitigen. Dass dies ein langer Weg sein kann, soll hier keinesfalls bestritten werden. Schließlich kann ein Problem, das über Jahre hinweg aus vielen Gründen entstanden ist, nicht von heute auf morgen mithilfe einer einzigen Maßnahme beseitigt werden.

Eltern, die ihr Kind zusätzlich fördern möchten, können ihm beispielsweise vorlesen oder können ihm das Erlernen eines (!) Musikinstruments oder einer (!) konzentrationsfordernden bzw. -fördernden Sportart vorschlagen. Sinnvoll ist es auch, eine kleine (!) Auswahl konzentrationsfördernder Spiele anzubieten. Dazu gehören beispielsweise die klassischen Brettspiele (Mühle, Dame, Halma, Schach u.a.), Puzzles, Konstruktionsspiele (Lego, Constri, Fischer-Technik u.a.) oder Modellbaukästen. Bei all diesen Fördermaßnahmen sind jedoch Vorsicht und Umsicht geboten. Erlebt das Kind Spiel, Sport und Musik nur noch unter dem Zweck der Konzentrations- und Lernförderung, so verliert es bald jede Lust daran. Ein Kind soll ein Spiel immer um des Spielens willen spielen dürfen und nicht, um seine Konzentrationsfähigkeit oder irgendetwas anderes zu schulen.

Sowohl therapeutisch als auch vorbeugend wirksam und empfehlenswert sind schließlich das Autogene Training, die Progressive Muskelentspannung und Yoga. Allerdings darf auch hier nicht davon ausgegangen werden, dass durch das Erlernen der genannten Entspannungstechniken allein eine spürbare Besserung eintritt.

Autogenes Training (Methode der Selbstentspannung)	Progressive Muskelentspannung (PME) (Muskelentspannungstraining)
• Es wird eine geistige und körperliche Entspannung erreicht, indem man sich verschiedene Formeln lautlos vorspricht, wie z. B. »Ich bin ruhig und gelassen …«. • nur unter Anleitung eines hoch qualifizierten Trainers erlernbar • schwieriger zu erlernen • ab 8 Jahren	• Es wird eine geistige und körperliche Entspannung erreicht, indem man einzelne Muskelgruppen nach und nach anspannt, um danach die Entspannung zu fühlen. • nur unter Anleitung eines qualifizierten Trainers erlernbar • leichter zu erlernen • ab 8 Jahren, eventuell auch früher
Beide Entspannungstechniken können zu mehr Ruhe und innerer Gelassenheit beitragen, nervöse Beschwerden und Kopfschmerzen lindern sowie die Konzentrationsfähigkeit fördern. Unmittelbar vor den Hausaufgaben angewendet, können sie auch auf geistiges Arbeiten »einstimmen« und so den oft schwierigen Anfang erleichtern. Wirklich einen Sinn haben diese Entspannungsverfahren aber nur dann, wenn gleichzeitig die Ursachen der Unruhe und der Konzentrationsstörungen behoben bzw. abgebaut werden. Sowohl das Autogene Training als auch die Progressive Muskelentspannung können an verschiedenen Einrichtungen erlernt werden (zum Beispiel an Volkshochschulen, in Beratungsstellen oder Therapieeinrichtungen). Falls Sie selbst keine geeignete Einrichtung kennen, so können Sie sich mit der Bitte um Information an das zuständige Gesundheitsamt oder an einen Kinderarzt wenden.	

Manchen Kindern, die noch kein Zeitgefühl entwickelt haben und sich ihrer Gedankensprünge und Träumereien bei den Schularbeiten gar nicht bewusst sind, kann eine Uhr am Arbeitsplatz helfen. An ihr können sie ohne Ermahnungen von außen ablesen, welchen Teil ihrer vermeintlichen Arbeitszeit sie in Wirklichkeit träumend verbringen. Auch können sie angeregt werden, sich einmal selbst eine bestimmte Zeitspanne konzentrierten Arbeitens vorzunehmen, um auf diese Weise festzustellen, wie viel sie bei entsprechendem Arbeitsverhalten in einer so kurzen Zeit bewältigen können. Oder sie können sich überlegen, wie viel Zeit sie wohl für eine bestimmte Aufgabe benötigen werden, und können diese dann mit der tatsächlich benötigten Zeit vergleichen. Eine Uhr hat aber nur dann einen Sinn, wenn sich das Kind davon nicht unter Druck gesetzt fühlt und es die Aufgaben tatsächlich bewältigen kann.

Sophie braucht oft mehr als zwei Stunden

»*Sophie ist jetzt in der vierten Klasse. Sie braucht unheimlich lange für ihre Hausaufgaben. Zwei Stunden reichen da meistens nicht aus, manchmal nicht einmal drei. Dabei weiß ich gar nicht, ob sie nicht schneller kann oder nicht schneller will. Wenn ich zu ihr sage, sie solle sich beeilen, dann nützt das überhaupt nichts. Und wenn ich lauter werde, dann geht gleich gar nichts mehr. Dabei wäre ich schon froh, die Hausaufgaben würden sich nicht immer in den Abend hineinziehen.*«
(Frau S., Mutter einer Tochter)

Das von Frau S. geschilderte Problem, dass ihre Tochter Sophie außerordentlich viel Zeit zur Anfertigung ihrer Hausaufgaben benötigt, weist einige Überschneidungen mit dem vorigen Problemkreis der Konzentrationsstörungen auf. Denn Konzentrationsstörungen bewirken ja zumeist, dass ein Schüler mehr Zeit als eigentlich nötig für seine Hausaufgaben braucht. Dennoch sind Konzentrationsschwierigkeiten nur als eine der vielen möglichen Ursachen von Sophies Problem zu sehen.

Mögliche Ursachen

- Die Lehrerinnen und Lehrer geben zu viele Hausaufgaben auf.
- Die Lehrerinnen und Lehrer stellen sehr schwierige Hausaufgaben, ohne die zur Lösung erforderlichen Hinweise zu geben.
- Sophie ist während des Unterrichts und/oder beim Erklären der Hausaufgaben unaufmerksam, sodass sie zu Hause erst mühsam herausfinden muss, was sie eigentlich aufhat.
- Sophie fehlen wichtige Kenntnisse und/oder Lerntechniken, um die Aufgaben rasch bewältigen zu können.
- Bei Sophie bestehen Lese-Rechtschreib-Schwierigkeiten, sodass sie für alle mit Schreiben verbundenen Aufgaben besonders viel Zeit benötigt.
- Sophie arbeitet generell ziemlich langsam.
- Sophie stellt sehr hohe Ansprüche an sich selbst und möchte ihre Aufgaben besonders gut machen.
- Sophie hat Konzentrationsschwierigkeiten und lässt sich sehr leicht ablenken, sodass sie von den geschilderten zwei Stunden maximal eine Stunde tatsächlich arbeitet.
- Für Sophie gibt es keinen Grund, sich mit den Hausaufgaben zu beeilen, da kein attraktives Freizeitangebot auf sie wartet.
- Sophie möchte nicht so früh mit den Hausaufgaben fertig sein, weil sie dann noch verschiedene Hausarbeiten und Besorgungen erledigen muss.
- Sophie weiß, wie sehr ihre Mutter es schätzt, wenn sie viel für die Schule tut, und will deshalb den Eindruck einer besonders fleißigen Schülerin erwecken.
- Sophie weiß, wie sehr es ihre Mutter ärgert, wenn sie lange für die Hausaufgaben braucht. Sie greift deshalb hin und wieder auf diese Möglichkeit zurück, um sich beispielsweise für ungerechtfertigte Forderungen zu revanchieren.

- Sophie fühlt sich zu wenig beachtet und erkämpft sich durch ihr Trödeln Beachtung und Aufmerksamkeit.
- Sophie kann damit rechnen, dass ihr die Mutter bei den Aufgaben hilft, wenn sie nach ein bis eineinhalb Stunden noch immer nicht fertig ist.

Mögliche Hilfen

Viele Kinder trödeln, um ihre Eltern an sich zu binden oder auch um sie zu ärgern, und haben damit regelmäßig Erfolg. Die Eltern, zumeist die Mütter, nehmen sich für die Hausaufgabenzeit ihres Kindes oft nichts anderes vor und sind dann zunehmend aufgebracht, wenn ihr Kind diese Zeit mehr und mehr ausdehnt. Die Mütter schwanken zwischen Helfen und Schimpfen und staunen immer wieder, wie ihr Kind vor einer nachmittäglichen Geburtstagseinladung in wenigen Minuten mit den Aufgaben fertig sein kann. Ein Ausweg aus dieser vertrackten Situation kann darin bestehen, dass man bei diesem täglichen »Spiel« nicht mehr mitmacht. So ist es möglich, sich für die Hausaufgabenzeit des Kindes doch eigene Aktivitäten vorzunehmen. Entscheidend ist es aber, auf das Trödeln des Kindes einige Wochen lang konsequent nicht mehr zu reagieren, höchstens einmal (und nur einmal) festzustellen, dass bei dieser Arbeitsweise wenig Zeit für das Spielen bleibt und das Kind sich somit selbst schadet. Reagiert der betreuende Elternteil nicht mehr auf das Trödeln, hat das Kind auch keinen Grund mehr dazu. Gut ist es dabei, wenn die Eltern ihrem Kind ihre zukünftige Verhaltensweise erklären und begründen (»Wenn du bei den Hausaufgaben trödelst, dann kannst du am Nachmittag kaum noch spielen. Und ich ärgere mich, wenn sich die Hausaufgaben bis in den Abend hinein ziehen. Ich bin der Meinung, dass dies nicht gut ist, weder für dich noch für mich. Deshalb habe ich mir Folgendes überlegt: ...«). In besonderen Fällen kann dem Kind auch noch gesagt werden, dass es zum Beispiel eine halbe Stunde um Hilfe fragen kann und danach alleine arbeiten muss. Auch hier gilt natürlich, dass das Kind, das nun auf die Zuwendung der Mutter oder des Vaters verzichten muss, diese Zuwendung und Aufmerksamkeit an anderer Stelle benötigt. Schließlich hat das Kind einen Grund, warum es so um die Zuwendung seiner Eltern kämpft. Und ganz offensichtlich übersteigt sein Bedürfnis nach elterlicher Aufmerksamkeit das Maß, das ihm derzeit »freiwillig« gewährt wird. Kinder, die ihre Eltern lieber schimpfend als gar nicht neben sich haben, drücken oftmals ein großes Bedürfnis nach Nähe und Zuwendung aus.

Anderen Kindern, die ebenfalls grundsätzlich in der Lage sind, ihre Hausaufgaben in angemessener Zeit zu bewältigen, kann dagegen schon geholfen werden, indem ihnen ein Anreiz geboten wird, um zügiger zu arbeiten. So können Eltern beispielsweise sagen: »Ich werde gegen 16 Uhr Tee trinken. Wenn du bis dahin mit deinen Aufgaben fertig bist, können wir das gerne gemeinsam tun.« – »Wenn du bis um halb fünf die Hausaufgaben gemacht hast, lohnt es sich noch, auf den Abenteuerspielplatz zu gehen.« Bei jüngeren Kindern müssen die Ziele oftmals kürzer gesteckt werden: »Wenn du die beiden Aufgaben gelöst hast, darfst du zu mir kommen und mir die Ergebnisse zeigen.«

Nicht wenige Eltern scheuen sich aus guten Gründen davor, ihrem Kind für zügiges Arbeiten eine Belohnung zu versprechen. Einige halten rasches Arbeiten für nicht belohnenswert, sondern für selbstverständlich, und andere haben Angst, ihr Kind richte sein Verhalten in Zukunft nur noch nach Belohnungen aus. Sie befürchten zu Recht, sie könnten es in eine Abhängigkeit hineinführen und Konsumdenken verstärken (vgl. S. 125).

Doch wenn die Belohnungen vorsichtig, d.h. zunächst regelmäßig, dann aber immer seltener eingesetzt werden und es sich dabei nicht um Bonbons oder gar Geld handelt, sind diese Bedenken meist unnötig. Schließlich sollen die Belohnungen ein Verhalten verstärken, das in erster Linie dem Kind selbst – und nicht seinen Eltern – dient (vgl. S. 126). Und schon bald erübrigen sich die Verstärkungen für zügiges Arbeiten auch, da dem Kind seine veränderte Arbeitsweise selbst Belohnungen verschafft und es voller Freude merkt: »Ich kann das. Ich bin früher fertig. Ich habe mehr Zeit zum Spielen.«

Julia schreibt so unordentlich

»*Ich habe manchmal das Gefühl, um die Schrift der Kinder kümmert sich in der Schule niemand. Dabei ist eine gute Handschrift doch später einmal wichtig, vor allem im Berufsleben. Meine Tochter Julia, die jetzt im dritten Schuljahr ist, schreibt manchmal einfach unmöglich und ein Lineal zum Unterstreichen kennt sie auch nicht. Ich sage ihr dann immer, was ich davon halte und dass sie ihre Aufgaben so unmöglich abgeben kann. Und dann kommt sie immer wieder von der Schule nach Hause und sagt zu mir: ›Ach Papa, was hast du denn, schau mal, unter meinen Aufgaben steht wieder: gut gemacht!‹*«
(Herr W., Vater einer Tochter)

Herr W. beschreibt den häufig genannten Konflikt, der sich an der Handschrift und der Heftführung der Kinder entzündet.

Mögliche Ursachen

- Die Lehrerin legt keinen Wert auf ordentliche Heftführung und ist mit ihrem eigenen Tafelbild wenig vorbildhaft.
- Julia hat zumeist viele Hausaufgaben auf und schreibt sehr schnell, um doch noch spielen gehen zu können.
- Bei Julia besteht eine Sehschwäche, sodass es ihr kaum möglich ist, sauber zu schreiben.
- Eine ungenügend entwickelte Feinmotorik hindert Julia an einem flüssigen und gleichmäßigen Schreiben.
- Julia arbeitet an einem ungünstigen oder unbequemen Arbeitsplatz, der sauberes Schreiben erschwert.
- Julia arbeitet mit ungeeigneten Schreibgeräten – zum Beispiel mit einem zu schweren Füller oder einem zu kurzen Bleistift – und benutzt auch kein Löschblatt.
- Julia hält ihren Stift nicht richtig.

- Julias Schreiblernprozess wurde von der Lehrerin im ersten Schuljahr nicht ausreichend angeleitet und unterstützt (siehe »Grundlagen: Wie Kinder flüssiges Schreiben lernen können«).
- Aufgrund belastender familiärer Ereignisse ist Julia innerlich so aus dem Gleichgewicht, dass alles, was sie macht, auch aus dem Gleichgewicht ist.
- Da ihre Eltern selbst nur wenig Sinn für Ordnung haben, konnte Julia bisher noch keine ausreichenden Ordnungsvorstellungen entwickeln.
- Herr W. macht die übertriebenen Ordnungsvorstellungen seiner eigenen Schulvergangenheit zum Maßstab für gegenwärtige Schulleistungen.
- Bei Herrn W. besteht insgesamt eine Überbetonung von Ordnung, Sauberkeit und Pünktlichkeit, sodass er an die Arbeitsweise der Tochter zu strenge Maßstäbe anlegt.
- Julia bestraft ihren extrem leistungsorientierten Vater mit einer unordentlichen Heftführung, weil sie weiß, wie sehr er sich daran stört.

Mögliche Hilfen

Eine auf Dauer sicherlich ungeeignete Maßnahme, ein Kind zu sauberem Arbeiten zu bewegen, ist der Auftrag, Unsauberes noch einmal zu schreiben. Das Kind hat schließlich seine Gründe, warum es gerade so arbeitet, und diese ändern sich durch ein nochmaliges Schreiben sicher nicht. Deshalb wird eine solche Maßnahme eher die Abneigung gegen die Hausaufgaben verstärken und die Beziehung zu den Eltern belasten, anstatt zu einer guten Handschrift hinzuführen.

Eltern sollten vor allem bedenken, dass der Maßstab für schulische Leistungen immer von der Lehrerin oder dem Lehrer gesetzt wird und dass Kinder in schulischen Dingen zumeist auch nur diesen Maßstab akzeptieren. Sind Eltern mit den Ordnungsvorstellungen einer Lehrkraft nicht einverstanden, so sollten sie unbedingt mit dieser direkt Kontakt aufnehmen und ihr ihre Bedenken und Sorgen schildern. Ein Einwirken auf das

Kind hingegen erscheint ebenso zwecklos wie aufreibend, da der Konflikt im Grunde nicht zwischen Eltern und Kind, sondern vielmehr zwischen Eltern und Lehrkraft besteht.

Zeigt sich im Gespräch mit dem Lehrenden, dass die Arbeitsweise des Kindes auch seiner Meinung nach in keiner Weise den Anforderungen genügt, so sollten Eltern und Lehrerin oder Lehrer gemeinsam mit dem Kind darüber nachdenken, wie sich Handschrift und Heftführung verbessern lassen. Liegen körperliche Beeinträchtigungen vor, so sind die Anforderungen zunächst einmal herabzusetzen und entsprechende Fördermaßnahmen zu ergreifen.

Eltern, die ihr Kind zu einem sauberen und ansprechenden Schreiben und Gestalten hinführen wollen, tun dies am besten, indem sie sich vorbildlich verhalten, also leserlich schreiben, übersichtlich gestalten und auch Freude an sorgfältig Gearbeitetem zeigen. Nicht zuletzt ist es für Kinder wie für Eltern schöner und erfreulicher, wenn Eltern versuchen, gelungene Ergebnisse zu loben und weniger gelungene zu ignorieren, anstatt den umgekehrten Weg zu beschreiten.

> **Grundlagen: Wie Kinder flüssiges Schreiben lernen können**
>
> Zu einem guten Schreiblernprozess gehört es nicht nur, zu lernen, wie man die einzelnen Buchstaben des Alphabets korrekt wiedergibt. Es gehört auch dazu, den Weg zu einem flüssigen Schreiben und damit zu einem regelmäßigen Schriftbild zu finden. Dieser Weg kann aber nur dann eingeschlagen werden, wenn von Anfang an auf den richtigen Bewegungsablauf bei jedem einzelnen Buchstaben geachtet wird.
>
> Beispiel: richtiger Bewegungsablauf   T O
>
>   falscher Bewegungsablauf   T O

Praktisch alle Kinder lernen im ersten Schuljahr bei der Einführung eines Buchstabens zunächst den richtigen Bewegungsablauf. Viele von ihnen suchen sich dann aber eigene Schreibvarianten, die ihnen im Moment mehr entgegenkommen. Werden diese nicht korrigiert, gewöhnen die Kinder sich die falschen Abläufe an. Das Ergebnis ist dann häufig ein unregelmäßiges, nicht flüssig erscheinendes Schriftbild mit »tanzenden« Buchstaben oder wechselnden Schreibrichtungen.

Richtige Bewegungsabläufe bei Buchstaben und Zahlen:

A a B b C c D d
E e F f G g H h
I i J j K k L l
M m N n O o P p
Qu qu R r S s T t
U u V v W w X x
Y y Z z
1 2 3 4 5 6 7 8 9 0

Zeigen sich bei Kindern im Grundschulalter falsche Bewegungsabläufe beim Schreiben, so lässt sich diesen mit entsprechenden Übungen oft noch gut entgegenwirken. Schließlich merken die Kinder zumeist selbst recht schnell, dass das Schreiben mit richtigen Bewegungsabläufen auf Dauer leichter ist und auch bessere Ergebnisse bewirkt. Je älter die Kinder sind und je länger sie schon schreiben, desto schwerer kann allerdings das Umgewöhnen werden. Für Eltern von Schulanfängern gilt deshalb die Empfehlung, von Anfang an nachzuprüfen, ob dem Kind die Anleitung und Unterstützung der Erstklasslehrerin beim Schreibenlernen ausreichen.

Beispiel:

Schrift eines Schülers mit ungünstig verlaufenem
Schreiblernprozess am Anfang des vierten Schuljahres:

*[Handschriftprobe: Straße, Streit, Burg, Film, Zeit, Petra
verstocken, ringen, lustig, boset]*

Schrift desselben Schülers nach etwa fünf Wochen Training
(Umgewöhnen auf korrekte Bewegungsabläufe, ca. 1 Stunde
Übungszeit pro Woche):

*[Handschriftprobe: Neuheit, Krankheit, Papier, Land, Teller
flatterte, spielen, sieht, nehmen, rund]*

Schrift desselben Schülers nach insgesamt zehn Wochen
Training:

*[Handschriftprobe: Stunde, Schwester, Beispiel, Pfiff, Sieger
hatten, wurde, lernen, ordentlich]*

Sehr wichtig für die Schrift und das Schreiben ist die Art und Weise, in der der Stift gehalten wird. Leider halten nicht alle Kinder ihren Stift beim Schreiben automatisch richtig. Manche gewöhnen sich erstaunliche und unzweckmäßige Schreibhaltungen an, die ihnen zumeist bis ins Erwachsenenalter bleiben. Ungeeignete Schreibhaltungen führen zu einer rascheren Ermüdung beim Schreiben und verhindern häufig ein ansprechendes Schriftbild. Wird der Füller benutzt, so sind oft mehrere Finger blau.

geeignete Schreibhaltung

Pfötchengriff, geeignet für kleine Kinder und für das Malen mit dicken Stiften oder Pinseln

ungeeignete Schreibhaltung

ungeeignete Schreibhaltung

Bemerken Eltern, dass sich ihr Kind eine ungünstige Schreibhaltung angewöhnt hat, so können sie versuchen, gemeinsam mit der Lehrerin das Kind dazu zu bewegen, sich umzugewöhnen. Am ehesten gelingen wird dies noch in der ersten Klasse. Ältere Schülerinnen und Schüler sind dagegen häufig nicht mehr bereit, eine Umgewöhnungszeit durchzustehen. Diese bedeutet nämlich für einige Tage oder Wochen ein verlangsamtes Schreiben und eine schmerzende Hand.

Übrigens: Linkshänder brauchen unbedingt einen speziellen Füller zum Schreiben und auch eine andere Schreibhaltung und Lage des Schreibpapiers als Rechtshänder. Auskunft hierzu können die Lehrerinnen und Lehrer erteilen.

Übrigens: »Schönschrift« wird heute in keinem Lehrplan und von keinem Personalchef mehr gefordert. Angestrebt wird hingegen eine gut lesbare, flüssige Schrift sowie eine übersichtliche Gestaltung schriftlicher Arbeiten.

Laura weint, wenn ihr die Aufgaben nicht gelingen

> *»Laura hatte sich so auf die Schule gefreut. Sie konnte es kaum erwarten, bis es endlich so weit war. Ihre Schwester Anna, die jetzt in die dritte Klasse geht, hatte ihr auch schon viel erzählt und ihr die Hefte und Bücher gezeigt. Und nun – Laura geht seit sechs Wochen zur Schule–, nun gibt es fast jeden Nachmittag dieselbe Szene: Laura macht ihre Schreibübungen, und noch bevor sie damit fertig ist, fängt sie an, zu weinen und zu schreien, und manchmal zerreißt sie sogar ihr Blatt. Sie steigert sich dann so in ihren Kummer und ihre Wut hinein, dass ich sie oft kaum beruhigen kann. Das geht nun schon seit sechs Wochen so und allmählich mache ich mir ernste Sorgen.«*
> (Frau N., Mutter von zwei Töchtern)

Frau N. berichtet von ihrer Tochter Laura, deren Unzufriedenheit mit dem eigenen Können sich fast täglich in Tränen oder gar in der Zerstörung der eigenen Werke ausdrückt.

Mögliche Ursachen

- Lauras Lehrerin stellt sehr hohe Anforderungen, sodass Laura sich nicht sicher ist, ob sie diesen genügen kann. Sie hat Angst vor Bloßstellung, Ermahnungen oder nochmaligem Schreiben.
- Die Lehrerin macht ihren Umgang mit den Schülerinnen und Schülern in einer fragwürdigen Weise von deren Leistungen abhängig, sodass Laura sich unter Druck gesetzt fühlt und Angst hat, nicht anerkannt und gemocht zu werden.

- Bei Laura bestehen geringfügige Störungen in der Motorik, sodass ihr ein flüssiges und sauberes Schreiben nur schwer möglich ist.
- Laura stellt in allen Bereichen sehr hohe Ansprüche an sich selbst. Sie ist verzweifelt darüber, dass sie diesen beim Schreiben nicht entsprechen kann.
- Laura hat es noch nicht gelernt, mit Kummer und Ärger in angemessener Weise umzugehen. Weinen, Schreien und Zerstören der eigenen Werke helfen ihr somit, sich von dem entstandenen inneren Druck zu befreien.
- Auch Lauras Eltern haben nur eine geringe Frustrationstoleranz und regen sich schnell auf, wenn ihnen etwas nicht gelingt. Sie geben für Laura ein ungünstiges Vorbild ab.
- Laura hat immer das Vorbild der älteren Schwester vor Augen, die eine hervorragende Schülerin ist. Es ist ihr dabei nicht bewusst, dass auch ihre Schwester einmal mühsam beginnen musste.
- Lauras Eltern nehmen die Schulleistungen ihrer Töchter sehr wichtig. Laura spürt den Erwartungsdruck und kann ihm nicht standhalten.

Mögliche Hilfen

Zuerst einmal sollten die Eltern Kontakt mit der Lehrerin aufnehmen, um festzustellen, ob bei ihrem Kind eine Störung bzw. ein Entwicklungsrückstand in der Feinmotorik besteht. Ist dies der Fall, so sind von der Lehrerin Fördermaßnahmen zu ergreifen und die üblichen Anforderungen für einige Zeit aus- bzw. herabzusetzen. Die Lehrerin und die Eltern sollten dann jeden Fortschritt loben und nicht immer auf die Leistungen der Mitschüler blicken – die das Kind ohnehin kennt. Außerdem sollten sie sein Selbstwertgefühl stärken, indem sie sein Können in anderen Bereichen betonen.

Entsprechen die Schreibleistungen hingegen den Anforderungen, ist zu klären, warum das Kind dennoch nicht mit ihnen zufrieden ist. Liegt es am Verhalten der Lehrerin, der Klasse, der

Eltern oder der Schwester? Liegt es daran, dass das Kind bisher in praktisch allen Bereichen hervorragende Leistungen erbrachte und nun mühsam – und mit behutsamer Unterstützung der Eltern – lernen muss, dass kein Mensch in allem gut oder gar hervorragend sein kann?

Die Lehrerin und die Eltern sollten dem Kind schließlich immer wieder zeigen, dass sie es unabhängig von seinen Leistungen anerkennen und mögen. Dabei sollten sie ihm auch eine Atmosphäre der Offenheit, Aufrichtigkeit und Angstfreiheit bieten, damit es seinen Kummer und seinen Ärger ehrlich zur Sprache bringen und zunehmend vernunftbestimmt bewältigen kann. Oftmals stecken hinter Selbstaggressionen oder der Zerstörung eigener Werke auch Wut und Ärger auf andere Personen – zum Beispiel auf die Lehrerin oder die Eltern –, gegen die die Wut jedoch nicht gerichtet werden kann oder darf.

Tim möchte Hilfe und arbeitet dann doch nicht

> »*Es ist immer wieder dasselbe. Mein Sohn Tim, der jetzt in die zweite Klasse geht, sitzt an seinen Hausaufgaben und ruft aus seinem Zimmer: ›Papa, hilf mir, ich weiß nicht mehr weiter!‹ Ich komme natürlich und helfe, doch schon nach kurzer Zeit merke ich, dass Tim mir gar nicht richtig zuhört. Manchmal fällt er mir sogar ins Wort und sagt: ›Weißt du, was mir heute Morgen passiert ist?‹ Oder er fragt: ›Gehst du mit mir am Sonntag auf den Fußballplatz?‹ Und da komme ich mir schon etwas komisch vor. Ich nehme mir Zeit für Tim und er hört mir gar nicht zu.*«
> (Herr T., Vater von zwei Kindern)

Herr T. erzählt von einem Problem, das vielen Eltern bekannt ist: Das Kind bittet um Hilfe, doch nach kurzer anfänglicher Aufmerksamkeit schweift es immer wieder mit seinen Gedanken ab und nimmt die angebotene Hilfe anscheinend gar nicht zur Kenntnis.

> Mögliche Ursachen

- Tim benötigt in Wirklichkeit keine Hilfe bei den Hausaufgaben, sondern er wünscht sich Zuwendung und Aufmerksamkeit.
- Herr T. nimmt sich nicht genug Zeit, um die Lernschwierigkeiten seines Sohnes zu erfassen, und gibt deshalb keine wirklich problembezogenen Hilfen.
- Die Lernhilfen überfordern Tim.
- Die Lernhilfen unterfordern Tim.
- Herr T. holt bei seinen Erklärungen sehr weit aus, sodass Tim, der sich noch mit seinen Freunden treffen will, ungeduldig wird bzw. mit den Gedanken abschweift.
- Herr T. lenkt Tims Gedankengänge immer wieder auf ganz andere Bereiche, indem er ihn beispielsweise nach Ort und Zeit des Schulausflugs fragt.
- Tim ist gedanklich noch mit einem besonderen Ereignis oder einer aktuellen Begebenheit beschäftigt, sodass es ihm schwer fällt, seine Aufmerksamkeit auf die Aufgaben und die Erklärungen des Vaters zu richten.
- Tim kann die Hilfe seines Vaters nicht annehmen, da dieser in einem unhöflichen und herabsetzenden Ton mit ihm redet.
- Tim bringt seinen Hausaufgaben nur wenig Interesse entgegen. Er ist nicht bereit, sich intensiv mit ihnen auseinander zu setzen.

> Mögliche Hilfen

Das hier geschilderte Problem kann manchmal schon dadurch vermieden werden, dass dem Kind die Möglichkeit geboten wird, vor dem Anfertigen der Hausaufgaben von den ungeheuerlichen Begebenheiten des Schulvormittags zu erzählen. Auch erscheint es wichtig, dass sich die Eltern um aufgabenbezogene und höflich formulierte Lernhilfen bemühen, wie sie in Kapitel 4 beschrieben sind.

Schweift das Kind dennoch mit den Gedanken von seinen Aufgaben ab, so kann sich der betreuende Elternteil fragen: Gelten die Gedanken meines Kindes einer in seinen Augen wichtigen Begebenheit, die unbedingt zur Sprache kommen muss, bevor an ein Weiterarbeiten überhaupt zu denken ist? Oder hat mein Kind nur keine richtige Lust zum Arbeiten und beschäftigt sich deshalb gedanklich lieber mit etwas anderem? Trifft Letzteres zu, so ist es möglich, das Kind ohne jeden Vorwurf auf die natürlichen Konsequenzen seines Verhaltens aufmerksam zu machen: »Ich kann dir nur bis um 18 Uhr helfen, denn dann kommt ein Arbeitskollege von mir.« – »Wenn du mit deinen Aufgaben nicht um 16 Uhr fertig bist, werden Tante Ina und Andreas ohne dich in die Bibliothek gehen.«

Wünscht sich das Kind dagegen Zuwendung und Aufmerksamkeit, so ist es oft sinnvoll, es erst einmal in den Arm zu nehmen und ihm dann eine gemeinsame Tätigkeit für die Zeit nach den Hausaufgaben vorzuschlagen. Keinesfalls sollte dem Wunsch nach Beachtung durch unnötige Hilfen bei den Hausaufgaben entsprochen werden. Viel besser ist es, mit dem Kind vor und nach den Hausaufgaben zu schmusen oder zu spielen und ihm klarzumachen, dass die Hausaufgaben Sache des Kindes und nicht der Eltern sind.

Maximilian macht seine Hausaufgaben nicht

»Maximilian ist jetzt in der achten Klasse. Er war früher wirklich ein gewissenhafter und eigentlich auch recht guter Schüler. Doch seit einiger Zeit habe ich das Gefühl, er strengt sich überhaupt nicht mehr an. Kaum ist er von der Schule nach Hause gekommen, geht er auch schon wieder. Oder er liegt stundenlang mit seinem Walkman in seinem Zimmer herum und hört sich etwas an, das er Musik nennt. Wenn ich ihn dann frage, ob er keine Hausaufgaben aufhat, schaut er mich an, fährt mit den Fingern durch seine blondierten Haare, die ich ja auch unmöglich finde, und sagt bloß: ›Ach, das mach ich nicht, das bringt's doch nicht.‹«
(Herr V., Vater von zwei Söhnen)

Herr V. berichtet davon, dass sein bisher gewissenhaft arbeitender Sohn seine Hausaufgaben zunehmend zugunsten anderer Aktivitäten vernachlässigt. Er steht dieser Veränderung ratlos gegenüber.

Mögliche Ursachen

- Die Hausaufgaben werden nicht kontrolliert.
- Nicht gemachte Hausaufgaben ziehen keine ernsthaften Konsequenzen nach sich.
- Die Hausaufgaben erscheinen so umfangreich, dass Maximilian den hohen Arbeitsaufwand scheut, oder sie sind von so geringem Umfang, dass Maximilian glaubt, sie noch in der Schule erledigen zu können.
- Die Hausaufgaben erscheinen Maximilian zu schwierig, um bewältigt zu werden, oder zu leicht, um den zeitlichen Aufwand rechtfertigen zu können.
- Die Aufgaben beinhalten keinerlei Anreiz, sodass Maximilian kein Interesse für sie aufbringen kann.
- Maximilian macht seine Hausaufgaben nicht, um so in der Schule aufzufallen und Aufmerksamkeit zu erregen.
- Maximilian kommt den ihm gestellten Aufgaben nicht nach, um von seinen Freunden, die dasselbe tun, anerkannt zu werden.
- Maximilian macht seine Hausaufgaben nicht, damit seine Eltern – notfalls über den Brief eines Lehrers – auf ihn aufmerksam werden und sich mehr um ihn kümmern.
- Maximilian fertigt keine Hausaufgaben an, weil er weiß, wie schlimm das für seine auf Schulleistungen fixierten Eltern ist.
- Maximilian akzeptiert in manchen Bereichen nicht mehr die Vorstellungen seiner Eltern und der Erwachsenen allgemein, sondern möchte eigene Vorstellungen entwickeln und erproben. Dies ist ein notwendiger Entwicklungsschritt in der für alle Beteiligten schwierigen Zeit der Pubertät.

Mögliche Hilfen

Verzichtet ein Lehrer auf Kontrolle und Auswertung der Hausaufgaben, so ist es den Schülerinnen und Schülern nicht zu verdenken, wenn sie ihrerseits auf die Anfertigung der Aufgaben verzichten. Wozu sollen sie attraktive Freizeitangebote zurückweisen und sich für etwas anstrengen, für das sich der Lehrer doch nicht interessiert? – Eltern werden in einem solchen Fall wenig Erfolg mit ihren Versuchen haben, auf ihr Kind einzuwirken oder es zu kontrollieren. Das Kind wird bald nach Möglichkeiten suchen, die elterliche Kontrolle zu umgehen, da sie ihm als ungerechtfertigte Einmischung erscheint. Für Eltern bleibt so nur die Möglichkeit, mit dem betreffenden Lehrer direkt Kontakt aufzunehmen, ihm die Bedenken zu schildern und gemeinsam nach einer Lösung zu suchen.

Oftmals sind nicht gemachte Hausaufgaben bei Schülerinnen und Schülern, die allmählich den Kinderschuhen entwachsen, auch in Zusammenhang mit anderen sich verändernden Verhaltensweisen zu sehen. Die Jugendlichen, die bisher den Anforderungen von Elternhaus und Schule mehr oder weniger selbstverständlich nachkamen, zeigen nun plötzlich Unabhängigkeitsbestrebungen, die sich in häufigem Kritisieren, Widersprechen und einer Ablehnung all dessen, was Erwachsenen lieb und teuer ist, äußern. Dazu gehört es auch, unsinnig erscheinende Hausaufgaben zu hinterfragen und gegebenenfalls abzulehnen und generell fleißiges Lernen und gute Noten zugunsten von Unternehmungen mit Gleichaltrigen zurückzustellen. Auch ist es aus entwicklungspsychologischer Sicht der Normalfall, dass Schule und Lernen zwischen dem 11. und 15. Lebensjahr an Attraktivität und Bedeutung einbüßen.

Nicht wenige Eltern stehen diesen Veränderungen rat- und fassungslos gegenüber. Sie versuchen dann oftmals, mit Drohungen, Strafen und Verboten zu arbeiten, und erzeugen dadurch nur noch mehr Ablehnung und Widerstand. Dabei brauchen sie sich eigentlich nur an ihre eigene Jugendzeit und ihre eigenen Pubertätsprobleme zu erinnern. Denn dann verstehen sie, dass ihre Töchter und Söhne gerade eine äußerst schwierige Zeit voller Unsicherheiten durchleben, die notwendig ist auf der Suche nach dem eigenen Selbst.

Eltern, die ihren Kindern in dieser schwierigen Zeit helfen wollen, versuchen, Kontrollen so weit wie möglich einzuschränken, Verantwortung abzugeben und sich insgesamt mehr unterstützend als direkt eingreifend zu verhalten. Sie versuchen auch, sich in ihrem Sprachverhalten respektvoll und partnerschaftlich zu zeigen und Äußerungen zu vermeiden, bei denen sich das Kind herabgesetzt fühlt oder das Gesicht zu verlieren glaubt (»Na also, jetzt plötzlich doch, ich habe ja gleich gesagt, dass es etwas bringt, wenn du deine Hausaufgaben machst.«).

Schulpsychologische Beratungsstellen:

Die in den schulpsychologischen Beratungsstellen tätigen Diplompsychologinnen und -psychologen bieten Beratungen zur Schullaufbahn und vor allem Hilfen bei Schulproblemen wie Lern- und Verhaltensschwierigkeiten, Schul- und Prüfungsangst, Schulunlust sowie Schwierigkeiten zwischen Lehrkräften, Eltern und Kindern an. Sämtliche Beratungen und Hilfen sind kostenlos und vertraulich, und sie können von Schülerinnen und Schülern sowie Eltern direkt in Anspruch genommen werden.

Eltern, die sich unsicher sind, ob sie eine Beratungsstelle wegen eines Problems aufsuchen wollen oder können, sollten versuchen, ihre Scheu zu überwinden und nach der Formel »Je früher, desto besser« zu handeln.

Die Adresse der nächstgelegenen schulpsychologischen Beratungsstelle (in manchen Bundesländern auch Schulberatungsstelle bzw. Bildungsberatungsstelle) kann der Lokalzeitung entnommen oder von der Schule oder dem zuständigen Schulamt erfragt werden. Ist keine schulpsychologische Beratungsstelle in der Nähe, so ist ein Besuch in einer Erziehungsberatungsstelle oder einer vergleichbaren Einrichtung empfehlenswert.

Schwierig wird es für Eltern zumeist dann, wenn absehbar ist, dass ihr Kind die Klasse wiederholen oder die Schule wechseln muss, sofern sich sein Arbeitsverhalten nicht entscheidend verändert. Die Eltern sehen so ihre Erwartungen enttäuscht, fürchten um die Zukunft ihres Kindes und haben Angst davor, es könne ihnen später einmal Vorwürfe machen. Doch auch hier können Eltern immer nur mit dem Kind und nie gegen seinen Willen etwas erreichen. Kontrollen, Zwang und Strafen verschlechtern die Beziehungen, verbessern jedoch kaum die Leistungen.

Eltern, die merken, dass es ihnen nicht mehr gelingt, mit ihrem Kind ein gutes Gespräch über sein Arbeitsverhalten und seine Schulleistungen zu führen, tun oft gut daran, einen Dritten hinzuzubitten. Als hilfreich kann sich auch ein Gespräch in einer schulpsychologischen Beratungsstelle erweisen. Die dort tätigen Diplompsychologinnen und -psychologen bemühen sich, den Eltern und dem Kind beim Aushandeln einer Lösung behilflich zu sein, ohne einfach Partei zu ergreifen. Das Aufsuchen einer schulpsychologischen Beratungsstelle kann auch bei allen anderen zuvor beschriebenen Hausaufgabenproblemen sinnvoll und empfehlenswert sein.

Leon stört Daniel

»Bei uns ist es wirklich schwierig. Leon und Daniel machen zusammen im Wohnzimmer Hausaufgaben. Daniel ist viel langsamer und hat auch mehr Schwierigkeiten. Leon ist zwar ein Jahr jünger und geht erst in die zweite Klasse, weiß aber oft mehr als Daniel. Manchmal sagt er seinem großen Bruder sogar etwas vor oder lacht ihn aus. Das macht Daniel dann total fertig. Und oft wird noch geredet oder sogar gestritten. Und dann soll ich wieder kommen und alles in Ordnung bringen.«
(Frau R., Mutter von zwei Söhnen)

> Mögliche Ursachen

- Zwischen Leon und Daniel besteht derzeit eine ausgesprochene Rivalität, die sich auch in der Hausaufgabensituation zeigt.
- Leon fühlt sich dem größeren und stärkeren Bruder unterlegen und nutzt die Situation aus, in der die Verhältnisse umgekehrt sind.
- Daniel leidet sehr unter seinen schulischen Schwierigkeiten und hat nur eine geringe Frustrationstoleranz, wenn er an seine Probleme erinnert wird.
- Leon und Daniel haben es noch nicht ausreichend gelernt, aufeinander Rücksicht zu nehmen.
- Beiden Kindern fällt es schwer, konzentriert zu arbeiten.
- Da die Mutter bei allen Streitigkeiten sofort eingreift, konnten beide Kinder es noch nicht lernen, mit Uneinigkeiten umzugehen und Konflikte selbst zu bewältigen.

> Mögliche Hilfen

Wenn sich Geschwister bei den Hausaufgaben stören und streiten, ist es in der Regel das Beste, sie in verschiedenen Räumen arbeiten zu lassen. Möchten die Kinder unbedingt beide in der Nähe der betreuenden Person, also z.B. in der Küche oder im Wohnzimmer, arbeiten, empfiehlt es sich, dieses so lange zuzulassen, bis es zu Problemen kommt. Tritt ein Problem auf, so muss – spätestens nach einer(!) Vorwarnung – jenes Kind das Zimmer verlassen, das die Störung zu verantworten hat. Kann das verursachende Kind nicht zweifelsfrei ermittelt werden, müssen entweder beide Kinder gehen oder mal das eine und mal das andere. In einer solchen Situation sollte dann keinesfalls lange verhandelt, sondern sofort gehandelt werden – ruhig, klar, konsequent und ohne ins Schwanken zu kommen. Überlegt werden kann dann, ob das störende Kind nur an diesem Tag oder die ganze Woche über allein arbeiten muss. Lassen Eltern jedes Mal mit sich handeln und setzen sie auch begründete

Vorhaben bei Widerspruch nicht durch, verlängern sie Konflikte unnötig und »produzieren« immer wieder neue. Den Kindern ist dann nicht klar, wo die Grenzen wirklich liegen, und so versuchen sie in einer für alle aufreibenden Weise, dieses immer wieder von neuem herauszufinden.

Merken Eltern, dass eines ihrer Kinder sich wie der hier erwähnte Leon verhält, also ein Geschwisterkind immer wieder bewusst stört, ärgert und auslacht, so sollten sie nicht nur mit Schimpfen und schon gar nicht mit Strafen reagieren. Stattdessen geht es darum, herauszufinden, warum das Kind dieses Verhalten zeigt, ob es sich beispielsweise zurückgesetzt und nicht wirklich geliebt fühlt. Denn erst dann, wenn der Grund für das gezeigte Verhalten nicht mehr besteht, wird das Kind auch dauerhaft auf es verzichten können.

Marie hat keine Lust

> *»Meine Tochter geht seit drei Monaten in die Schule. Und die Hausaufgaben sind schon jetzt ein Drama. Jeden Tag das Gleiche: Marie hat keine Lust. Vor kurzem sollte sie vier Reihen große ›S‹ und vier Reihen kleine ›s‹ schreiben. Sie schimpfte und stöhnte schon, als sie nach Hause kam. Es war dann ein Riesentheater, bis sie überhaupt bereit war, sich an die Aufgaben zu setzen. Jetzt würde ich meine Tochter gerne motivieren, aber ich weiß einfach nicht wie.«*
> (Frau P., Mutter von drei Kindern)

Frau P. schildert ein Problem, das schon in den ersten Schulwochen auftreten kann und oft lange anhält: Das Kind zeigt sich bei den Hausaufgaben unmotiviert, und den Eltern gelingt es nicht, diesen Zustand zu verändern.

> Mögliche Ursachen

- Die Hausaufgaben sind zu leicht.
- Die Hausaufgaben sind zu schwierig.
- Die Hausaufgaben sind zu umfangreich.
- Die Hausaufgaben beinhalten keine Abwechslung und sind wenig reizvoll.
- Der Unterricht, aus dem die Hausaufgaben erwachsen sind, erscheint wenig motivierend.
- Gut gemachte Hausaufgaben werden in der Schule kaum gewürdigt.
- Die Lehrerin misst den Hausaufgaben selbst keine große Bedeutung bei. Die Kinder spüren dies.
- Marie mag ihre Lehrerin nicht und lehnt im Grunde alles ab, was diese verlangt.
- Marie fällt das lange Stillsitzen in der Schule noch schwer. Sie möchte nachmittags spielen und toben oder sich erst einmal ausruhen.
- Marie bringt dem Schulfach, um das es geht, nur ein geringes Interesse entgegen.
- Die Eltern messen dem schulischen Lernen keine besondere Bedeutung bei und halten die Hausaufgaben für weitgehend nutzlos.
- Marie setzt sich zu einer Zeit an die Hausaufgaben, in der sie wenig leistungsbereit und leistungsfähig ist (siehe S. 57 ff.).
- Marie sieht ihre jüngere Schwester und die Nachbarskinder im Garten spielen, wenn sie Hausaufgaben machen soll. Das erscheint ihr nicht akzeptabel.
- Marie macht ihren 13-jährigen Bruder nach, der seit kurzem nur noch schlecht über die Schule und die Hausaufgaben spricht.

> Mögliche Hilfen

Das Problem, das entsteht, wenn Kinder sich unmotiviert an die Hausaufgaben setzen, ist für Eltern zumeist nur schwer lösbar. Dies liegt ganz einfach daran, dass das Problem in den meisten Fällen in der Schule und nicht zu Hause erzeugt wird. Wenn Ersteres der Fall ist, so ist das Gespräch mit der Lehrerin zumeist der einzige Erfolg versprechende Weg. Darüber hinaus kann es auch sinnvoll sein, vorher mit anderen Eltern zu sprechen, um herauszufinden, ob es sich um ein generelles Problem in der Klasse oder um ein individuelles Problem handelt. Im letzteren Fall kann dann mit der Lehrerin beispielsweise überlegt werden, ob sie die Hausaufgaben des Kindes vielleicht hin und wieder in besonderer Weise würdigen kann.

Ist das Kind schlichtweg unterfordert, so erscheint es beispielsweise möglich, die Lehrerin um das Aussetzen der Hausaufgaben oder um andere, schwierigere Aufgaben zu bitten. Vielleicht ist die Lehrerin auch damit einverstanden, dass sich das Kind seine Hausaufgaben selbst aussucht. Unterforderte Kinder leiden ja oft unter der massiven Langeweile, die die Schule bei ihnen erzeugt. Manche träumen dann vor sich hin, andere stören den Unterricht. Fast alle jedoch sind von der Schule enttäuscht und üben sich auch nicht darin, Anforderungen durch Anstrengung zu meistern. Insofern ist es kein Wunder, dass einige bei gestiegenen Anforderungen plötzlich Schwierigkeiten bekommen.

Eltern sollten auf jeden Fall nicht versuchen, dem Kind einzureden, seine als langweilig empfundenen Hausaufgaben seien bei rechter Betrachtung unglaublich interessant. Für das Kind sind die Hauaufgaben nun einmal langweilig und daran ändert das Reden der Eltern auch nichts. Oftmals wissen die Kinder dann auch um die Unehrlichkeit ihrer Eltern. Andere fühlen sich unverstanden und sind in Zukunft vielleicht weniger bereit, ihre wahren Gefühle den Eltern gegenüber zu äußern. In besonderen Fällen kann es auch geschehen, dass das Kind irgendwann seinen eigenen Gefühlen nicht mehr traut.

Sinnvoll könnte es sein, dem Kind zu vermitteln, dass seine mangelnde Motivation verstanden wird, dass im Leben aber nicht alles Spaß machen kann und man wenig motivierende Dinge am besten rasch hinter sich bringt. Auch kann dem Kind erklärt werden, dass nicht alle schulischen Arbeiten langweilig sind und neue Lehrkräfte, neue Fächer oder neue Themen durchaus neue Perspektiven eröffnen können. Möglich ist es darüber hinaus, dem Kind – so es nicht einfach unterfordert ist – zu verdeutlichen, dass es aufgrund seiner täglichen Übungen ständig Fortschritte macht und in der Schule schon unglaublich tolle Dinge gelernt hat. So wird wenigstens ersichtlich, dass die Übungen nützlich sind.

6. Wenn sich Lücken auftun

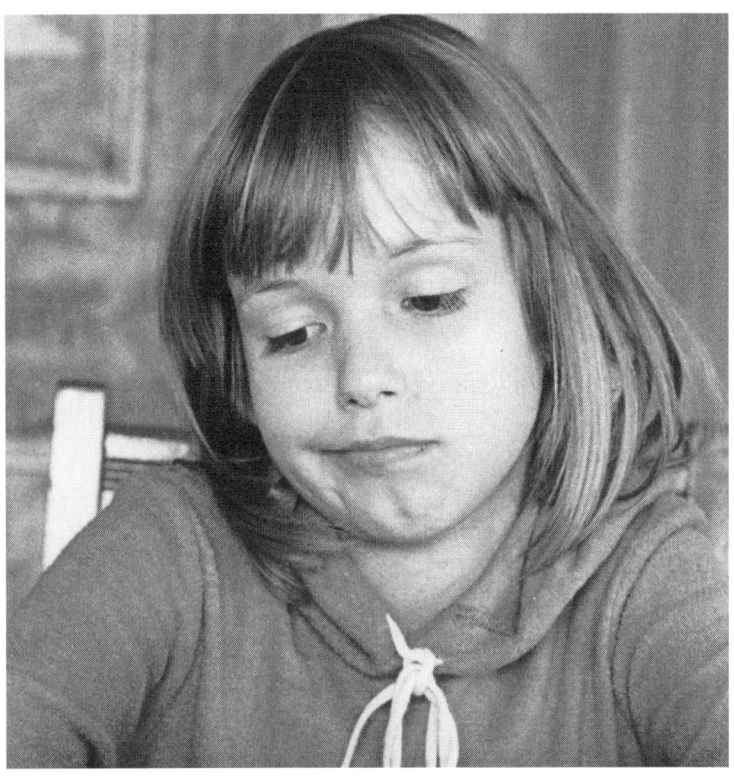

Der erste Tipp: mit der Lehrerin oder dem Lehrer sprechen

Lara kommt spät von der Schule nach Hause und zeigt kleinlaut ihr Diktat vor. Ihre Mutter kann es kaum fassen: »Was, schon wieder eine Vier-bis-Fünf? Dabei haben wir doch jeden zweiten Tag ein Diktat geschrieben!«

Ein Sonderfall? Sicher nicht!

Der Normalfall: viel Übung und wenig Erfolg

Wenn sich bei einem Kind in der Schule Lücken auftun, halten viele Eltern es für ihre Pflicht, für das Schließen der Lücken zu sorgen. Und so verordnen sie ihrem Kind zusätzliche Übungen, die von diesem jedoch meist nur unter Protest, widerwillig oder ohne innere Beteiligung abgeleistet werden. Das Kind, das einen anstrengenden Schulvormittag hinter sich hat und vielleicht schon viel Zeit und Kraft in seine Hausaufgaben investieren musste, fürchtet um seine Freizeit und sieht sich um die wohlverdiente Erholung betrogen. Statt mit den Freunden zu spielen, soll es sich am Nachmittag zusätzlich zu den Hausaufgaben mit etwas beschäftigen, zu dem sein Verhältnis schon lange nicht mehr ungetrübt ist. Seine Abwehrhaltung gegen das schwierige Fach oder gegen das Lernen im Allgemeinen wird sich leicht verstärken; und die Beziehung zu den Eltern, die als ein verlängerter Arm der Schule erlebt werden, ist in Gefahr, sich zu verschlechtern.

Doch gemessen am Aufwand bringen diese zusätzlichen Übungen zumeist nur wenig – was bei näherer Betrachtung auch nicht verwunderlich erscheint. Schließlich können Eltern im Normalfall weder die Lücken ihres Kindes noch deren Ursachen genau bestimmen, auch kennen sie kaum das tatsächlich geforderte Leistungsniveau und außerdem sind ihnen nur selten geeignete Übungsformen bekannt. Und so geschieht es immer wieder, dass Eltern Rechtschreibsicherheit für einen Wortschatz fordern, den das Kind noch gar nicht geübt hat, dass sie einem Grundschüler mit Regeln helfen wollen, die dieser – seiner geistigen Entwicklung entsprechend – noch gar nicht verstehen kann, oder dass sie sich eine schöne Übung ausdenken, die gar keinen Bezug zur vorhandenen Lernschwierigkeit aufweist.

> *»Ich kann nur allen Eltern raten, nicht vorschnell mit ihrem Kind zu üben. Das Tollste, was ich in letzter Zeit erlebt habe, war, dass eine Mutter meinte, ihr Kind müsse jedes Wort, das es im Heft stehen hat, auswendig richtig schreiben können. Und das Kind war in der ersten Klasse. Die Mutter, den ganzen Tag berufstätig, kam völlig fertig bei mir an. Sie übte jeden Abend, und das Kind, welch ein Wunder, konnte noch immer nicht alles.«*
> (Frau J., Grundschullehrerin)

Nicht zuletzt übersehen Eltern, die ihre kostbare freie Zeit auf Übungsdiktate und Rechenaufgaben verwenden, dass es zunächst einmal Aufgabe der dafür ausgebildeten Lehrerinnen und Lehrer ist, den Kindern beim Bewältigen ihrer Lernschwierigkeiten zu helfen.

Der Idealfall: Zusammenarbeit mit der Schule

Eltern, die ihr Kind mit seinen Lücken und Schwierigkeiten allein lassen oder gemeinsam mit ihm den Kopf in den Sand stecken, tun ihm natürlich keinen Gefallen. Der Leitspruch muss hier »Zusammenarbeit mit der Schule« heißen.

Konkret gesagt bedeutet dies, dass die Eltern mit der Lehrerin oder dem Lehrer Kontakt aufnehmen, eigene Eindrücke schildern, die Beobachtungen der Lehrkraft erfragen, sich mit dieser beraten und gemeinsam mit ihr nach Hilfen suchen. Dabei kann sich erweisen, dass die Sorge der Eltern so gut wie unbegründet ist, oder es kann sich zeigen, dass der Lehrkraft das Ausmaß der Lernschwierigkeiten noch gar nicht bewusst war.

Die Lehrerin oder der Lehrer wird dann idealerweise in den nächsten Stunden genau die Lernschwierigkeiten des Kindes beobachten, um so die Lücken bzw. die Schwierigkeiten genau bestimmen zu können.

Bezogen auf das Beispiel der Rechtschreibung heißt dies, dass der Lehrende sich nicht mit einer allgemeinen Feststellung (»Es bestehen Unsicherheiten in der Rechtschreibung«) begnügt, sondern genauer nachforscht, ob beispielsweise eher die Groß- und Kleinschreibung oder die Verdopplung von Mitlauten Schwierigkeiten bereitet. Auch wird er versuchen herauszufinden, ob zum Beispiel noch Unsicherheiten im Hören von Lauten bestehen oder ob das Kind vielleicht einem Dialekt sehr verhaftet ist, der ihm korrektes Schreiben erschwert.

Erst dieses genaue Bestimmen der Schwierigkeiten ermöglicht ihm das Ergreifen gezielter und wirkungsvoller Fördermaßnahmen – die dann vor allem im Unterricht selbst, in schulischen Förderkursen und auch über individuell abgestimmte Hausaufgaben zu erfolgen haben. Manche Eltern, deren Kind besondere und in ihren Augen leichtere Hausaufgaben bekommt als einige seiner Mitschülerinnen und Mitschüler, machen sich Sorgen, ihr Kind könne dadurch den Anschluss an die Klasse verlieren. Es ist aber zu bedenken, dass es wesentlich sinnvoller ist, vorhandene Lücken zu schließen und auf diese Weise ein sicheres Fundament herzustellen, als weiterhin mit den Lücken zu arbeiten und so ein wackliges Fundament zum Ausgangspunkt weiterer Lernbemühungen zu machen. Außerdem ist es für das Kind hilfreicher, kleine Ziele selbstständig zu erreichen und Erfolgserlebnisse zu verzeichnen, die Mut und Kraft geben, als sich tagtäglich unter Tränen durch einen großen Berg von Hausaufgaben zu quälen.

Zusätzliche häusliche Übungen sind – vor allem in der Grundschule – nur in Ausnahmefällen zu rechtfertigen, so zum Beispiel nach einer längeren Krankheit, einem Schulwechsel, bei Schwierigkeiten in einem bestimmten Stoffgebiet wie dem Prozentrechnen oder bei Lese-Rechtschreib- und Rechenschwierigkeiten. Bei jüngeren Kindern wird dann der Lehrende zumeist nicht völlig auf die Mitarbeit der Eltern verzichten können, um sicherzustellen, dass die Aufgaben auch tatsächlich in der gewünschten Weise angefertigt werden. Er wird sich aber um Übungsformen bemühen, bei denen das Kind möglichst ohne elterliche Hilfe arbeiten kann, und wird die Kontrolle der Übungen selbst übernehmen.

Kein Ausnahmefall: Das Gespräch in einer schulpsychologischen Beratungsstelle

Kann oder will eine Lehrkraft die Lücken eines Kindes und deren Ursachen nur vage bestimmen oder vermag sie keinen geeigneten Förderplan aufzustellen, so ist es sinnvoll, eine Expertin oder einen Experten zurate zu ziehen. Dies kann beispielsweise ein speziell ausgebildeter Lehrer an der Schule oder eine Diplompsychologin an einer schulpsychologischen Beratungsstelle sein (siehe S. 180).

Ein solches Gespräch mit einem Experten kann sehr hilfreich sein und vermag auch Begleit- und Nachfolgeerscheinungen von Lernschwierigkeiten wie Schulangst oder Leistungsverweigerung zu verhindern bzw. zu verringern. Eltern sollten sich deshalb nicht scheuen, diese hilfreiche Möglichkeit zu nutzen.

Rechtschreibtrainer und Lernsoftware: Erfolg durch käufliche Programme?

Rechtschreibtrainer und andere Förder- und Übungsmaterialien

Wer eine größere Buchhandlung betritt und nach Lerntrainern fragt, sieht sich einer unglaublichen Vielzahl entsprechender Bücher gegenüber. Der Markt für Rechen- und Rechtschreibtrainer und ähnliche Produkte scheint fast grenzenlos. Und es erscheint ja auch verlockend: Man glaubt den Versprechungen auf den Buchdeckeln, sucht sich ein Werk aus, gibt es dem Kind – und hofft auf das Ende aller Lernprobleme. Doch so einfach geht es nicht, und zwar aus mehreren Gründen. Auch Lerntrainer stellen nun einmal eine zusätzliche Belastung dar und können, da sie für eine Vielzahl von Schülerinnen und Schülern hergestellt werden, auch nicht jeden optimal fördern. Ein weiterer Nachteil ergibt sich bei Materialien oder Programmen, die sich nicht auf ein bestimmtes Lehrbuch beziehen. Denn die Kinder, die gestützt werden sollen, müssen sich dort mit ihnen unbekannten Wörtern, Begriffen und Methoden auseinander setzen und erleben so die Förderung als neue Anforderung. Die Lösung einer umfassenderen Lernschwierigkeit kann mit einem Training oder Programm aber auch deshalb kaum erreicht werden, weil eine umfangreichere Schwierigkeit zumeist mit mangelnder Lernmotivation einhergeht. Und ein entscheidender Motivationsschub kann durch gedruckte Aufgaben, Geschichten und ein paar Bildchen wohl nicht erfolgen.

Dennoch ist klar, dass Lernprogramme und Fördermaterialien in einigen Fällen erfolgreich eingesetzt werden können, so zum Beispiel

- bei älteren, selbstständig arbeitenden und hochmotivierten Schülerinnen und Schülern, die aus eigenem Antrieb ihre Kenntnisse erweitern oder ihre Noten verbessern wollen,
- bei punktuellen Lücken in wichtigen Gebieten, die beispielsweise durch Krankheit entstanden sind,
- oder wenn die Lehrkraft bzw. ein Nachhilfelehrer das Kind auf dem Weg durch das Material mit Lob und Hilfen begleitet.

Lernprogramme und Fördermaterialien sind – wie vieles andere auch – von höchst unterschiedlicher Qualität. Wenn Ihr Kind gerne ein Material bearbeiten möchte, so dürfte es das Beste sein, es fragt erst einmal in der Schule nach einem geeigneten Titel. Ansonsten gibt es auch immer wieder Buchhandlungen, die eine gute Beratung anbieten. Wenn Sie sich lieber selbst eine Meinung bilden möchten oder keine Empfehlung bekommen, so können Sie die angebotenen Materialien mithilfe einiger Fragen gezielter begutachten.

Überblick: Kriterien für gute Lerntrainer und Fördermaterialien

Die folgenden Kriterien können Ihnen helfen, angebotene Materialien zu begutachten:

- Was ist das Lernziel des Materials? Wozu soll das Kind nach dem Durcharbeiten der Aufgaben fähig sein? Passt dieses Lernziel auf die Schwierigkeit meines Kindes?
- Stimmen Lernziel und Inhaltsverzeichnis überein?
- Ist das Buch bzw. Heft für das passende Alter und die richtige Schulart gedacht?
- Welche Bearbeitungszeit ist vorgesehen?
- Welche Voraussetzungen sind notwendig, um die Lektionen bearbeiten zu können?
- Ist der Lerntrainer motivierend gestaltet?
- Sind die Aufgaben verständlich und altersgerecht formuliert, ist der Text übersichtlich gegliedert?
- Werden unbekannte Wörter und schwierige Begriffe erklärt?
- Ist das Material so flexibel aufgebaut, dass einzelne Lernschritte übersprungen werden können?
- Besteht die Möglichkeit, bei schwierigen Aufgaben Lernhilfen in Anspruch zu nehmen, oder kann nur die Lösung nachgeschlagen werden?
- Sind die Lösungen in einem gesonderten Teil oder auf andere Weise so aufgeführt, dass die Versuchung nachzuschauen nicht allzu groß ist?
- Ist das Buch so gebunden, dass es offen auf dem Tisch liegen bleibt?
- In welchem Jahr ist das Buch erschienen? Ist es noch aktuell?
- Stehen Inhalt und Preis in einem annehmbaren Verhältnis zueinander?

Lernen mit dem Computer?

Nicht nur der Markt für Lerntrainer boomt, sondern auch und vor allem jener für Lernsoftware. Die bekannten Schulbuchverlage beteiligen sich daran ebenso wie Firmen, die sich sonst mehr der Unterhaltung ihrer Käuferinnen und Käufer widmen. Und die Lernsoftware erscheint ja in der Tat verführerisch: Bunt und vergnüglich kommt sie daher und verspricht gleichermaßen Spielfreude wie Lerngewinn. Die Eltern, die viel Geld ausgeben, hoffen auf eine einfache und schnelle Lösung der Schulprobleme, und die Kinder freuen sich auf Spiele am Computer. Doch oft sind schon bald beide Seiten enttäuscht. Wie kommt das?

Nun, vermutlich lässt sich die Enttäuschung in hohem Maße damit begründen, dass Lernsoftware häufig Erwartungen erzeugt, die sie gar nicht erfüllen kann. Umfassende Lernschwierigkeiten lassen sich nun eben einmal nicht mit einer einzigen Maßnahme auflösen – und schon gar nicht mit einer Maßnahme, die sich nicht auf die individuelle Problematik bezieht. Man darf in der Tat nicht glauben, dass über den Bildschirm flimmernde Wörter oder Zahlen automatisch bedeutsame und gerade notwendige Lernprozesse in Gang setzen. Manche Programme sind außerdem ganz einfach schlecht gemacht oder beziehen sich nicht einmal auf den Lehrplan. Auch täuscht die bunte Verpackung oft darüber hinweg, dass auch ein Lernen am PC mit Anstrengung verbunden ist. Wer aber nach der Schule und den Hausaufgaben schon müde und ausgelaugt ist, wird am Computer nicht noch einmal das üben wollen, was ihm schwer fällt.

Viele Kinder verlangen dennoch nach einem Computer und Lernsoftware und verweisen überzeugend auf damit erfolgreich arbeitende Mitschülerinnen und Mitschüler und auch auf die Lernsoftware in der Schule. Auch wenn dieses Verlangen im Einzelfall tatsächlich so gemeint sein mag, dürfen Eltern nicht übersehen, dass hinter dem Wunsch nach einem Computer zum Lernen häufig der Wunsch nach einem Computer zum

Spielen steckt. Kinder wissen eben, dass ihre Eltern auf dem Schulleistungsohr besonders gut hören, und bauen ihre Argumentation entsprechend auf.

Überblick: Kriterien für gute Lernsoftware

Gute Lernsoftware zu finden erinnert manchmal an die Suche nach der Stecknadel im Heuhaufen. Bei der Suche nach der »Stecknadel« und beim Vergleichen können Ihnen vielleicht die folgenden Fragen helfen:
- Was ist das Ziel der Lernsoftware? Passt es auf die Schwierigkeit meines Kindes?
- Für welches Alter und für welche Schulart ist das Programm gedacht?
- Stimmt das Lernprogramm mit dem Lehrplan überein?
- Über welche Voraussetzungen muss mein Kind verfügen, um mit der Software arbeiten zu können?
- Kann die Software auf unserem Computer installiert werden?
- Ist das Programm motivierend aufgemacht?
- Ist das Programm gut handhabbar und leicht verständlich?
- Sind die einzelnen Seiten übersichtlich gestaltet?
- Enthält die Software bedenkliche Elemente und verlangt beispielsweise das Abschießen von Vokabeln?
- Muss das Programm linear abgearbeitet werden oder kann man sich eigene Lernwege suchen?
- Wie lange dauert ein Durchgang?
- Kann man eine Übung vorzeitig beenden?
- Kann man das Programm unterbrechen?
- Können eingegebene Befehle rückgängig gemacht werden?
- Passt sich das Programm dem Lernfortschritt des Kindes an?
- Gibt es eine sofortige Lernkontrolle?
- Bietet das Programm bei unterschiedlichen Fehlern auch unterschiedliche Hilfen an?
- Stimmt das Preis-Leistungs-Verhältnis?

Nun ist gegen gute Lernsoftware natürlich nichts einzuwenden, vor allem dann nicht, wenn die Kinder gerne damit arbeiten. Doch Eltern, die gute Lernsoftware kaufen möchten, stehen vor einem Problem. Sie können nicht einfach mal in das Programm hineinschauen, um sich ein Urteil zu bilden – es sei denn, sie können das Angebot einer gut sortierten öffentlichen Bibliothek nutzen. Außerdem verfügen Eltern in der Regel über kein besonderes didaktisches und methodisches Wissen. Sinnvoll ist es deshalb zumeist, bei Bedarf und auf Wunsch des Kindes in der Schule nach einer geeigneten Lernsoftware zu fragen.

Allgemein gilt bei den Programmen, dass Lernsoftware aus dem Supermarkt oder Kaufhaus weniger empfohlen werden kann. Die klassischen Schulbuch- und Lernmittelverlage bieten dagegen in den Buchläden einige gute Produkte an, die sich zum Teil direkt auf ein Schulbuch beziehen. Letzteres kann den großen Vorteil haben, dass sich das Kind nicht mit neuen Begriffen und Verfahren auseinander setzen muss, die Software somit nicht als neue Anforderung erlebt. Eventuell ist es für Eltern auch möglich, sich ein in der Klasse verwendetes Lernprogramm für zu Hause zu besorgen.

INTERNET-TIPPS

🖱 www.ibi.tu-berlin.de

Unter dieser Adresse findet man Lernsoftware, die mit dem Deutschen Bildungssoftwarepreis »Digita« ausgezeichnet wurde. Vergeben wird dieser Preis jährlich von der Zeitschrift »bild der wissenschaft«, dem Institut für Bildung in der Informationsgesellschaft e. V. und der Stiftung Lesen.

🖱 www.sodis.de

Mithilfe der SODIS-Datenbank (Software Dokumentations- und Informationssystem) kann man sich schnell einen

Überblick über mehr als 4.000 Softwareprodukte zu fast allen Unterrichtsfächern verschaffen. Ein großer Teil der Software ist bewertet. Für eine schnelle Suche gibt es eine Suchfunktion, bei der man z.B. den Begriff »Rechtschreibung« eingeben kann.

Edu-Kinestetik und Naturheilmittel: Schnelle Hilfe für große Probleme?

Welche Eltern mit Kindern in Schwierigkeiten wünschen sich nicht die schnelle Hilfe für große Probleme? Sie erscheint in der Tat verlockend, und so wundert es nicht, dass es unzählige Eltern gibt, die nach entsprechenden Angeboten Ausschau halten. Von zwei Angeboten ist im Folgenden die Rede.

Kinesiologie und Edu-Kinestetik: Was ist dran an den Versprechen?

Sie versprechen Unglaubliches, die selbst ernannten Lernberater und kinesiologischen Praxen: Mehr Konzentration, mehr Ausdauer, bessere Noten und das Ende aller Lernprobleme bei jedem Kind. Das alles soll möglich sein in kürzester Zeit und ohne viel Mühe. Nun, welche geplagten Eltern stellen da nicht ihre Ohren auf? Und es klingt ja alles irgendwie plausibel und schon beinahe seriös: Von einem Test vor Therapiebeginn ist die Rede, von Ergebnissen der Hirnforschung und auch von fernöstlichen Lehren. Das muss doch wirken, mag man sich denken, und schaden wird es schon nicht. Doch: Stimmt das auch?

Zunächst: Worum handelt es sich eigentlich bei der Kinesiologie bzw. bei der Edu-Kinestetik? Kinesiologie bedeutet so viel wie Bewegungslehre. Sie wurde Anfang der 60er-Jahre entwickelt und diente zunächst nur dazu, verkrampfte und Schmerz verursachende Muskeln zu entdecken und ungünstige Körperhaltungen zu korrigieren. Aus diesem Ansatz entstand nach und nach die Edu-Kinestetik (educare, lat. = erziehen), indem fernöstliches

Gedankengut und einige Ergebnisse der Hirnforschung zu den ursprünglichen Vorstellungen dazukamen. Jetzt nimmt die Edu-Kinestetik für sich in Anspruch, »Blockaden im Energiefluss« erkennen und durch gymnastische Übungen (Brain-Gym) aufheben zu können. Als »Diagnoseinstrument« für mögliche Energieblockaden dient der so genannte Muskeltest. Dabei soll geprüft werden, ob bestimmte Muskeln (im Wesentlichen vier Muskeln) im Verhältnis zur sonstigen Kraft der getesteten Person stark oder schwach sind. Dies geht beispielsweise wie folgt: Die Testperson hält einen Arm rechtwinklig vom Körper weg. Dann wird der Arm langsam hinuntergedrückt. Auf eine Aufforderung hin soll die Testperson Widerstand gegen das Hinunterdrücken leisten. Nun wird geprüft, ob der zu testende Muskel innerhalb von 5 cm »sperrt«. Tut er dies nicht, so wird er als schwach bezeichnet. Ein »schwacher« Muskel deutet dann auf eine Energieblockade hin. Mit diesem Muskeltest soll auch herausgefunden werden können, ob die getestete Person auf bestimmte Reize wie Farben, Gerüche, Nahrungsmittel oder auch Wörter und Erinnerungen mit Energieblockaden reagiert. Kritischen Nachfragen wird hier mit der Antwort »Der Körper lügt nicht« begegnet – eine recht geschickte, aber auch durchschaubare Art, sich mit möglicher Kritik nicht wirklich auseinander setzen zu müssen. Zentral in der Kinesiologie ist schließlich noch die Vorstellung, dass Störungen in der Zusammenarbeit der beiden Gehirnhälften und auch verschiedener Hirnregionen Ursachen beispielsweise von Konzentrations- und Lernstörungen sind.

Die »Therapie« für alle Probleme besteht dann aus Bewegungsübungen mit dem Titel Brain-Gym. Sie sehen beispielsweise das Beugen und Strecken der Beine (»Wadenpumpe«), das Schreiben einer liegenden Acht in die Luft, verschiedene Überkreuzbewegungen sowie das Berühren von Druckpunkten vor. Diese Übungen machen den Kindern oft Spaß und können durchaus eine gewisse Lockerung und Entspannung herbeiführen. Selbstverständlich können die Übungen auch eine Verbesserung der Körperkoordination bewirken. Insofern sind diese Übungen zunächst einmal nichts Schlechtes. Die Aussage jedoch, mithilfe dieser Übungen seien Probleme in der Schule bald Vergangenheit, entbehrt jeder seriösen Grundlage. Durch ein bisschen Gymnastik lassen sich komplexe Probleme nun eben einmal nicht beheben, auch wenn das schön wäre. Und so bleibt allen kinesiologischen Versprechen zum Trotz die Tatsache bestehen, dass Lernprobleme viel Geduld verlangen und auch eine sorgfältige Suche nach den jeweiligen Ursachen. Das Erzeugen unberechtigter Hoffnungen durch haltlose Versprechen ist in jedem Fall nicht nur unseriös, sondern dem betroffenen Kind gegenüber auch unverantwortlich.

Tropfen, Steine, Stutenmilch und die Gestirne: Schnelle Hilfe auf natürliche Art?

Nicht nur die Kinesiologen kommen mit verführerischen Versprechen daher. Auch verschiedene, zum Teil selbst ernannte Vertreter der »natürlichen«, »sanften« oder »ganzheitlichen« Medizin bieten schnelle Lösungen an: Tropfen, heilmagnetische Edelsteine, Stutenmilch, das Einnehmen eines Löffels echten Bienenhonigs bei Vollmond und um Mitternacht oder das Beachten der Gestirne sollen da helfen, wo verzweifelte Eltern nicht mehr weiterwissen.

Um keine Missverständnisse aufkommen zu lassen: An dieser Stelle soll kein Rundumschlag gegen die Alternativmedizin geführt werden, ganz im Gegenteil. Das Bestreben der alternativen Medizin für eine gesündere und umweltgerechtere Lebensweise und gegen eine unmenschliche und oft genug erfolglose Apparatemedizin erscheint in jedem Fall wichtig. Auch sollen hier keinesfalls die Erfolge beispielsweise der Akupunktur oder der Homöopathie bei verschiedenen körperlichen und psychosomatischen Beschwerden angezweifelt werden. Doch der Einsatz so genannter ganzheitlicher oder natürlicher Mittel kann mit Sicherheit nicht zum Ende von Lernschwierigkeiten führen. Denn wenn ein Kind beispielsweise wegen eines Hörproblems, wegen eines Entwicklungsrückstandes im Bereich Rhythmus und Melodie oder auch wegen ungeeigneter Unterrichtsmethoden

Schwierigkeiten beim Lesen- und Schreibenlernen hat, so ändert sich daran durch ein Mittel oder Medikament, so natürlich es auch sein mag, nichts. Vertreter der alternativen Medizin, die Derartiges dennoch behaupten, schaden letztlich ihrer eigenen Zunft. Denn so hat die Naturheilmedizin nie eine Chance, als seriös anerkannt zu werden.

Natürlich: Es ist leicht zu verstehen, dass Eltern gerne auf Mittel der natürlichen Medizin oder auch verschiedener esoterischer Richtungen zurückgreifen: Diese erscheinen unschädlich, geben das gute Gefühl, etwas getan zu haben, verlangen aber nicht allzu viel an Aufwand und Mühe – und: Sie sind in. Wer dagegen ist, ist schnell »out«. Tatsächlich ist es oft schwierig, mit den besonders überzeugten Anhängern verschiedener Richtungen der Alternativmedizin oder esoterischer Verfahren ins Gespräch zu kommen. Sie geben den Fragenden häufig das Gefühl, bedauerlicherweise noch nichts verstanden zu haben, eben noch nicht zu den Erleuchteten zu gehören.

Zu bedenken ist aber: Kindliche Lern- und Verhaltensprobleme sind längst zu einem richtigen Markt geworden. Viele wollen mitverdienen an den Nöten und Sorgen der Kinder und ihrer Eltern. Wer dabei auf der Strecke bleibt, ist klar: Es sind die Kinder selbst. Da die Mittel – von kleineren Placebo-Effekten abgesehen (Es hilft, weil man daran glaubt) – nicht helfen, werden die Kinder von Praxis zu Praxis weitergereicht, während ihre Probleme vielleicht noch an Schärfe gewinnen. Bei jedem Praxisbesuch wird ihnen dann vermittelt, dass mit ihnen etwas nicht stimmt, dass es dagegen aber, welch ein Glück, ein fertiges, einfaches und schnelles Mittel gibt. Auf diese Weise kann auch mit »sanfter« Medizin Medikamentenabhängigkeit erzeugt werden. Vor allem aber wird eines verunmöglicht: die Suche nach den wahren Ursachen des jeweiligen Problems und die mühsame Auseinandersetzung mit seinen verschiedenen Facetten. Diese umfassende Auseinandersetzung mit dem Problem ist jedoch weitaus »ganzheitlicher« als die Verabreichung irgendwelcher Mittelchen – und kann im Gegensatz dazu auch tatsächlich helfen.

Nachhilfeunterricht: »There is no business like school-business«?

»There is no business like school-business« – so lautet die vielleicht irritierende Überschrift zu dem folgenden Kapitel. In ihm geht es um einen gleichermaßen fragwürdigen wie blühenden Auswuchs unseres Bildungssystems: um das außerschulische Bildungsgeschäft. Dieses außerschulische Bildungsgeschäft sorgt für teures Geld dafür, dass den Kindern nachmittags das klar wird, was sie eigentlich am Morgen in der Schule hätten verstehen sollen. So erreichen sie das Ziel der Klasse und schließlich das der Schule, ohne dass diese ihr Ziel bei den Schülern erreicht hätte, nämlich eine angemessene, umfassende und individuelle Förderung. Die Eltern bezahlen auf diese Weise den Schulerfolg ihrer Kinder gleich doppelt – mit den Steuern die Lehrer und mit den Ersparnissen die Nachhilfelehrer. So geben die Eltern in Deutschland nach verschiedenen Schätzungen tatsächlich zwischen 15 und über 30 Millionen Euro pro Woche für den Nachhilfeunterricht ihrer Kinder aus.

Gelöst werden kann dieses Problem wohl nur auf lange Sicht, indem sich Eltern sowie Lehrerinnen und Lehrer zusammentun und gemeinsam und mit allem Nachdruck versuchen, die Bildungspolitik positiv zu verändern.

Gelernt werden kann dabei von anderen Ländern, denen es wesentlich besser gelingt, Schülerinnen und Schüler mit Lernschwierigkeiten zu fördern. So macht beispielsweise in Finnland ein sehr hoher Prozentsatz aller Schülerinnen und Schüler Abitur, und das auf hohem Niveau. Mehr als zwei Drittel eines Jahrgangs beginnen in Finnland ein Studium. In Deutschland ist eine solche Zahl bei den jetzigen Verhältnissen schlichtweg undenkbar.

Da sich aber durch ein bildungspolitisches Engagement kurzfristig kaum Verbesserungen erzielen lassen und Nachhilfeunterricht in unserem Schulsystem bis auf weiteres Realität bleiben wird, werden hier einige Überlegungen angestellt, wann und wie Nachhilfestunden sinnvoll sein könnten.

Nachhilfeunterricht als Ausnahme – nicht als Regel

Nachhilfeunterricht darf nicht zur Regel werden, d.h. zur Dauereinrichtung für Kinder, die den Sprung aufs Gymnasium schaffen oder bessere Noten nach Hause bringen sollen. Dies wäre für die Schülerinnen und Schüler eine dauernde zusätzliche Belastung und käme wahrscheinlich einer Überforderung gleich. Außerdem wäre es ihrer Selbstständigkeit abträglich und würde leicht zu einer bequemen Haltung im Unterricht verführen. Deshalb sollte ein zusätzlicher Unterricht möglichst zeitlich begrenzt sein und auch nur in Absprache mit der Lehrerin oder dem Lehrer sowie in begründeten Ausnahmefällen in Anspruch genommen werden.

Solche begründeten Ausnahmefälle gibt es zum Beispiel

- nach längerer Krankheit,
- nach einem längeren Auslandsaufenthalt,
- bei mangelnden Sprachkenntnissen,
- nach einem Umzug und dem damit verbundenen Schulwechsel,
- beim Wechsel in eine andere Schulart,
- bei der Berichtigung einer Fächerwahl,
- bei großen Schwierigkeiten in einem einzigen Fach,
- bei Lese-Rechtschreib- oder Rechenschwierigkeiten,
- beim Fehlen von Grundkenntnissen in einem oder in wenigen Fächern,
- kurz vor der Abschlussprüfung, wenn die Erreichung des Zieles gefährdet erscheint,
- bei eingeschränkter Aufnahmefähigkeit durch stark belastende Geschehnisse, die sich einer Beeinflussung entziehen, z.B. Krankheit oder Tod einer nahe stehenden Person,
- und eventuell bei einem stark misserfolgsorientierten Kind, das viel Ermutigung benötigt.

Nachhilfeunterricht hat aber nur dann einen Sinn, wenn das Kind ihn von sich aus bejaht. Denn ohne seinen Willen und ohne seine Anstrengungsbereitschaft kann auch der erfahrenste und klügste Nachhilfelehrer nur wenig ausrichten.

Was Eltern von einer Nachhilfelehrerin oder einem Nachhilfelehrer erwarten können

Ein idealer Nachhilfelehrer ist fachlich so fit wie methodisch geschickt, er ist geduldig, einfühlsam, stets gut gelaunt, verständnisvoll und dabei konsequent, er ist zuverlässig, pünktlich, nie krank und zudem preiswert – mit anderen Worten: Es gibt ihn nicht und es wird ihn wohl auch nie geben. Dennoch dürfen Eltern von einem Nachhilfelehrer einige Dinge erwarten:

- Der Nachhilfelehrer sollte mit dem betreffenden Fachlehrer – zumindest telefonisch – in Kontakt stehen und sich mit ihm beraten. Nur so kann der Nachhilfeunterricht wirklich gewinnbringend sein.
- Die Nachhilfestunden sollten nicht zum Anfertigen der Hausaufgaben missbraucht werden, so bequem dies für Schüler und Nachhilfelehrer auch sein mag. Stattdessen ist es die Aufgabe des Nachhilfelehrers, die vorhandenen Schwierigkeiten möglichst genau zu bestimmen und geeignete Hilfen anzubieten.
- Ein Nachhilfelehrer sollte möglichst in der Lage sein, Lernhilfen in der Weise zu geben, wie sie in Kapitel 4 beschrieben worden sind.
- Besonders schön ist es, wenn ein Nachhilfelehrer dem Kind das Angebot unterbreitet, es dürfe ihn bei großen Lernschwierigkeiten auch außerhalb der Nachhilfestunde telefonisch um Rat fragen.

Wer nun der bessere oder der geeignetere Nachhilfelehrer ist – ein Schüler, eine Lehrerin oder ein Student –, lässt sich im Allgemeinen nicht so einfach entscheiden. Während eine ausgebildete Lehrkraft fachlich und methodisch kompetenter und auch eher eine »Respektsperson« ist, vermag sich ein Schüler oftmals besser in die Lernschwierigkeiten und in die Lage seines Nachhilfeschülers einzudenken und einzufühlen und kann außerdem leichter eine entspannte Lernatmosphäre bewirken. In manchen Fällen ist jedoch eindeutig einem ausgebildeten Lehrer mit dem entsprechenden Überblick der Vorzug zu geben, so z. B. dann, wenn es darum geht, ein sehr großes Stoffgebiet aufzuarbeiten, eine Prüfung vorzubereiten oder auf Lese-Rechtschreib- und Rechenschwierigkeiten einzugehen. Bei Studierenden schließlich kommt es ganz darauf an, ob das Studienfach den Lernschwierigkeiten zugute kommt oder nicht.

Es ist übrigens ein Irrtum, anzunehmen, einem Grundschulkind könne wohl jeder Nachhilfeunterricht erteilen, sofern er nur des Lesens, Schreibens und Rechnens kundig ist. Denn um in der Grundschule qualifizierten Nachhilfeunterricht erteilen zu können, muss die Lehrkraft über entwicklungs- und lernpsychologische Kenntnisse verfügen, von seinen eigenen Lernmethoden absehen und kindgemäße Lernwege einschlagen können. Dies ist weitaus anspruchsvoller, als mit einem Realschüler Vokabeln zu lernen oder einer Gymnasiastin die Prozentrechnung zu erklären.

Die für den Erfolg eines Nachhilfeunterrichts sicherlich entscheidenste Frage ist jedoch die, ob es der Nachhilfelehrerin oder dem Nachhilfelehrer gelingt, das eigene Interesse am Fach auf das Kind zu übertragen, d. h., ob der berühmte und so sehr ersehnte Funke überspringt. Da dies nur möglich ist, wenn sich Kind und Nachhilfelehrer gut verstehen, sollte das Kind selbst entscheiden dürfen, ob es mit einem in Frage kommenden Nachhilfelehrer zusammenarbeiten möchte oder nicht. Sehr sinnvoll für alle Beteiligten ist es dabei, zunächst eine Probestunde zu vereinbaren, nach der dann die Entscheidung für oder gegen eine Zusammenarbeit getroffen werden kann.

Noch etwas zu den Kosten: Eine Nachhilfestunde kostet bei einer Schülerin oder einem Schüler derzeit in der Regel zwischen 7,50 und 12,50 Euro, während ausgebildete Lehrerinnen und Lehrer zwischen 10 und fast 20 Euro verlangen. Zu bedenken beim Vergleichen der Preise ist, dass die angebotenen Nachhilfe-»Stunden« von unterschiedlicher Länge sind, sie nämlich zwischen 45 und 60 Minuten dauern können.

Wie Schüler und Eltern eine Nachhilfelehrerin oder einen Nachhilfelehrer finden

Der erste Weg auf der Suche nach einem geeigneten Nachhilfelehrer führt zunächst einmal zur betreffenden Lehrkraft. Kann diese einen interessierten Schüler oder eine gute Lehrerin empfehlen, so hat dies den Vorteil, dass sich der so empfohlene Nachhilfelehrer vermutlich besonders bemühen und umgekehrt die Lehrkraft eher Fortschritte im Unterricht bemerken wird. Oftmals kennt die Lehrerin oder der Lehrer auch Nachhilfegruppen, die von der Schülermitverwaltung, dem Elternbeirat oder von einer gemeinnützigen Einrichtung wie der Arbeiterwohlfahrt oder der Caritas organisiert werden und einen relativ preisgünstigen Nachhilfeunterricht anbieten. Zwar kann bei einer solchen Gruppennachhilfe das einzelne Kind nicht mehr so individuell wie bei einer Einzelnachhilfe gefördert werden, doch kann auch sie – sofern die Gruppe aus nur wenigen gleichaltrigen Schülern mit möglichst ähnlichen Lernschwierigkeiten besteht – durchaus Lernerfolge bewirken. Eine weitere Möglichkeit ist es, einen Zettel an das schwarze Brett in der Schule zu heften. Meldet sich daraufhin niemand und ist auch im Bekanntenkreis keine geeignete Person zu finden, bleibt immer noch der Weg über eine Zeitungsanzeige.

Eltern, die sich für eines der kommerziellen Nachhilfeinstitute mit den viel versprechenden Werbeslogans interessieren, sollten bedenken, dass nach Ermittlungen der »Aktion Bildungsinformation« etwa zwei Drittel dieser Institute in unzulänglicher oder gar unseriöser Weise arbeiten.

> ✏ Aktion Bildungsinformation (ABI)
> Die ABI ist eine gemeinnützig arbeitende Verbraucherschutzeinrichtung in Bildungsfragen, die mit der »Stiftung Warentest« verglichen werden kann. Sie wurde 1968 gegründet und beobachtet seitdem den so genannten Bildungsmarkt (z.B. Sprachreisen oder Nachhilfeinstitute), geht gegen Gesetzeswidrigkeiten vor, betreibt Verbraucheraufklärung, informiert über Sekten und erstellt verschiedene Broschüren (z.B. zu Lese-Rechtschreib-Schwierigkeiten und zu Sprachreisen) und Merkblätter (z.B. zu Nachhilfe und Nachhilfeinstituten), die gegen eine geringe Gebühr bestellt werden können.
> Eltern können sich bei Unklarheiten und Schwierigkeiten direkt an die ABI wenden und erhalten dann Beratung und Hilfe. Diese ist je nach Umfang kostenpflichtig.
> Adresse: Aktion Bildungsinformation, Alte Poststraße 5, 70173 Stuttgart, Tel. 07 11/22 02 16 30, Fax 07 11/22 02 16 40, Internetadresse: www.abi-ev.de (info@abi-ev.de).

Um Eltern zu helfen, die ein solches Institut für ihr Kind in Erwägung ziehen, hat die »Aktion Bildungsinformation« das Merkblatt »Ratschläge bei Nachhilfe« zusammengestellt. Es enthält unter anderem Informationen zu Vertragsbedingungen, Kündigungsrechten, Preisen und zur Ausbildung der Lehrkräfte sowie zu pädagogischen Rahmenbedingungen, wie z.B. Gruppengröße, Gruppenzusammensetzung oder räumliche Ausstattung, und kann direkt bei der »Aktion Bildungsinformation« angefordert werden.

Darüber hinaus besteht in Baden-Württemberg die interessante Möglichkeit, über die ABI einen Förderkurs an der Schule zu organisieren, in dem für eine geringe Gebühr qualifizierte Gruppennachhilfe angeboten wird. Dieses Angebot gilt für praktisch alle Fächer und für alle Schularten.

7. Besondere Probleme vom Schulanfang bis zur weiterführenden Schule

Der Schulanfang:
Eine große Aufgabe für das Kind und seine Eltern

Die Schultüte, bunt und voll gepackt, weist schon darauf hin: Es beginnt etwas, das man vielleicht versüßen muss. Dabei müsste die Schultüte in vielen Fällen eigentlich erst einmal den Eltern gelten, die dem Schulbesuch ihrer Kinder oft weitaus besorgter entgegensehen, als es die kleinen Schulanfänger selbst tun. Viele Kinder freuen sich von Herzen auf den Schulbesuch, auf den Schulranzen und weitere Zeichen, die sichtbar machen: Ich bin auch schon groß. Ihre Eltern dagegen merken vielleicht mit einem Anflug von Traurigkeit, dass nun die Zeit mit einem kleinen Kind unwiederbringlich zu Ende geht. Oft sind die Eltern durch den Schuleintritt ihres Kindes auch gezwungen, ihren ganzen Tagesablauf und die Kinderbetreuung neu zu organisieren. In jedem Fall müssen sie dafür sorgen, dass ihr Kind morgens ausgeruht, pünktlich, gut gefrühstückt und mit allen notwendigen Utensilien in die Schule kommt, können die Abholzeiten nicht mehr selbst bestimmen, sondern müssen sich an einen starren Stundenplan halten und sind insgesamt gesehen weitaus mehr fremdbestimmt als zuvor. Am Nachmittag kommt dann häufig eine unerquickliche Hausaufgabensituation hinzu, die sich für den betreuenden Elternteil schnell zu einer zeitintensiven Aufgabe und zu einer großen Belastung auswachsen kann.

Aber auch manche Kinder tun sich schwer am Schulanfang. Sie müssen vielleicht sehr früh aufstehen, um mit dem Schulbus zur Schule zu fahren, und sie müssen sich an eine Lehrerin, viele neue Kinder, andere Räume und andere Regeln gewöhnen. Sie müssen einen weiteren Ablöseprozess von der Mutter und/oder dem Vater vollziehen und es wird ihnen deutlich mehr an Eigenverantwortung als im Kindergarten abverlangt. Sie dürfen nur noch selten bestimmen, was sie tun möchten, sondern müssen, im Gleichschritt mit anderen, das tun, was gerade verlangt wird. Fast den ganzen Vormittag über müssen sie still sitzen, was für manche Kinder allein schon fast zur Überforderung wird. Und schließlich: Die Lehrerin hat nur wenig Zeit für das einzelne Kind, das nun auf seine Schülerrolle reduziert wird.

> **Der Schulanfang und die Eltern-Kind-Beziehung: Was die Forschung dazu sagt**
>
> Die Schule zieht ihre Kreise, so könnte man sagen. Tatsächlich wirkt sich der Schuleintritt eines Kindes weitaus gravierender und umfassender auf das gesamte Familienleben aus, als sich dies manche Eltern vor Schulbeginn vorstellen können. Insbesondere scheint es zu einer »Verschulung« der Eltern-Kind-Beziehung zu kommen:
> - In einer Untersuchung zeigte sich, dass Mütter von Schulanfängern schulische Fortschritte ihres Kindes freudig bemerken und diese auch würdigen, während Fortschritte in anderen Bereichen vergleichsweise wenig Beachtung erfahren (Paetzold, 1988).
> - In einer anderen Untersuchung zeigte sich, dass sich die Mutter-Kind-Beziehung im ersten Schuljahr verschlechtert, wenn das Kind nicht die erwarteten Leistungen in der Schule zeigt (Stöckli, 1989). Das bedeutet, dass gerade jene Kinder, die ganz besonders des Rückhalts und der Zuneigung durch ihre Mütter bedürfen, diese weniger bekommen.
>
> Solche Untersuchungsergebnisse können schon ein wenig traurig stimmen. Aber sie können Eltern auch zum Nachdenken anregen, zum Nachfragen bei sich selbst – und vielleicht auch zu einem anderen Blick auf ihr Kind.

Dies alles wäre schon genug an zu leistender Anpassung für ein sechsjähriges Kind. Doch die Schule tut tendenziell so, als seien diese Anpassungsleistungen ganz selbstverständlich und nebenher zu erbringen. Schließlich stellt sie andere, »eigentliche« Aufgaben: Lesen, Schreiben und Rechnen sind zu erlernen. Und: Es wird ständig überprüft, ob bzw. inwieweit dies den Kindern gelingt. Schon das Träumen während einiger Unterrichtsminuten kann negative Folgen haben. Auch die Kinder selbst begutachten ständig ihre Leistungen und vergleichen einander.

Kinder, denen die zentralen schulischen Aufgaben, also das Lesen, Schreiben und Rechnen, schwer fallen, wollen oft schon bald nicht mehr in die Schule gehen. Vor allem aber beginnen sie an sich selbst zu zweifeln und büßen an Selbstwertgefühl ein. Viele Kinder mit Schulschwierigkeiten haben regelmäßig Kopf- oder Bauchschmerzen. Richtig problematisch wird es für jene Kinder, deren Eltern den kindlichen Kummer und die Enttäuschung, vielleicht auch die Angst vor dem Versagen, nicht mehr auffangen können. Dies ist insbesondere dann der Fall, wenn die Eltern selbst enttäuscht sind, sich um ihre Erwartungen und Zukunftsvorstellungen betrogen sehen und für die Schwierigkeiten des Kindes kein Verständnis aufbringen können.

Es ist ja auch schwer, sich als Erwachsener vorzustellen, warum ein Kind »Auto« und »Anton« selbst nach wochenlanger Übung noch immer nicht sicher unterscheiden kann oder warum es schwer sein soll, ein »S« richtig herum zu schreiben. Am besten können Eltern die Schwierigkeiten ihres Kindes vermutlich dann verstehen, wenn sie sich selbst einmal in die Lage eines Schulanfängers bringen. Dies können auch Sie sogleich tun, indem sie einmal versuchen, den folgenden Text (aus Brügelmann, 1992, 33) zu »lesen« und zu zählen, wie oft das Wort אֱלֹהִים darin vorkommt.

24 וַיֹּאמֶר אֱלֹהִים תּוֹצֵא הָאָרֶץ נֶפֶשׁ חַיָּה לְמִינָהּ
כה בְּהֵמָה וָרֶמֶשׂ וְחַיְתוֹ־אֶרֶץ לְמִינָהּ וַיְהִי־כֵן: וַיַּעַשׂ
אֱלֹהִים אֶת־חַיַּת הָאָרֶץ לְמִינָהּ וְאֶת־הַבְּהֵמָה לְמִינָהּ
וְאֵת כָּל־רֶמֶשׂ הָאֲדָמָה לְמִינֵהוּ וַיַּרְא אֱלֹהִים כִּי־טוֹב:

26 וַיֹּאמֶר אֱלֹהִים נַעֲשֶׂה אָדָם בְּצַלְמֵנוּ כִּדְמוּתֵנוּ וְיִרְדּוּ
בִדְגַת הַיָּם וּבְעוֹף הַשָּׁמַיִם וּבַבְּהֵמָה וּבְכָל־הָאָרֶץ

27 וּבְכָל־הָרֶמֶשׂ הָרֹמֵשׂ עַל־הָאָרֶץ: וַיִּבְרָא אֱלֹהִים אֶת־
הָאָדָם בְּצַלְמוֹ בְּצֶלֶם אֱלֹהִים בָּרָא אֹתוֹ זָכָר וּנְקֵבָה

28 בָּרָא אֹתָם: וַיְבָרֶךְ אֹתָם אֱלֹהִים וַיֹּאמֶר לָהֶם אֱלֹהִים
פְּרוּ וּרְבוּ וּמִלְאוּ אֶת־הָאָרֶץ וְכִבְשֻׁהָ וּרְדוּ בִּדְגַת
הַיָּם וּבְעוֹף הַשָּׁמַיִם וּבְכָל־חַיָּה הָרֹמֶשֶׂת עַל־הָאָרֶץ:

Wie wirkte dieser Text auf Sie? War es schwierig, das gesuchte Wort zu finden? Welche Strategien verwendeten Sie bei der Suche? Welche Gefühle löste die Suche nach dem Wort bei Ihnen aus? Konnten Sie bemerken, dass Sie sich das gesuchte Schriftbild immer wieder anschauen mussten? Hatten Sie vielleicht Schwierigkeiten, sich zu merken, welche Zeilen Sie schon durchgesehen hatten?

Vielleicht konnten Sie feststellen, dass sich Ihr Verhalten beim »Lesen« eines hebräischen Textes gar nicht so sehr von dem Verhalten Ihres Kindes beim Lesen eines Fibeltextes unterschied. Und in der Tat erleben Kinder unsere Schrift ja zunächst als etwas Undurchschaubares, das aus irgendwelchen Strichen und Kreisen besteht. Eigentlich ist es ein Wunder, dass nahezu alle Kinder das Lesen irgendwann trotzdem lernen und dann zum Beispiel wissen: Ein »f« ist kein »t«, aber ein »t« ist das Gleiche wie ein »t«, ein »r« ist kein »n«, aber ein »M« ist dasselbe wie ein »M« ein »e« in »Elefant« hört sich anders an als ein »e« in »Ofen«, wird aber gleich geschrieben, ein »k« sieht anders aus als ein »ck«, wird aber gleich gesprochen …

Wollen Sie noch einmal einen Selbstversuch wagen? Ja? Der folgende kann Ihnen zeigen, wie schwer es ist, unsere Schreibschrift (lateinische Ausgangsschrift) zu erlernen. Nehmen Sie sich also bitte ein Blatt Papier, und üben Sie die folgenden Buchstaben, indem Sie jeweils eine Reihe schreiben:

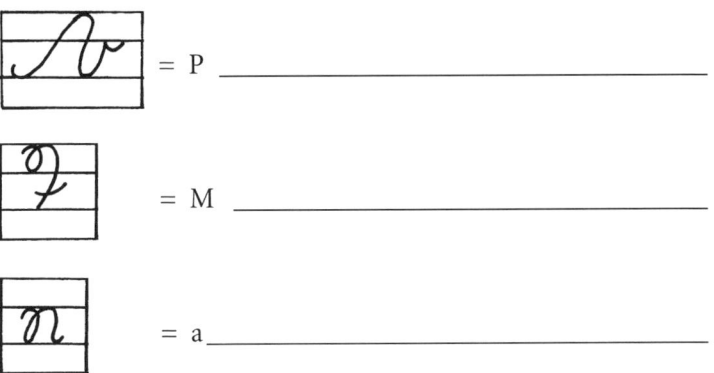

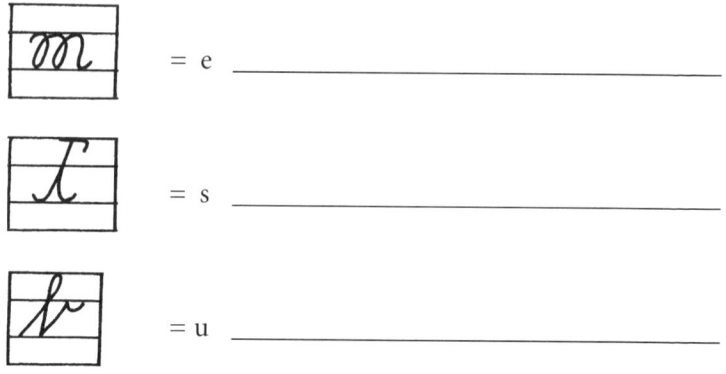

Versuchen Sie nun, das Wort 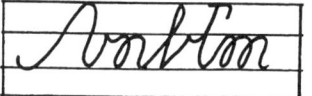 zu lesen! Können Sie auch das Wort »Maus« schreiben? Wie ergeht es Ihnen dabei? Wie lange brauchen Sie, um das Wort »Maus« flüssig schreiben zu können? Wie lange müssen Sie üben, bis Sie das Wort auswendig können? Glauben Sie, dass Sie das Wort in einer Stunde noch zu schreiben vermögen?

Sie haben vielleicht bemerkt, dass es gar nicht so einfach ist, »lesen« und »schreiben« zu lernen. Wer hier helfen möchte, braucht in der Tat Geduld und auch ein gewisses Einfühlungsvermögen in die Schwierigkeiten des anderen. Dies gilt für alle schulischen Inhalte, die jenen Menschen, die sie schon durchschaut haben, natürlich leicht fallen. Wer aber lesen lernt oder erstmals multipliziert oder dividiert oder seinen ersten Erlebnisaufsatz schreiben soll, hat eine wirklich große Aufgabe zu meistern.

Eltern, die ihr Kind am Schulanfang unterstützen möchten, können dies auf vielfältige Weise tun. Sie können es verständnisvoll begleiten und ihm darüber hinaus einige nützliche Fertigkeiten vermitteln. Am wichtigsten dürfte es aber sein, das Kind als ganze Person und nicht nur noch als Schüler zu erleben und es mit all seinen Schwierigkeiten anzunehmen.

Überblick: Wie Eltern ihr Kind am Schulanfang unterstützen können

Eltern können ihrem Kind den Schulanfang bedeutend erleichtern, indem sie
- dem Kind vor der Schule keine Angst machen (»Warte nur, bis du erst in der Schule bist ...«),
- bei dem Kind keine übertriebenen Erwartungen wecken (»Da hat es viele nette Kinder, und ihr macht lauter tolle Sachen ...«),
- Schulranzen, Mäppchen etc. in Ruhe mit dem Kind gemeinsam aussuchen,
- dem Kind helfen, seinen Namen schreiben zu lernen,
- dafür sorgen, dass sich das Kind alleine an- und ausziehen kann,
- dem Kind zeigen, wie man seinen Schulranzen und sein Mäppchen in Ordnung hält,
- mit dem Kind üben, wie man einen Schnellhefter und ein Hausaufgabenheft benutzt,
- mit dem Kind üben, wie man Stifte spitzt, radiert, schneidet und klebt,
- den ersten Schultag als Festtag in der Familie gestalten,
- mit dem Kind keinen Schulstoff vorüben,
- die Schreibweisen des Kindes beim Schreiblernprozess zunächst nicht korrigieren,
- die Schreibweisen des Kindes in persönlichen Nachrichten und lieben Briefen an sie selbst weder jetzt noch in höheren Klassen korrigieren (z.B. »HALOH LIBEMAMA«),
- das Kind in den ersten Schultagen fragen, ob es Hausaufgaben aufhat und ob es mit diesen zurechtkommt,
- dem Kind in den ersten Schultagen oder Schulwochen eventuell das Nachsehen der Hausaufgaben anbieten,
- dem Kind zeigen, wie es sich seinen Arbeitsplatz für die Anfertigung der Hausaufgaben zweckmäßig herrichten kann,
- das Kind an eventuell aufgegebene langfristige Hausaufgaben (z.B. Wachstum einer Pflanze protokollieren) erinnern,

- das Kind nicht nur nach seinen Leistungen, sondern auch und gerade nach seinen Erlebnissen in der Schule fragen,
- das Kind nicht mit anderen vergleichen, sondern seine eigenen Fortschritte anerkennen,
- dem Kind klarmachen, dass ein Lernen ohne Fehler nicht möglich ist,
- und bei Schwierigkeiten und Unklarheiten Kontakt mit der Lehrerin aufnehmen.

Naegele, I. M./Haarmann, D. (Hrsg.): Schulanfang heute. Ein Handbuch für Elternhaus, Kindergarten und Schule. Weinheim, 3. Auflage 2001.

Die fünfte Klasse: ein zweiter Schulanfang

Der Übergang auf die weiterführende Schule wirft in unserem dreigliedrigen Schulsystem in der Regel lange seinen Schatten voraus. Manche Eltern wollen schon im ersten Schuljahr von der Lehrerin wissen, ob es einmal für das Gymnasium reichen wird, und die allermeisten Eltern wünschen sich für ihr Kind das Abitur. Der Druck, der auf den Kindern lastet, ist oft enorm. Vor allem im vierten Schuljahr wird er spürbar, und das insbesondere in jenen Bundesländern, in denen nicht die Eltern, sondern primär die Lehrerinnen und Lehrer über die weitere Schullaufbahn der Kinder entscheiden. Viele Lehrerinnen, die ein viertes Schuljahr unterrichten, berichten von stark belasteten Kindern, die bei der Rückgabe von Klassenarbeiten weinen und von Ängsten vor ihren Eltern erzählen. Manche Kinder fürchten auch, ihre Eltern zu enttäuschen und diese traurig zu stimmen. Für ein zehnjähriges Kind kann dies eine sehr ungesunde Sorge sein.

Der Beginn an der neuen Schule ist dann noch einmal ein zweiter Schulanfang und verlangt, wie jede Veränderung, eine Umstellung und Anpassung an die neuen Gegebenheiten. Das Kind muss sich im fünften Schuljahr wieder an neue – und viele – Lehrerinnen und Lehrer gewöhnen, an neue Mitschülerinnen und Mitschüler, an andere Räume, andere Abläufe und weitere Fächer. Wieder muss es seinen Platz in der Klasse finden und mit den neuen Anforderungen umzugehen lernen. Schwierig, vor allem am Gymnasium, ist es für viele Kinder, dass es neben dem Klassenlehrer nun auch noch viele Fachlehrer gibt und die Lehrerinnen und Lehrer oft Mühe haben, sich auf die Situation so junger Schülerinnen und Schüler einzustellen. In der nachmittäglichen Hausaufgabensituation zeigt sich dann häufig die Überforderung der Kinder durch die neue Situation, wenn die Kinder nicht mehr in der Lage sind, sich ihre Arbeit zweckmäßig einzuteilen und zu organisieren. Deshalb ist es in den ersten Wochen des fünften Schuljahres oft nötig, dass die Eltern ihr Kind bei der Organisation – und nicht bei der eigentlichen Anfertigung – der Hausaufgaben noch einmal unterstützen, bis es sich an die neue Situation gewöhnt hat (siehe Abschnitt »Lukas verliert leicht die Übersicht«, S. 151). Dies darf allerdings nicht bedeuten, dem Kind die Verantwortung abzunehmen und ihm nichts mehr zuzutrauen. Mit etwas Unterstützung sind Kinder nämlich in der Regel sehr schnell in der Lage, sich auf neue Anforderungen einzustellen. Ist dies jedoch einmal nicht der Fall, so besteht der Verdacht, dass die Lehrerinnen und Lehrer sich nicht ausreichend in die Lage der Kinder eindenken und einfühlen. In diesem Fall kann nur ein Gespräch mit der Klassenlehrerin oder dem Klassenlehrer helfen, sei es im Einzelgespräch oder am Elternabend.

Lese-Rechtschreib-Schwierigkeiten (LRS)

Ikee enenba Zoo
das ist dol
dosind esebl und Affen
dioven Affen Spmilen
di Esel sind kros
kdve ech en Esel
nein, ech mdleb Zoo

Haben Sie versucht, den oben stehenden Text zu verstehen? Wenn ja, so war dies sicherlich nicht ganz einfach. Es handelt sich bei diesem Text um ein Diktat, das von dem siebenjährigen Moritz am Ende des ersten Schuljahres geschrieben wurde. Das gleiche Diktat sah bei seiner Nachbarin Annika dagegen wie folgt aus:

ich gehe in den Zoo
das ist toll
da sind Esel und Affen
die Affen spielen schön
die Esel sind groß
kaufe ich einen Esel
nein, ich male den Zoo

Wie werden wohl Moritz' Eltern auf das Diktat reagiert haben? Und wie wird sich wohl Moritz selbst bei der Rückgabe gefühlt haben? Nun, man kann es sich gut vorstellen: Er wird in hohem Maße enttäuscht gewesen sein, vielleicht auch ziemlich ratlos. Wenn das Diktat kein Einzelfall geblieben ist, wovon leider nicht auszugehen ist, so wird Moritz vermutlich bald etwas von den typischen Problemen eines Kindes mit Lese-Rechtschreib-Schwierigkeiten gezeigt haben: Misserfolgserwartung, Schulunlust oder Schulangst, mangelndes Selbstwertgefühl und vielleicht auch ein auffälliges Verhalten. Manche Kinder gehen so weit, dass sie sich absichtlich nicht anstrengen, um ihrer Umgebung anzuzeigen: Es liegt gar nicht an meiner Fähigkeit, ich bin nicht dumm – ich will bloß nicht. Wenn ich nur wollte, dann könnte ich auch.

Kinder mit Lese-Rechtschreib-Schwierigkeiten haben es schwer. Sie versagen in einem ganz zentralen Bereich des schulischen Lernens und kommen mit purer Anstrengung einfach nicht weiter. Oft vertuschen sie ihre Schwierigkeiten, bis sie sich nicht mehr übersehen lassen. Ihre Eltern sind häufig völlig ratlos, enttäuscht und auch aufgebracht. Nicht selten leidet die Eltern-Kind-Beziehung, die für das Kind, das in der Schule Schwierigkeiten hat, doch gerade so wichtig ist.

Lese-Rechtschreib-Schwierigkeiten kommen häufig vor. Das hat viele Gründe. Ein Grund besteht ganz einfach darin, dass das Lesen-und-Schreiben-Lernen bei verschiedenen Kindern verschieden lang dauert. Unser traditionelles Schulsystem mit seinen Jahrgangsklassen sieht aber vor, dass alle Kinder zur gleichen Zeit das Gleiche können. Das ist, nüchtern betrachtet, eine aberwitzige Vorstellung, die sich allerdings in vielen Köpfen hartnäckig hält. Ist nun ein Kind, aus welchen Gründen auch immer, langsamer als die anderen, so wird es schnell zum Versager. Ein Grund für die Häufigkeit von Lese-Rechtschreib-Schwierigkeiten ist aber auch, dass Lesen und Schreiben zwei außerordentlich komplexe Vorgänge darstellen. Sie bedürfen zahlreicher Teilfähigkeiten, die im konkreten Fall zusammengeführt werden müssen.

Überblick: Was braucht ein Kind, um lesen und schreiben zu lernen?

Lesen und Schreiben sind zwei sehr komplexe Vorgänge. Zahlreiche Teilfähigkeiten und Bedingungen sind hier von Bedeutung:
- akustische Wahrnehmungs- und Unterscheidungsfähigkeit (z.B. g–k hören);
- optische Wahrnehmungs- und Unterscheidungsfähigkeit (z.B. d–b sehen);
- rhythmische Wahrnehmungs- und Unterscheidungsfähigkeit (z.B. kurzes a–langes a hören);
- melodische Wahrnehmungs- und Unterscheidungsfähigkeit;
- gute Artikulation;
- motorische Geschicklichkeit;
- gelingende Auge-Hand-Koordination;
- sicheres Raumgefühl;
- Konzentration;
- Gedächtnisleistungen;
- Selbstvertrauen;
- Lust auf das Lernen;
- Interesse und Freude am gedruckten Wort;
- Schreibendürfen mit der geeigneten Hand (kein Umgewöhnen bei Linkshändigkeit);
- ein geeigneter Unterricht.

Sind mehrere Teilfähigkeiten oder Bedingungen nicht ausreichend entwickelt bzw. vorhanden, so kann das Lesen-und-Schreiben-Lernen zum Problem werden. Die Kinder schaffen es lange nicht, einfache Wörter zu erlesen, und selbst nach Jahren gelingt das Abschreiben von der Tafel nur fehlerhaft. Diktate fallen katastrophal aus und häufig gibt es auch Schwierigkeiten beim Erlernen einer Fremdsprache. Die Kinder vermeiden zunehmend alles, was mit Lesen und Schreiben zu tun hat. Früher wurden diese Kinder als Legastheniker bezeichnet. Dieser Begriff findet seit einigen Jahren kaum noch Verwendung. Unter Legasthenie verstand man früher eine Art Krankheit, die sich in bestimmten Fehlerarten (z. B. Verwechslung von b und d) zeigen und nur bei normaler bis guter Intelligenz vorkommen sollte. Heute geht man davon aus, dass eben alle Kinder, die Schwierigkeiten mit dem Lesen-und-Schreiben-Lernen aufweisen, Lese-Rechtschreib-Schwierigkeiten (LRS) haben. Man geht nicht mehr davon aus, dass LRS-Kinder *andere* Fehler als ihre Mitschülerinnen und Mitschüler machen, sondern dass ihnen *mehr* Fehler als diesen unterlaufen. Auch besteht inzwischen weitgehende Übereinstimmung in der Auffassung, dass am Entstehen von Lese-Rechtschreib-Schwierigkeiten in der Regel angeborene und erworbene Faktoren beteiligt sind. Welche dies genau und zu welchen Teilen sind, ist noch nicht zu Ende erforscht.

Kinder mit LRS brauchen unbedingt Hilfe. Diese Hilfe muss professionell sein und kann nicht von den Eltern geleistet werden. Die Eltern können sich nur an den Fördermaßnahmen beteiligen bzw. ihr Kind allgemein unterstützen. Geleistet werden muss die Hilfe von der Schule, sei es durch spezielle Angebote im Unterricht, durch zusätzliche Förderkurse oder besondere Einzelmaßnahmen. So gibt es in manchen Bundesländern Kooperationen mit der Förder- bzw. Sonderschule oder andere ambulante Maßnahmen, die zeitweise (ca. 10 bis 12 Wochen dauernde) Beschulung an einer speziellen LRS-Schule oder Hilfen schulpsychologischer Beratungsstellen. Eltern sollten zunächst diese Hilfen ausschöpfen, bevor sie sich auf dem kommerziellen – und nicht immer qualifizierten – Nachhilfemarkt (siehe S. 201) umsehen. Alle Bundesländer sehen für LRS-Kinder spezifische Hilfen und auch eine zurückhaltende Gewichtung der schwachen Schreibleistungen bei der Notengebung und beim Übergang auf eine weiterführende Schule vor.

Idealerweise beginnt eine LRS-Förderung mit einer genauen Beobachtung und Beschreibung des Kindes und seiner Schwierigkeiten durch die Klassenlehrerin oder den Klassenlehrer. In manchen Fällen ist dies nur eingeschränkt möglich, da die meisten Lehrerinnen und Lehrer in ihrer Ausbildung nichts oder so gut wie nichts über LRS erfahren haben. Oftmals wird deshalb eine weitere Person zur genauen Diagnose hinzugezogen. Dies könnte z. B. eine Beratungslehrerin, eine Sonderschullehrerin oder ein Schulpsychologe sein. Der tatsächliche Förderbedarf wird – je nach Bundesland – von der Klassenlehrerin, der Klassenkonferenz, dem Schulleiter, dem Schulamt oder einem Schulpsychologen festgestellt. Die Fördermaßnahmen selbst können dann sehr unterschiedlich aussehen: Rhythmisches Mitsprechen, Lautgebärden, Regeltraining oder Wahrnehmungsübungen sind nur einige von vielen Möglichkeiten. Zur Förderung gehört es selbstverständlich auch, die Kinder wieder zum Lernen zu motivieren und ihr Selbstvertrauen zu stärken. Bloße Schreibübungen helfen bei Lese-Rechtschreib-Schwierigkeiten dagegen sicher nicht.

Eine Förderung sollte möglichst schon im ersten, spätestens aber im zweiten Schuljahr beginnen, um nicht unnötig kostbare Zeit verstreichen zu lassen. Manche Eltern haben schon vor Schulbeginn den Verdacht, ihr Kind könnte sich mit dem Lesen und Schreiben einmal schwer tun. Dies kann insbesondere dann der Fall sein, wenn das Kind schon Schwierigkeiten mit dem Sprechenlernen hatte oder mehrere für das Lesen notwendige Teilfähigkeiten (siehe »Überblick: Was ist notwendig, um lesen und schreiben zu lernen?«) ungenügend entwickelt erscheinen. In einem solchen Fall empfiehlt es sich, sich an eine kompetente Erzieherin oder Kooperationslehrerin, an eine Frühförderstelle oder an eine Beratungsstelle zu wenden. Auch die Kinderärzte wissen oft, wer vor Ort eine Diagnose stellen und eventuell noch vor Schulbeginn eine Förderung einleiten kann. Diese Förderung hat aber nur dann einen Sinn, wenn sie von den Eltern nicht mit übertriebenen Ängsten, sondern mit der Gewissheit begleitet wird, vorbeugend helfen zu können.

Wichtigste Aufgabe der Eltern ist es sicherlich, dem Kind die Sicherheit und Geborgenheit zu geben, die es braucht, um sich trotz großer Schwierigkeiten immer wieder neu auf das Lesen und Schreiben einzulassen. Darüber hinaus gibt es noch einige

Möglichkeiten der häuslichen Förderung, die Eltern aber nur dann ergreifen sollten, wenn sie nicht das Gefühl haben, ihr Kind nur noch als LRS-Kind zu sehen. In jedem Fall abzulehnen ist stundenlanges Üben, das den Widerwillen des Kindes dem Lesen und Schreiben gegenüber nur noch verstärkt.

Sinnvoll können der Einsatz geeigneter Spiele, also z. B. eines Wort-Bild-Memorys oder eines Wort-Bild-Dominos, sein sowie alle Möglichkeiten, die das Kind zum Lesen und Schreiben im Alltag auffordern:

- mit dem Kind schriftlich Nachrichten austauschen,
- das Kind den Einkaufszettel schreiben lassen,
- dem Kind einen Zettel mit dem »Mittagsmenü« in die Vesperdose legen,
- das Kind im Restaurant die Speisekarte lesen lassen,
- beim Kochen das Kind das Rezept vorlesen lassen,
- während der Autofahrten mit dem Kind Orts- und Straßenschilder lesen,
- im Urlaub ein Tagebuch schreiben,
- mit dem Kind Glückwunschkarten gestalten und schreiben,
- dem Kind das Fernsehprogramm geben,
- Begriffe im Lexikon nachschlagen lassen,
- Bücher mit großer Schrift und großem Zeilenabstand sowie Flattersatz aussuchen,
- vorlesen,
- selbst lesen.

Beteiligen sich Eltern in Absprache mit der Lehrkraft an den Fördermaßnahmen, so erscheint es wichtig, Konsonanten zu lautieren und nicht zu buchstabieren, also z. B. »b« und nicht »be« zu sagen. Wichtig beim Üben ist es auch, einem Kind nie falsche Wortbilder zum Korrigieren zu präsentieren – so motivierend das auch sein mag. Denn die Kinder stehen sonst in Gefahr, sich das falsche Wortbild einzuprägen. Manchen Kindern, die mit ihrer Schrift große Probleme haben, hilft es auch, am Computer zu üben und dort Texte zu schreiben. Gerade im Hinblick auf LRS-Kinder verfügen manche Schulen auch über gute Lernprogramme, die sich die Eltern dann für das häusliche Üben besorgen können. Schließlich und endlich wird es darauf ankommen, Geduld zu bewahren und auch kleine Fortschritte anzuerkennen. Denn alle Eltern, die ein LRS-Kind begleitet haben, wissen es: Erfolge stellen sich bei Lese-Rechtschreib-Schwierigkeiten nur langsam ein, aber: Sie stellen sich ein.

Es gibt zahlreiche Bücher für Eltern mit LRS-Kindern. Empfehlenswert ist zum Beispiel:

- Naegele, I. M.: Schulschwierigkeiten in Lesen, Rechtschreibung und Rechnen. Vorbeugen, verstehen, helfen. Ein Elternhandbuch. Weinheim, 2. Auflage 2002.

- Empfehlenswert ist darüber hinaus der LRS-Ratgeber der »Aktion Bildungsinformation« (siehe S. 206), der unter anderem auch Informationen zu Nachhilfeinstituten und spezieller Lernsoftware für Kinder mit Lese-Rechtschreib- und Rechenschwierigkeiten enthält. Er kann gegen Rechnung direkt bei der ABI bestellt werden.

- Unterstützung, Rat und Hilfe für Eltern von LRS-Kindern bietet der Bundesverband Legasthenie e. V. (BLV) mit seinen Landesverbänden an: Bundesverband Legasthenie e. V., Königstraße 32, 30175 Hannover, Tel. 0511/318738, Fax 0511/318739, Internetadresse: www.legasthenie.net (info@legasthenie.net).

Aufmerksamkeitsdefizit-Störung (ADS)

Kinder, die nicht still sitzen können, gibt es schon lange und auch oft – so lange und so oft, dass dieses Thema schon vor mehr als 150 Jahren Eingang in die Literatur fand:

> *»Ob der Philipp heute still*
> *wohl bei Tische sitzen will?«*
> *Also sprach in ernstem Ton*
> *Der Papa zu seinem Sohn,*
> *Und die Mutter blickte stumm*
> *Auf dem ganzen Tisch herum.*

So fängt die berühmte Geschichte vom Zappelphilipp in dem recht drastischen Buch »Der Struwwelpeter« an, und alle Eltern mit entsprechender Erfahrung können sich vorstellen, wie die Geschichte weitergeht, welchen Lauf sie nimmt: Der Zappelphilipp sitzt natürlich nicht still, sondern: »Er gaukelt und schaukelt, er trappelt und zappelt auf dem Stuhle hin und her.«

Dem armen Zappephilipp von damals würde heute vielleicht etwas mehr Verständnis als vor 150 Jahren entgegengebracht werden. Schließlich wissen wir inzwischen, dass Kinder mit der so genannten Aufmerksamkeitsdefizit-Störung (ADS) sich nicht böswillig unruhig und unaufmerksam verhalten, sondern dass sie einfach nicht anders können. Doch schwer hätte es der aus der Literatur bekannte Zappelphilipp noch immer – und seine Eltern auch. Es ist wirklich nicht leicht, ein Kind sein Eigen zu nennen, das sich so gar nicht nach den eigenen Wünschen und Vorstellungen verhält. Und in der Hausaufgabensituation, die täglich zu bewältigen ist, können Kind und Eltern leicht an den Rand der Verzweiflung geraten.

Die Aufmerksamkeitsdefizit-Störung ist eine häufige Störung. Man geht davon aus, dass ca. drei bis fünf Prozent aller Kinder davon betroffen sind, Jungen wesentlich häufiger als Mädchen. Im wissenschaftlichen Sprachgebrauch ist von der Aufmerksamkeitsdefizit/Hyperaktivitätsstörung (AD/HS) oder der hyper-

kinetischen Störung die Rede. Zum Teil wird auch die Abkürzung ADD für »Attentional Deficit Disorder« verwendet. Im allgemeinen Sprachgebrauch hat sich bei uns aber der Begriff der Aufmerksamkeitsdefizit-Störung oder des Aufmerksamkeitsdefizit-Syndroms durchgesetzt. Die Aufmerksamkeitsdefizit-Störung kann rückblickend bis ins Säuglingsalter verfolgt werden. ADS-Kinder sind schon als Babys unausgeglichen, haben einen hohen Bewegungsdrang und fallen z.B. durch Schlaf- oder Essprobleme auf. ADS im Schulalter zeigt sich insbesondere in drei Symptomen:
- Unaufmerksamkeit
- Hyperaktivität
- Impulsivität

Kinder, die gelegentlich oder in bestimmten Situationen unaufmerksam sind oder einen großen Bewegungsdrang haben, leiden mit Sicherheit nicht an einer ADS. Gemeint sind hier Kinder, die diese Symptome in ungewöhnlich deutlicher Weise, dauerhaft und praktisch überall zeigen. Häufig haben ADS-Kinder noch weitere Probleme, haben also beispielsweise Lese-Rechtschreib-Schwierigkeiten oder zeigen ein ausgeprägt aggressives Verhalten. Wie es zur Aufmerksamkeitsdefizit-Störung kommen kann, ist noch nicht endgültig geklärt. Fest steht nach heutigem Erkenntnisstand aber, dass es wohl mehrere Ursachen gibt, dass das elterliche Verhalten aber keine primäre Ursache für das Entstehen einer ADS darstellt. Man geht vielmehr davon aus, dass vor allem biologische Faktoren hier ursächlich wirksam sind: Kinder mit ADS zeigen neurologische Auffälligkeiten. Insbesondere scheint es eine bedeutsame genetische Komponente zu geben. Die frühere Annahme, eine Schädigung des zentralen Nervensystems (minimale cerebrale Dysfunktion, MCD) durch Komplikationen während der Schwangerschaft oder Geburt sei eine Ursache der ADS, konnte in den letzten Jahren nicht bestätigt werden. Auch die immer wieder diskutierte These, Phosphat sei ein auslösender Faktor, wurde in der jüngeren Vergangenheit zunehmend verworfen.

> **Überblick: Typische Probleme und Verhaltensweisen von ADS-Kindern**
>
> Kinder mit einer Aufmerksamkeitsdefizit-Störung
> - lassen sich leicht ablenken,
> - können nicht lange bei einer Sache bleiben,
> - bringen Arbeiten oft nicht zu Ende,
> - machen viele Flüchtigkeitsfehler,
> - hören häufig nicht richtig zu,
> - reden häufig übermäßig viel,
> - haben Schwierigkeiten, Arbeiten zu planen,
> - zappeln häufig oder rutschen auf dem Stuhl herum,
> - unterbrechen oft andere oder drängen sich diesen auf
> - und können häufig nur schwer warten, bis sie an der Reihe sind.
>
> Diese Symptome sind bei verschiedenen ADS-Kindern natürlich verschieden stark ausgeprägt. So gibt es z.B. ADS-Kinder mit einem extremen oder auch eher gemäßigten Bewegungsdrang.

Auch wenn eine Aufmerksamkeitsdefizit-Störung nicht durch das elterliche Verhalten hervorgerufen wird, so kann sie doch durch dieses Verhalten ganz entscheidend beeinflusst werden – positiv wie negativ. Wichtig ist hier sicher zunächst einmal, dass Eltern und Kinder nicht in einen Kreislauf von negativem Verhalten und Strafen hineingeraten, der es dann irgendwann schwierig macht, sich liebevoll und aufmerksam aufeinander einzulassen. Kinder, die sich von ihren Eltern abgelehnt fühlen, sind unglücklich – und verhalten sich nochmals schwieriger.

> »Mein Sohn Paul ist jetzt sieben Jahre alt. Er leidet an ADS.
> Das heißt, das ist eigentlich nicht ganz richtig. W i r leiden
> nämlich an seiner ADS. Es war manchmal wirklich hart und
> ist es immer noch. Am schlimmsten war es, als er in die
> Schule kam und die ersten Hausaufgaben hatte. Ich hab mich
> oft dabei ertappt, dass ich mich gefragt habe, warum gerade
> ich so ein Kind bekommen musste. Ich hätte Paul am liebsten
> eingetauscht gegen irgend so ein nettes, braves Mädchen. Oft
> hätte ich ihn einfach gern losgehabt. Ja, das habe ich als seine
> Mutter gedacht und hatte gleich wieder fürchterliche Schuldgefühle dabei. Aber ich konnte einfach nicht mehr. Seitdem
> Paul in Behandlung ist und ich auch mehr Informationen
> habe, geht es uns allen besser. Vor allem habe ich begriffen,
> dass Paul nicht absichtlich so schwierig ist. Er kann einfach
> nicht anders. Und ich weiß jetzt auch, dass es nicht meine
> Schuld ist.«
>
> (Frau G., Mutter eines Sohnes)

Eltern, die den Verdacht haben, dass ihr Kind an einer ADS leidet, wenden sich am besten an einen speziellen Kinderarzt oder an einen Kinderpsychiater. Eine Aufmerksamkeitsdefizit-Störung wächst sich nicht einfach von alleine aus, sondern muss behandelt werden, und zwar unbedingt von einem Fachmann oder einer Fachfrau. Welche Behandlung für welches Kind geeignet ist, muss dann individuell entschieden und unter Umständen ausprobiert werden. Dies verlangt viel Zeit und viel Kompetenz von der behandelnden Person. Häufig werden ADS-Kinder mit gutem Erfolg medikamentös behandelt. Nach den derzeit vorliegenden Zahlen sprechen etwa 70–85% aller Kinder auf die verordneten Arzneimittel an. Allerdings halten die Effekte nur während der Behandlung an. Nach Absetzen der Medikamente sind die alten Symptome wieder da. Bei den verwendeten Medikamenten handelt es sich fast immer um Psychostimulanzien, also um anregende Mittel. Sie machen nicht süchtig und haben bei richtiger Wahl und richtiger Dosierung eher selten und meist auch nur am Beginn der Behandlung Nebenwirkungen. Häufig kann die Behandlung mit Beginn der Pubertät beendet werden. Ob es langfristige ungünstige Auswirkungen einer solchen medikamentösen Therapie gibt, ist derzeit allerdings noch nicht geklärt. Betroffene Eltern sollten deshalb mit dem behandelnden Arzt ein ausführliches Gespräch führen.

Auch wenn Eltern sich für eine medikamentöse Therapie entscheiden, so sollten sie doch unbedingt eine Beratung oder ein Training für sich und eventuell auch ein Training oder eine psychotherapeutische Behandlung für ihr Kind in Anspruch nehmen. Dies gilt vor allem im Hinblick auf Kinder mit längerer Leidensgeschichte, die häufig zusätzliche Schwierigkeiten, so genannte Sekundärsymptome, entwickelt haben.

Manche Eltern, die eine medikamentöse Therapie ablehnen, können auch nach einer Beratung oder einem Training allein eine deutliche Besserung bei ihrem Kind verspüren. Hilfreich, wenngleich mehr als zusätzliche Verfahren, können auch Entspannungstechniken oder Ergotherapie sein. Diäten sind dagegen nach den vorliegenden Studien nur in seltenen Einzelfällen wirksam.

Eltern, deren Kind an ADS leidet, sollten unbedingt mit der Klassenlehrerin oder dem Klassenlehrer darüber sprechen. Es ist wichtig, dass den Lehrerinnen und Lehrern klar ist, dass das Kind nicht aus Böswilligkeit schulische Aufgaben nicht in der erwarteten Weise erfüllt, sondern dass es nicht anders kann. Auch können Lehrerinnen und Lehrer durch ihr Verhalten ein ADS-Kind im Unterricht gezielt unterstützen. Dies können auch Eltern im Alltag tun, indem sie beispielsweise

- ihrem Kind zeigen, dass sie es annehmen und schätzen,
- die besonderen Fähigkeiten ihres Kindes fördern und so sein Selbstwertgefühl stärken,
- ihrem Kind auch etwas zutrauen,
- ihrem Kind ermöglichen, seinen Bewegungsdrang so oft wie möglich auszuleben,
- für einen geordneten, geregelten Tagesablauf sorgen,

- wenige, aber feste Regeln mit dem Kind aufstellen und auf deren Einhaltung unbedingt achten,
- bei den Hausaufgaben oder auch beim Essen möglichst alle Ablenkungen entfernen,
- positives Verhalten bemerken und das Kind sofort dafür loben,
- Schreien, Kreischen und Wutanfälle ignorieren, für das Kind also kein Publikum bilden,
- ihr Kind bei aggressivem Verhalten für kurze Zeit in ein anderes Zimmer schicken
- und das Kind bei Misserfolgen trösten.

Wichtig ist darüber hinaus, dass die Eltern – so schwer es sein mag – ohne schlechtes Gewissen auch an ihre eigenen Bedürfnisse denken und nicht versuchen, 24 Stunden am Tag perfekt und immer geduldig zu sein. Vor allem die Mütter, die sich viele Stunden am Tag um ihr oft schwieriges Kind bemühen, brauchen unbedingt einen Freiraum und Stunden, in denen sie nur an sich selbst zu denken brauchen.

Es gibt inzwischen zahllose Literatur zum Thema ADS. Empfehlenswert ist beispielsweise:

📖 Holowenko, H.: Das Aufmerksamkeitsdefizit-Syndrom. Wie Zappelkindern geholfen werden kann. Weinheim, 5. Auflage 2002.

📖 Schiffer, E./Schiffer, H.: Nachdenken über Zappelphilipp – ADS: Beweg-Gründe und Hilfen. Weinheim 2002.

📖 Pentecost, D.: Alltagsprobleme mit ADS-Kindern wirkungsvoll lösen. Das ADDapt-Programm. Weinheim 2002.

📖 Farnkopf, R.: ADS und Schule. Tipps für Unterricht und Hausaufgaben. Weinheim 2002.

👌 Nützlich kann für betroffene Kinder und ihre Eltern die folgende Adresse sein:
Bundesverband der Elterninitiative zur Förderung hyperaktiver Kinder e. V., Postfach 60, 91291 Forchheim, Tel. 09191/34874, Internetadresse: www.bvah.de
Zu empfehlen ist darüber hinaus – bei allen Problemen mit Kindern – ein Kontakt mit dem Kindernetzwerk e. V., das zu 1.750 Schlagwörtern von Aase-Syndrom bis Zytomegalie, von Montessori-Pädagogik bis Musiktherapie, Literaturübersichten, Elternadressen, Adressen von Elternselbsthilfegruppen, Adressen von besonderen Krankenhäusern und Rehaeinrichtungen u. a. m. anbietet:
Kindernetzwerk e. V., Hanauer Straße 15, 63739 Aschaffenburg, Tel. 06021/12030 oder 0180/5213739, Internetadresse www.kindernetzwerk.de (info@kindernetzwerk.de).
Therapeutische Auskünfte werden vom Kindernetzwerk nicht erteilt. Bei schriftlichen Anfragen muss ein Rückporto beigelegt werden. Umfassendere Informationen werden gegen Rechnung abgegeben. Anfragen per Fax können nicht bearbeitet werden. Übrigens: Wenn Sie selbst eine Selbsthilfegruppe gegründet haben, so wäre es toll, Sie würden das Kindernetzwerk davon in Kenntnis setzen.

8. Ganztagsschule und Hausaufgabenbetreuung

Die beste Lösung des Hausaufgabenproblems: die Ganztagsschule

Für die Lösung des Hausaufgabenproblems gibt es eigentlich eine ganz einfache Lösung: die Ganztagsschule. Dennoch werden in der Bundesrepublik im Hinblick auf diese Lösung immer wieder zwei große Vorbehalte angeführt. Dies sind zum einen die mit der Einrichtung von Ganztagsschulen verbundenen hohen Kosten. Zum anderen sind es die durchaus ernst zu nehmenden Bedenken vieler Eltern und auch anderer Menschen, die entweder eine weitere Verschulung der Kindheit und eine Entfremdung der Kinder von ihren Eltern befürchten oder die nachmittags die Schulkinder für sich als Vereinsnachwuchs oder als Verdienstmöglichkeit haben möchten.

Kann diesen Bedenken etwas Überzeugendes entgegengesetzt werden? Nun, vielleicht schon. Zunächst einmal ist zu fragen, ob es zu einer Entfremdung der Kinder von ihren Eltern kommen muss, wenn sich diese nachmittags sehen können, ohne sich konfliktbeladen durch die Hausaufgaben kämpfen zu müssen. Aus anderen Ländern, in denen die Kinder ganztags, also z. B. von 8 oder 9 Uhr bis 16 oder 17 Uhr zur Schule gehen, ist jedenfalls nichts Derartiges bekannt. Eine weitere Verschulung der Kindheit wäre dagegen tatsächlich zu befürchten, wenn die derzeitige Halbtagsschule einfach bis in den Nachmittag hinein ausgedehnt werden würde. Eine gute, kindgerechte Ganztagsschule verlangt nämlich ein anderes Konzept – ein Konzept, das bewirkt, dass die Kinder gerne bis in den Nachmittag hinein in *ihrer* Schule bleiben, um dort im Schulgarten zu arbeiten, zu tischlern oder Sport zu treiben, um qualifizierten Förderunterricht zu erhalten, besonderen Begabungen nachzugehen oder um auf dem schuleigenen Abenteuerspielplatz spielen zu können. Hier sind natürlich verschiedene Konzepte denkbar, dabei auch solche, bei denen örtliche Vereine oder die Kirchen in das Angebot einbezogen werden können.

Für Grundschulkinder ist es vielleicht angemessen, die Ganztagsschule als Angebotsschule zu organisieren, also als eine Schule, in der man zum Mittagessen und zu den nachmittäglichen Aktivitäten, zu speziellen Förderkursen und zur Hausaufgabenbetreuung bleiben kann, aber nicht muss. Für die weiterführenden Schulen kann sich neben der »offenen« Ganztagsschule auch ein »gebundenes« Modell mit ganztägiger Betreuung für alle anbieten, da hier – bedingt durch den häufigeren Nachmittagsunterricht und die oftmals langen Fahrtzeiten – ohnehin viele Lernende den ganzen Tag in der Schule verbringen. »Gebundene« Modelle haben den Vorteil, dass der Nachmittag nicht einfach an das vormittägliche Pflichtprogramm angehängt wird, sondern dass sich – z.B. an drei oder vier von fünf Tagen in der Woche – ganztags Phasen von An- und Entspannung, von geistiger und handwerklicher oder musischer Tätigkeit, von Stillsitzen und Bewegung abwechseln können. Darüber hinaus gibt es auch Mischkonzepte, bei denen ein oder zwei Nachmittage verpflichtend und die anderen freiwillig sind. Allen Modellen ist gemeinsam, dass die Schule hier einen anderen Charakter und eine andere Bedeutung im Leben der Kinder bekommen kann. Sie kann zu einem einladenden Ort werden, an dem sich die Kinder gerne aufhalten und an dem sie wichtige soziale Erfahrungen machen sowie eine sinnvolle Freizeitgestaltung lernen können.

Ein Ganztagsschulsystem, bei dem die Kinder nachmittags von Hausaufgaben weitgehend unbelastet nach Hause kommen, wäre für zahlreiche Familien eine große Erleichterung und würde das Ende vieler Probleme bedeuten. Beide Elternteile und auch insbesondere Alleinerziehende könnten vergleichsweise problemlos, ohne immensen Organisationsaufwand und ohne schlechtes Gewissen berufstätig und damit wirtschaftlich eigenständig sein. Sie könnten sich am späten Nachmittag und am Abend stressfrei mit ihren Kindern beschäftigen, könnten mit ihnen lesen, spielen oder auch einmal einen kleinen Ausflug unternehmen. Für berufstätige Eltern und Alleinerziehende, die sich sorgsam um das schulische Fortkommen ihres Kindes kümmern möchten, ist dies derzeit schlichtweg nicht möglich.

Besonders problematisch erscheint bei der derzeitigen Situation, dass – vor allem in den alten Ländern – die vielen Betroffenen die tägliche Doppel- und Dreifachbelastung und die nachmittägliche Betreuungsfrage nicht als ein strukturelles, von unserer Politik und Gesellschaft gemachtes Problem erleben, sondern als etwas Individuelles, das sie allein zu verantworten haben und das sie bei besserer Lebensplanung oder geringerem Egoismus nicht hätten haben müssen. Und so ist es kein Wunder, dass insbesondere die Mütter jahrelang mit schlechtem Gewissen und am Rande der Erschöpfung versuchen, doch noch irgendwie alles »unter einen Hut« zu bringen.

Doch wie steht es um die Kosten der Ganztagsschulen? Ja, sicher, Ganztagsschulen kosten mehr als Halbtagsschulen, sogar deutlich mehr (je nach Schätzung ca. 30–40% Mehrkosten). Aber: Kann sich die Bundesrepublik wirklich nicht das leisten, was für Länder wie Frankreich, England oder die USA schon längst möglich und üblich ist? Und: Ist nicht das Geld, das wir in Kinder investieren, das am besten angelegte Geld? Sollten wir nicht unsere Steuergelder lieber für die Bildung und Erziehung unserer Kinder verwenden, anstatt nebensächliche, nicht wirklich zentrale Vorhaben zu fördern? Und schließlich: Die Ganztagsschule, auch das sollte nicht übersehen werden, bietet nachmittags Bildung für alle, unabhängig vom Geldbeutel und Engagement der Eltern. Deshalb können hier auch benachteiligte oder gefährdete Kinder und Jugendliche gefördert werden – was vielleicht wesentlich billiger ist als spätere »Reparaturmaßnahmen«. Manche Bundesländer haben dies – zumindest ansatzweise – begriffen und halten es nicht mehr für eine familienfördernde Maßnahme, wenn auf Ganztagsschulen verzichtet wird. So gibt es derzeit noch sehr große Unterschiede zwischen den Bundesländern, was die Versorgung mit Ganztagsschulen betrifft. Eltern, die Ganztagsschulen für wichtig halten, sei es aus persönlichen oder aus grundsätzlichen Erwägungen, können auf kommunaler Ebene eine Initiative mit dem Ziel starten, eine vorhandene Halbtagesschule zu einer Ganztagsschule umzuwandeln oder wenigstens zu einer Schule mit ganztägiger Betreuung. Viele Ganztagsangebote sind auf diesem Weg – und nicht von oben verordnet – entstanden.

Für Alleinerziehende bietet der Verband allein erziehender Mütter und Väter e.V. (VAMV) ein informatives und regelmäßig aktualisiertes Taschenbuch (»Tipps und Informationen«) an. Es kann bezogen werden beim

Verband allein erziehender Mütter und Väter Bundesverband e.V. (VAMV), Hasenheide 70, 10967 Berlin. Tel.: 030 695 978 6, Fax: 030 695 978 66.
Der Verband bietet auch eine Informations- und Beratungshotline (Mo–Fr von 9–14 Uhr) unter der Nummer 0190-898929 an.

- Internetadresse: www.vamv-bundesverband.de (vamv-bv@netcologne.de)

Den Ort der nächstgelegenen Ganztagsschule können Eltern vom Schulamt erfahren. Informationen sowie ein Verzeichnis von Ganztagsschulen gibt es darüber hinaus beim Ganztagsschulverband GGT e. V., Arolser Straße 11, 60389 Frankfurt/Main.

- Internetadresse: www.ganztagsschulverband.de

Schülerhort und Hausaufgabenbetreuung

Der Bedarf an Ganztagsbetreuung in Deutschland ist weitaus höher als das momentane Angebot. Man geht davon aus, dass derzeit ca. 20–40% aller Eltern für ihre Kinder eine ganztägige Schule bzw. Betreuung wünschen. Um diesem Bedarf trotz fehlender Ganztagsschulen wenigstens ein Stück weit nachzukommen, wurden in zahlreichen Städten entsprechende Betreuungseinrichtungen geschaffen bzw. werden verschiedene Modelle der Hausaufgabenbetreuung angeboten.

Der Schülerhort: qualifizierte und verlässliche Betreuung

In manchen Städten können Kinder nach der Schule in einen Hort gehen, der entweder eine selbstständige kommunale bzw. kirchliche Einrichtung darstellt oder einem Kindergarten oder einer Kindertagesstätte angegliedert ist. Auch hier bekommen die Kinder ein warmes Essen und eine Betreuung bei den Hausaufgaben. Sind sie mit ihren Aufgaben fertig, so können sie frei gewählten Aktivitäten nachgehen oder sich an Freizeitangeboten beteiligen. In den neuen Ländern hat diese Art der nachmittäglichen Betreuung eine lange Tradition.

Die Betreuung im Hort, die in der Regel von ausgebildeten Erzieherinnen geleistet wird, verschafft Berufstätigen und Alleinerziehenden nachmittags den notwendigen Freiraum. Und viele Kinder schätzen »ihren« Hort, weil sie dort interessante Freizeitangebote vorfinden und mit anderen Kindern spielen können. Nachteilig für die Kinder ist allerdings, dass sie Personen und Räumlichkeiten nach der Schule wechseln müssen und nicht wie bei einer Ganztagsschule in »ihrer« Schule bleiben können. Für die Eltern ergibt sich – je nach Gemeinde – das Problem, dass bei dieser Betreuungseinrichtung zum Teil hohe Gebühren anfallen.

Dennoch sind Hortplätze in der Regel rar, sodass sich eine frühzeitige Anmeldung empfiehlt.

Spielen und lernen: Hausaufgabenbetreuung in gemeinnützigen Einrichtungen

An vielen Orten bieten kirchliche Organisationen (Caritas, Diakonisches Werk), die Arbeiterwohlfahrt, der Deutsche Kinderschutzbund und weitere gemeinnützige Einrichtungen die Möglichkeit einer Hausaufgabenbetreuung an. Dabei wird zumeist nicht nur auf ein vollständiges, richtiges und sauberes Anfertigen der Hausaufgaben geachtet, sondern es werden auch gemeinsame spielerische Aktivitäten durchgeführt, die Spaß machen und soziales Lernen fördern. Manchmal besteht auch das

Angebot eines warmen Mittagessens, sodass die Kinder direkt von der Schule zur Hausaufgabenbetreuung gehen können.

Besonders hervorzuheben sind bei einer Betreuung in gemeinnützigen Einrichtungen das zumeist große Engagement der Mitarbeitenden (Lehrkräfte, Schülerinnen und Schüler, Studierende und Eltern) sowie die nur geringen Kosten. Ein Nachteil liegt oftmals darin, dass die Betreuung nur an einigen Tagen in der Woche stattfindet.

Eine teure Alternative: die kommerzielle »Aufgabenüberwachung«

Dass die Not der Schüler und ihrer Eltern zum Teil wirklich groß sein muss, zeigt der nachhaltige Andrang auf die kommerziellen Hausaufgabeninstitute, die für teures Geld – und in unterschiedlicher Qualität – eine »Aufgabenüberwachung« bzw. Hausaufgabenbetreuung anbieten.

Unter diesen Instituten gibt es »schwarze« und »weiße« Schafe und so empfehlen sich immer ein kritischer Blick hinter die Kulissen sowie die Vereinbarung einer Probestunde. Gefragt werden sollte unter anderem nach der Ausbildung der am jeweiligen Institut tätigen Lehrkräfte, nach der Gruppengröße und der Gruppenzusammensetzung sowie nach den Zahlungs- und Kündigungsmodalitäten. Gute Institute können sich eine monatliche Kündigungsfrist leisten, während andere darauf angewiesen sind, ihre »Kundschaft« möglichst lange an sich zu binden. Sehr hilfreich ist auch hier das Merkblatt der Aktion Bildungsinformation zur Einschätzung von Nachhilfeinstituten, das für Hausaufgabeninstitute in praktisch gleicher Weise gilt (siehe S. 206). Viele Institute bieten auch beides an, Nachhilfeunterricht und Hausaufgabenbetreuung.

Engagement, das sich lohnt: privat organisierte Hausaufgabenbetreuung

An manchen Schulen möchten Eltern nicht länger untätig warten und ergreifen selbst die Initiative, um eine Hausaufgabenbetreuung zu organisieren. Einige wechseln sich bei der Betreuung der Kinder ab, während andere gemeinsam eine arbeitslose Lehrkraft oder einen Lehramtsstudierenden engagieren. Dieses Engagement kommt häufig weniger den eigenen Kindern zugute als anderen, die vielleicht in irgendeiner Weise benachteiligt sind und besonderer Hilfe bedürfen. Doch auch die eigenen Kinder lernen etwas dabei – und sei es die Erkenntnis, dass man bei unbefriedigenden Zuständen nicht den Kopf in den Sand zu stecken braucht, sondern selbst die Initiative ergreifen kann.

> Elternprojekt »Hausaufgabenbetreuung für ausländische Grundschulkinder«
> In Tübingen dachte und arbeitete der Elternbeirat eines Gymnasiums (Uhland-Gymnasium) einmal in ungewöhnlicher Weise: Er bemüht sich nicht um die eigenen Kinder, sondern entwickelte ein Projekt für andere, benachteiligte Kinder. Es entstand die Idee, eine Hausaufgabenbetreuung für ausländische Grundschulkinder durch ältere Gymnasiastinnen und Gymnasiasten zu organisieren. Und so kommen in Tübingen seit mehr als zehn Jahren mehrmals pro Woche an inzwischen vier Grundschulen Schülergruppen zum gemeinsamen Arbeiten zusammen. Davon profitieren nicht nur die betreuten Kinder, sondern auch die Gymnasiastinnen und Gymnasiasten, die vom Förderverein des Gymnasiums zusätzlich ein kleines Anerkennungshonorar von 5 Euro pro Nachmittag bekommen.
> Ein Beispiel, das vielleicht Schule machen kann?

So können Eltern sich gegenseitig helfen

In unserer Gesellschaft wachsen fast alle Kinder in Klein- und Kleinstfamilien auf. Anders als vor 50 und mehr Jahren, als die Betreuung der Kinder praktisch immer gesichert war, sei es durch ältere Geschwister, Großeltern oder Nachbarn, entstehen heute immer wieder Betreuungsprobleme. Muss die Mutter beispielsweise am Nachmittag einen wichtigen Termin wahrnehmen, so steht sie leicht vor der fast unlösbaren Frage, was nun mit ihrem Kind geschehen soll.

Da fast alle Eltern mehr oder weniger oft vor Betreuungsproblemen stehen, bietet es sich an, schon frühzeitig ein soziales Netz zu knüpfen, also z.B. einen Kreis von Familien zu schaffen, der sich bei Betreuungsproblemen gegenseitig unterstützt.

Für manche Mütter, die vielleicht an ein oder zwei Tagen berufstätig sind, bietet es sich auch an, Frauen in der gleichen Lage zu suchen, um mit ihnen die nachmittägliche Betreuung aufzuteilen.

Ein solches gegenseitiges Betreuen gelingt natürlich nur dann, wenn sich alle Beteiligten gut verstehen, die Kinder weitgehend selbstständig arbeiten und die Eltern ähnliche Erziehungsvorstellungen sowie genügend Toleranz mitbringen. Eltern, die die Hausaufgabensituation nutzen möchten, um die Schulkarriere ihres Kindes zu überwachen und günstig zu beeinflussen, werden sich kaum für ein gegenseitiges Betreuen erwärmen können. Gleiches gilt für Eltern, die die vielleicht besonders guten Leistungen des eingeladenen Kindes argwöhnisch bestaunen und zum Maßstab für ihr eigenes Kind machen.

Eltern, die keine gleich gesinnten Familien in ihrer Nähe finden, können sich auch überlegen, ob sie eine ältere Schülerin oder einen älteren Schüler, eventuell aus ihrem Bekanntenkreis, für ein oder zwei Nachmittage in der Woche zu sich nach Hause einladen möchten. Die Schülerin oder der Schüler kann dann für ein kleines Honorar die eigenen Hausaufgaben zusammen mit dem Kind anfertigen und ihm ohne viel Aufwand Betreuer, Vorbild und Ansprechpartner sein.

Ist das Betreuungsproblem nicht nur kurzfristiger oder zeitweiser Art, so besteht die Möglichkeit, Kontakt mit dem örtlichen Verband der Tagesmütter aufzunehmen oder sich an den Tagesmütter-Bundesverband zu wenden:

Tagesmütter-Bundesverband für Kinderbetreuung und Tagespflege e. V., Breite Straße 2, 40670 Meerbusch, Tel. 02159/1377.

9. Eltern und Lehrerinnen und Lehrer arbeiten zusammen

Die Zusammenarbeit zwischen Eltern und Lehrerinnen und Lehrern: manchmal schwierig, doch immer wichtig

Eigentlich müssten Eltern und Lehrerinnen und Lehrer stets engagiert und eng zusammenarbeiten, haben sie doch beide dasselbe übergeordnete Ziel vor Augen, nämlich die umfassende

Förderung und das Wohl der Kinder. Tatsächlich ist die Zusammenarbeit von Eltern und Lehrerinnen und Lehrern jedoch häufig voller Spannungen und Konflikte, die das übergeordnete Ziel oftmals vergessen lassen – oder sie findet erst gar nicht statt.

Hindernisse aus der Sicht von Eltern

Nicht wenige Eltern fühlen sich im Kontakt mit der Schule und den Lehrerinnen und Lehrern wieder wie kleine Schüler und erleben nochmals Ängste und Beklemmungen, die sie schon längst für vergessen hielten. Sie tragen vielleicht auch die Sorge mit sich, sich aufgrund mangelnder Kenntnisse zu blamieren, oder sie bringen Fragen und Kritikpunkte nur zögernd vor, weil sie fürchten, diese könnten trotz gegenteiliger Absicht ihrem Kind mehr schaden als nützen. Andere Eltern bringen sich zunächst engagiert und ideenreich ein, doch wenn sie einige Male ihren geringen Gestaltungsspielraum bemerken mussten, schränken sie ihr ursprüngliches Engagement rasch wieder ein. Wiederum andere Eltern treffen auf Lehrkräfte, die an einer Zusammenarbeit wenig interessiert sind, die das Interesse der Eltern als zusätzliche Kontrolle missverstehen, sich hinter Vorschriften oder Fachbegriffen verstecken oder die Eltern nur als billige Arbeitskräfte und Nachhilfelehrer akzeptieren.

Hindernisse aus der Sicht von Lehrerinnen und Lehrern

Die Lehrerinnen und Lehrer ihrerseits beklagen häufig den zu engen Blickwinkel der Eltern, die nur für ihr eigenes Kind Augen haben und so vergessen, dass sich in einer Klasse noch zwanzig oder dreißig weitere Kinder befinden. Außerdem stellen Lehrkräfte immer wieder bedauernd fest, dass Eltern oftmals nur am messbaren Schulerfolg ihrer Kinder, d.h. an durchgenommenen Kapiteln, an Zensuren und Zeugnissen, interessiert sind und dabei weiter gehende und wichtige Fragen zum Verhalten und zur gesamten Persönlichkeitsentwicklung völlig vernachlässigen.

Schwierig ist die Zusammenarbeit mit Eltern für Lehrende auch deshalb, weil es nicht *die* Eltern gibt. Verschiedene Eltern sprechen eine Fülle höchst unterschiedlicher oder geradezu gegensätzlicher Erwartungen aus. Hinzu kommt, dass sich Lehrkräfte nicht nur mit den unterschiedlichen Vorstellungen der Eltern auseinander setzen müssen, sondern dass sie am Schnittpunkt weiterer Erwartungen, Interessen und Aufgaben stehen, die von den Lernenden und dem Kollegium, der Schulleitung und der Schulaufsicht an sie herangetragen werden.

Warum die Zusammenarbeit von Eltern und Lehrerinnen und Lehrern so wichtig ist

Die Zusammenarbeit von Eltern und Lehrerinnen und Lehrern erscheint unverzichtbar. Nur bei einem regelmäßigen Kontakt und Austausch ist es den Eltern möglich, das Geschehen in der Schule einzuordnen und zu begreifen. Auch können sie so viel eher einschätzen, ob die Schwierigkeiten ihres Kindes schon bedenklich oder noch im Rahmen sind. Die sonst üblichen Missverständnisse zwischen Elternhaus und Schule und das kritische gegenseitige Beäugen bleiben aus. Bei einem regelmäßigen Kontakt wird das »Informationsmonopol« der Kinder aufgebrochen, die sonst darüber bestimmen können, über welche Kenntnisse die eine Seite von der jeweils anderen verfügt. Oftmals erzählen Kinder – sei es aus echter Überzeugung oder bewusst gefärbt – zu Hause ja Dinge von der Schule und hin und wieder auch in der Schule Dinge von zu Hause, die so nie stattgefunden haben. Kommt es einmal tatsächlich zu einem größeren Problem, so kann dieses frühzeitig angesprochen und auch vergleichsweise leicht bewältigt werden. Vielleicht kommt es dann auch weniger zu dem sonst üblichen Mechanismus, bei dem die Eltern die Ursachen eines Problems vorwiegend in der Schule sehen, während Lehrerinnen und Lehrer die Ursachen desselben Problems vornehmlich am Elternhaus festmachen – ein ziemlich ungeeigneter Mechanismus, um Schwierigkeiten gemeinsam zu bewältigen. Hinzu kommt, dass Lehrende bei der

Durchführung außerunterrichtlicher Aktivitäten, also z.B. bei Ausflügen, und anderen besonderen Unternehmungen häufig auf die Mitarbeit der Eltern angewiesen sind. Langfristig betrachtet ist die Mitbestimmung und Mitarbeit der Eltern ein wichtiger Bestandteil der Demokratisierung der Schule, und sie ist auch dringend notwendig, um wichtige Reformen durchzuführen. Nicht zuletzt können Klassen und Schulen mit intensiver Elternmitarbeit oft erstaunliche Projekte aufweisen und wichtige Dinge auf den Weg bringen.

Deshalb: Nutzen Sie die elterlichen Mitwirkungs- und Mitentscheidungsmöglichkeiten in ihrer ganzen Breite! Treten Sie für die Belange Ihrer und anderer Kinder ein, und helfen Sie mit, dass die Schule kindgerechter wird!

Der Elternabend: eine gute Möglichkeit, um ins Gespräch zu kommen

Sicher: Elternabende sind oft wenig erquicklich und auch wenig ergiebig. Und so können viele Eltern von Abenden berichten, an denen lediglich organisatorische Dinge stundenlang besprochen wurden oder zwei, drei Eltern sich in einer heftigen Diskussion mit einem Lehrer verloren. Dennoch: Elternabende sind eine große Chance für alle Beteiligten.

Eltern und Lehrerinnen und Lehrer lernen sich näher kennen, sie können sich gegenseitig informieren, ihre unterschiedlichen Meinungen darstellen und gemeinsam nach Lösungen gerade anstehender Probleme suchen. Auch können sie sich ein spezielles Thema vornehmen, das gerade ansteht und von Interesse ist.

Ein Elternabend zum Thema Hausaufgaben

Elternabende, die sich nur auf ein Thema beziehen – beispielsweise auf die Problematik der Hausaufgaben –, bieten den Vorteil, dass sich alle Beteiligten im Voraus auf das Thema einstellen und so in aller Ruhe entsprechende Beobachtungen,

Informationen, Fragen und Kritikpunkte zusammentragen können. Zumeist bewirkt die Konzentration auf einen einzigen Inhalt auch ein intensiveres Gespräch und dadurch zumeist bedeutsamere Ergebnisse, als dies bei fünf oder gar zehn verschiedenen Tagesordnungspunkten möglich ist.

An einem Elternabend zum Thema Hausaufgaben könnten Eltern beispielsweise die folgenden Punkte aufgreifen und ansprechen:

> Die Einstellung der Lehrkraft zu den Hausaufgaben erfragen

Es ist für Eltern zunächst einmal interessant und wichtig, zu erfahren, wie eine Lehrkraft zu den Hausaufgaben steht, warum und wann sie welche Aufgaben gibt bzw. nicht gibt. Auf dem Hintergrund einer solchen Information werden den Eltern zum einen manche Forderungen und Verhaltensweisen der Lehrerin oder des Lehrers einsichtig und sie gewinnen zum anderen Anknüpfungspunkte für weitere Fragen oder auch kritische Anmerkungen.

> Die Lehrkraft auf besondere Probleme aufmerksam machen

Stellen Eltern wiederholt fest, dass ihr Kind die vielen Hausaufgaben nicht bewältigen kann, dass es zu Hause nicht mehr weiß, was es aufhat, oder dass die Hausaufgaben nicht kontrolliert und ausgewertet werden, so sollten sie die Lehrerin oder den Lehrer darauf aufmerksam machen. Dies gilt vor allem dann, wenn andere Eltern über ähnliche Probleme klagen, es sich also vermutlich nicht um ein individuelles Problem handelt. Wird das Gespräch ohne voreilige Schuldzuweisungen und in entspannter Atmosphäre geführt, so kann es auch gut zu einer sinnvollen Lösung oder vorläufigen Vereinbarung kommen.

> Die Einführung eines »Hausaufgabenkontos« vorschlagen

Ein »Hausaufgabenkonto« nimmt die Tatsache ernst, dass es Tage gibt, an denen ein Kind wirklich keine Hausaufgaben machen kann. Dabei ist ein Hausaufgabenkonto eigentlich nichts anderes als eine positiv gewendete Variante der üblichen Strichliste für nicht gemachte Hausaufgaben: Ein Hausaufgabenkonto beinhaltet für jede Schülerin und für jeden Schüler die Möglichkeit, beispielsweise drei Mal pro Schuljahr ohne jede Konsequenz auf die Anfertigung der Hausaufgaben verzichten zu können. Hat ein Kind also z.B. Geburtstag, so kann es eine Hausaufgabenbefreiung von seinem Konto abheben, ohne negative Konsequenzen befürchten zu müssen.

Weniger Arbeit, als Sie vielleicht glauben: die Tätigkeit als Klassenelternvertreterin oder -vertreter

Die Aufgabe eines Klassenelternvertreters besteht im Wesentlichen darin, den Elternabend (die Klassenelternversammlung, den Klassenpflegschaftsabend) vorzubereiten und zu leiten sowie insgesamt den Kontakt zwischen Eltern und Lehrerinnen und Lehrern zu stärken und die Interessen der Eltern zu vertreten. Die Tätigkeit ermöglicht somit interessante Einblicke in das Schulgeschehen sowie ein Mehr an Mitbestimmung und Mitentscheidung zum Wohle der Kinder. Übrigens: Die Tätigkeit ist weniger zeitaufwändig, als die meisten Eltern glauben.

Die Lehrkraft um die Vermittlung und Einübung von Lerntechniken bitten

Die Kenntnis verschiedener Lerntechniken kann entscheidend dazu beitragen, dass Kinder ihre Hausaufgaben rascher und besser anfertigen können. Dies gilt vor allem dann, wenn diese Techniken in der Schule ausführlich besprochen und auch im Unterricht eingeübt werden. Da sich viele Lehrerinnen und Lehrer noch nicht mit der Vermittlung von Lerntechniken beschäftigt haben, tun Eltern ihren Kindern einen großen Dienst, wenn sie die Lehrenden darauf aufmerksam machen.

»Auf den letzten Elternabenden habe ich mich immer darüber aufgeregt, dass die Eltern bloß wollen, dass die Kinder in der Schule lernen, lernen, lernen und am besten noch mehr Hausaufgaben kriegen. Dieses Mal hab ich mir ein Herz gefasst und hab auch etwas gesagt: Dass ich nämlich anderer Meinung bin und dass ich es gut finde, wenn die Kinder nachmittags noch Kinder sind und am Morgen mal einen Lerngang zum Bäcker oder zur Feuerwehr machen. Das ist mir nicht leicht gefallen. Ich rede nämlich nicht so gern vor vielen Leuten. Aber es hat sich gelohnt. Ganz viele Eltern waren auch meiner Meinung. Und plötzlich standen die zwei oder drei, die sonst immer den Ton angeben, alleine da. Und die Kinder werden demnächst ein richtig großes Theater-Projekt machen, mit allem Drum und Dran.«
(Frau H., Mutter eines Sohnes)

Auf die Eltern kommt es an!

Der Erfolg eines Elternabends hängt nicht nur von den Vorbereitungen der Lehrerinnen und Lehrer und ihrer Bereitschaft zur Zusammenarbeit ab, sondern er steht und fällt auch mit der Beteiligung der Eltern, mit ihrer Art sich einzubringen, und ihrer Weise, miteinander zu sprechen. Für Eltern und Lehrerinnen und Lehrer gelten so gleichermaßen die Aufforderungen, einander aufmerksam zuzuhören, sich nicht ins Wort zu fallen, bei Unklarheiten nachzufragen und sich selbst um eine höfliche, sachliche und klare Ausdrucksweise zu bemühen.

Eltern und Lehrer können sich auch gemeinsam überlegen, wie sie den Ablauf weiterer Elternabende verbessern können. So ist es beispielsweise möglich, die Sitzordnung umzugestalten oder den Elternabend vom Klassenzimmer in den gemütlichen Nebenraum einer Gaststätte zu verlegen. Auch können Namenskärtchen geschrieben, Dolmetscher für die ausländischen Mitbürger und Fachleute zu bestimmten Gebieten eingeladen werden. Und schließlich ist es bei bestimmten Themen auch denkbar, einen »Elternnachmittag« zu veranstalten, an dem die Schülerinnen und Schüler ebenfalls teilnehmen können.

> Der Eltern-Lehrer-Stammtisch:
> An manchen Schulen treffen sich Eltern und Lehrerinnen und Lehrer etwa alle sechs bis acht Wochen in einer Gaststätte, einem Bürger- oder Gemeindehaus, um dort in zwangloser Atmosphäre Themen zu besprechen, die mit Schule und Erziehung zusammenhängen. Ein solcher Erfahrungs- und Gedankenaustausch, zu dem auch hin und wieder Fachleute eingeladen werden können, kommt allen Beteiligten zugute. Oftmals erwachsen daraus auch besondere Initiativen, zum Beispiel eine gemeinsam organisierte Hausaufgabenbetreuung für die Kinder. Deshalb: Setzen Sie sich einmal mit anderen Eltern und der Lehrerin oder dem Lehrer in Verbindung und kurbeln Sie die Einrichtung eines solchen Stammtisches an!

Die Elternsprechstunde: wichtig bei individuellen Problemen

Der Besuch einer Elternsprechstunde wird von vielen Eltern vermieden oder so lange wie möglich hinausgeschoben. Dies hat vielfältige Gründe, die gleichermaßen auf schlechten Erfahrungen oder unguten Vorahnungen beruhen können. So sind manche Eltern besonders zurückhaltend, um nicht als zu fordernd zu erscheinen, während andere bei einer freundlichen Einladung schon an eine bedrohliche Vorladung denken. Auch gibt es Eltern, die sich beim Warten auf langen Gängen und beim

Gespräch über einen Schreibtisch voller Bücher und Ordner hinweg wieder wie kleine Schüler oder wie Patienten in der Sprechstunde eines Arztes fühlen. Doch auch Lehrerinnen und Lehrer sehen der Elternsprechstunde oft mit gemischten Gefühlen entgegen. Sie befürchten Vorhaltungen und ungerechtfertigte Kritik vonseiten der Eltern und tragen häufig schon einen reichen Erfahrungsschatz missglückter und unsachlich ausgetragener Elterngespräche mit sich herum.

Glücklicherweise geht es aber auch anders, sofern sich Eltern und Lehrerinnen und Lehrer gleichermaßen um eine möglichst vorurteilsfreie Haltung bemühen und sich ihres gemeinsamen Interesses bewusst sind. Sie haben dann beide die Möglichkeit, im Gespräch ihr Bild vom Kind zu vervollständigen oder zu berichtigen. Sie können Informationen und Eindrücke austauschen und die Sichtweise ihres Gegenübers kennen lernen. Auch können sie durch ein Gespräch das Entstehen von Missverständnissen verhindern und gemeinsam die Lösung von Problemen herbeiführen.

Viele Eltern befürchten, ihre Kritik – beispielsweise an der Art der Hausaufgabenkontrolle – könne dem Kind schaden, und so vermeiden sie es sorgfältigst, problematische Dinge anzusprechen. Doch damit ist dem Kind keineswegs gedient. Lehrerinnen und Lehrer können ihnen nicht bewusste Fragwürdigkeiten nur dann abbauen, wenn sie darauf hingewiesen werden. Auch ist im Normalfall davon auszugehen, dass Lehrerinnen und Lehrer einem Kind, hinter dem sie interessierte und engagierte Eltern wissen, eher besonders aufmerksam und freundlich begegnen werden.

Wann Eltern die Sprechstunde nutzen sollten

Die Elternsprechstunde dient zum einen der regelmäßigen Kontaktpflege zwischen Eltern und Lehrerinnen und Lehrern und zum andern der Lösung gerade anstehender Probleme, die zu speziell sind, um auf einem Elternabend angesprochen zu werden. Dies ist beispielsweise dann der Fall, wenn ein Kind große

Probleme mit den Hausaufgaben hat, sehr lange zu ihrer Anfertigung braucht, die Hausaufgaben nicht zufrieden stellend, nur sehr lustlos oder überhaupt nicht macht. Liegt ein solches Problem vor, so ist es das Beste, möglichst früh Kontakt mit der Lehrerin bzw. dem Lehrer aufzunehmen, um es so schon im Ansatz bewältigen zu können.

Sofern das Kind nicht mit zur Sprechstunde kommt – was in manchen Fällen sinnvoll sein kann –, sollte der Kontaktaufnahme mit der Schule ein ausführliches Gespräch mit dem Kind vorausgehen. Das Kind darf nicht das Gefühl haben, dass andere Menschen über sein Schicksal entscheiden oder sich gar gegen es verbünden. Ebenso sollte es eine Selbstverständlichkeit sein, dass das Kind im Anschluss an das Gespräch über dessen Verlauf und das Ergebnis informiert wird. Dass es immer wieder begründete Ausnahmen von dieser Regel gibt, soll hier natürlich nicht angezweifelt werden.

Ältere Schülerinnen und Schüler, die es allmählich lernen müssen, ihre Anliegen und Probleme selbst zum Ausdruck zu bringen, sollten bei geringfügigeren Schwierigkeiten von ihren Eltern nur beraten und unterstützt, nicht aber sofort vertreten werden.

Das Gespräch in der dafür vorgesehenen Sprechstunde oder an einem anderen, eigens vereinbarten Termin ist einem Telefonanruf oder einem Pausengespräch fast immer vorzuziehen. Gerade Letzteres findet zumeist unter großem Zeitdruck und unter insgesamt ungünstigen Bedingungen statt, sodass es nur selten zum erhofften Erfolg führt. Gespräche am Elternsprechtag schließlich sind eine gute Möglichkeit, um die Lehrerinnen und Lehrer des Kindes kennen zu lernen, doch sie eignen sich aufgrund der sehr kurz gehaltenen Sprechzeiten kaum zu einer persönlichen Aussprache und zur Bewältigung konkreter Probleme.

Tipps für das Gespräch mit dem Lehrer oder der Lehrerin

Immer wieder geschieht es, dass Eltern die Sprechstunde wegen eines Problems aufsuchen und dann enttäuscht, verärgert oder ohne konkrete Ergebnisse nach Hause kommen.
Manchmal merken Eltern aber auch auf dem Nachhauseweg, dass sie vergaßen, wichtige Punkte anzusprechen, oder sie stellen fest, dass sie im Gespräch nicht gerade besonders geschickt argumentierten. Nun hängt der Erfolg eines Eltern-Lehrer-Gesprächs natürlich in hohem Maße von der Kompetenz und Bereitschaft der Lehrkraft ab. Doch auch Eltern können das Ihre zum Gelingen beitragen, indem sie beispielsweise einige der folgenden Tipps beherzigen:

| Sich vorher anmelden |

Z.B.: *Ich mache mir Sorgen wegen Dominiks Schwierigkeiten in Mathematik. Er hat zurzeit große Probleme mit seinen Mathematikhausaufgaben. Könnte ich Sie in den nächsten Tagen einmal deswegen sprechen?*

Es empfiehlt sich eine vorherige Anmeldung, um sich unnötiges Warten zu ersparen und der Lehrerin oder dem Lehrer die Möglichkeit zu geben, sich auf das Gespräch vorzubereiten. Eltern, die berufstätig sind, sollten sich nicht scheuen, die Lehrkraft um einen Termin am Abend oder an einem Samstag zu bitten.

| Zu Hause wichtige Punkte und Fragen notieren |

Eltern, die sich bereits zu Hause wichtige Punkte und Fragen notieren, erleichtern sich die Gesprächssituation. Sie haben einen roten Faden, der ihnen bei der Darstellung des Anliegens oder Problems hilft, und sie können davon ausgehen, nichts Wesentliches zu vergessen. Lehrer sind zumeist gleichermaßen erfreut wie beeindruckt, wenn sich Eltern ausführlich auf das Gespräch vorbereiten und so nicht in Gefahr stehen, vom Thema abzukommen.

| Das Anliegen oder Problem möglichst genau beschreiben |

Z.B.: *Dominik hat seit ungefähr zwei Wochen große Schwierigkeiten mit seinen Mathematikhausaufgaben. Er ist deshalb oft richtig verzweifelt. Vorgestern brauchte er fast zwei Stunden für seine Aufgaben. Ich glaube, die Schwierigkeiten begannen mit der Einführung in das schriftliche Teilen.*

Die Beschreibung des Anliegens oder Problems sollte so genau wie möglich erfolgen. Sinnvoll sind oftmals Beispiele, die zu einer weiteren Verdeutlichung beitragen können. Dabei ist immer darauf zu achten, dass Tatsachen von Vermutungen getrennt bzw. Letztere als solche gekennzeichnet werden. Ist das Kind anwesend, so sollte es auch seine Sicht der Dinge darlegen dürfen.

| Kritikpunkte sachlich und höflich vortragen |

Z.B.: *Dominik meint, Sie hätten das schriftliche Teilen vielleicht nicht ausführlich genug erklärt.*

Die Formulierung von Kritikpunkten entscheidet oftmals über den weiteren Verlauf des Gesprächs. Kritik sollte immer höflich und sachlich vorgebracht werden, sich auf bestimmte Verhaltensweisen beziehen und nie die gesamte Person in Frage stellen. Formulierungen wie »Sie können überhaupt nicht erklären!« oder »Sie sind ungerecht!« sind unzulässige und verletzende Verallgemeinerungen, die beim Gegenüber meist sofort eine Abwehrhaltung hervorrufen.

| Aufmerksam zuhören |

Z.B.: *Mhm.*

Ein aufmerksames Zuhören ist in doppelter Weise wichtig. Zum einen ist es ein Akt der Höflichkeit, welcher der Lehrerin oder dem Lehrer Interesse und Gesprächsbereitschaft anzeigt, und zum andern ist es die einzige Möglichkeit, die Sichtweise des Lehrers kennen zu lernen. Nur wer seinem Gesprächspartner zuhört, kann von diesem Gleiches erwarten.

> Unverstandenes erfragen

Z.B.: *Könnten Sie mir bitte erklären, was Sie mit »sachstrukturellen Lernvoraussetzungen« meinen?*

Eltern haben im Normalfall kein Pädagogikstudium absolviert, und so kann von ihnen auch nicht erwartet werden, dass sie mit den entsprechenden Fachbegriffen umgehen können. Sie sollten deshalb sofort nachfragen, wenn ihnen ein Begriff oder Inhalt unklar bleibt, und sich auch nicht scheuen, einen Lehrer höflich, aber bestimmt zu bitten, auf den ständigen Gebrauch von Fachausdrücken zu verzichten.

10 Tipps für das Gespräch mit Lehrerinnen und Lehrern
- Sich vorher anmelden.
- Zu Hause wichtige Punkte und Fragen notieren.
- Das Anliegen oder Problem möglichst genau beschreiben.
- Kritikpunkte sachlich und höflich vortragen.
- Aufmerksam zuhören.
- Unverstandenes erfragen.
- Überlegt argumentieren.
- Gemeinsam nach einer Lösung suchen.
- Auf eine konkrete Vereinbarung dringen.
- Einen neuen Termin vereinbaren.

> Überlegt argumentieren

Z.B.: *Da muss ich jetzt noch einmal darüber nachdenken.*

Zeigt es sich im Verlauf des Gesprächs, dass Eltern und Lehrer von verschiedenen Voraussetzungen ausgehen oder unterschiedliche Wege und Ziele im Blick haben, sollten Eltern weder vorschnell aufgeben noch sofort die Konfrontation suchen. Stattdessen kann es sinnvoll sein, eine kleine Denkpause einzuschieben, um dann Gemeinsamkeiten zu betonen, besonders wichtige Argumente zu wiederholen und zu erwartende Gegenargumente vorwegzunehmen und zu entkräften.

| Gemeinsam nach einer Lösung suchen |

Z.B.: *Sie sagten vorhin, Sie könnten eventuell im Stützunterricht auf Dominiks Schwierigkeiten eingehen. Vielleicht würde ihm das helfen.*

Bei der Suche nach einer Lösung ist darauf zu achten, dass keiner der Beteiligten die Meinung des Gegenübers missachtet oder gar versucht, die eigenen Vorstellungen kompromisslos durchzusetzen. Nimmt das Kind nicht am Gespräch teil, so sollten sich Eltern und Lehrkraft außerdem immer genau überlegen, ob ihre Lösung auch für es annehmbar ist.

| Auf eine konkrete Vereinbarung dringen |

Z.B.: *Und wie soll es jetzt weitergehen?*

Beschränkt sich das Gespräch nach einiger Zeit noch immer auf einige allgemeine Feststellungen und Ratschläge (»Sie sollten mit Ihrem Kind mehr üben!« – »Ihr Kind sollte ruhig etwas selbstbewusster werden.«), so sollten Eltern sich nicht entmutigen und sich auch keinesfalls ohne konkretes Gesprächsergebnis verabschieden lassen. Stattdessen ist auf eine klare Vereinbarung zu dringen, die stimmig erscheint und den Eltern konkret aufzeigt, was sie genau tun können oder welche Maßnahmen die Schule ergreifen wird. Eine solche Vereinbarung sollte als vorläufig betrachtet werden, damit sie gegebenenfalls durch eine geeignetere, erfolgversprechendere ersetzt werden kann.

> Einen neuen Gesprächstermin vereinbaren

Z.B.: *Könnten wir uns vielleicht in zwei Wochen noch einmal sprechen?*

Oftmals ist es sinnvoll, sich nach einiger Zeit noch einmal zu sprechen, um Beobachtungen auszutauschen und eventuell neue Überlegungen anzustellen. Ein zweiter Gesprächstermin kann auch notwendig werden, wenn das erste Gespräch ohne konkretes Ergebnis endet. Dann ist es oft auch sinnvoll, sich mit dem Elternvertreter der Klasse in Verbindung zu setzen.

PRAXIS-TIPP

> Idee: Eine Eltern-Lehrer-Mappe vorschlagen
> Eine Eltern-Lehrer-Mappe ist etwas Praktisches: Immer dann, wenn die Eltern oder die Lehrerinnen und Lehrer der jeweils anderen Seite etwas mitteilen möchten, können sie ihr Anliegen aufschreiben und den entsprechenden Zettel vom Kind in die Eltern-Lehrer-Mappe legen lassen. So kann es zu einem regelmäßigen und dabei unspektakulären Informationsaustausch kommen, der für alle Beteiligten hilfreich ist. Die besondere Mappe hat dabei den Vorteil, dass wichtige Elternbriefe oder aktuelle Notizen nicht hin und wieder tagelang unbeachtet im Schulranzen liegen bleiben, bis sie irgendwann überraschend wieder auftauchen.

Erlasse, Richtlinien und Verordnungen: Hausaufgaben und ihre rechtlichen Grundlagen

In den umfangreichen schulrechtlichen Bestimmungen eines jeden Bundeslandes befinden sich auch einige Vorschriften zum Thema Hausaufgaben. Diese Vorschriften unterscheiden sich von Bundesland zu Bundesland, doch sie enthalten zumeist

Aussagen zu den Funktionen der Hausaufgaben, zu ihrer Art, ihrem Umfang sowie zu der Frage, wann keine Hausaufgaben gegeben werden dürfen. Teilweise wird auch auf die Kompetenz der Gesamtlehrer- bzw. der Schulkonferenz in diesen Fragen verwiesen.

Es würde den Rahmen dieses Buches sprengen, wenn sämtliche Erlasse, Richtlinien und Verordnungen aller Bundesländer zum Thema Hausaufgaben hier abgedruckt werden würden. Deshalb werden nur einige, für Schülerinnen und Schüler sowie Eltern wichtige Kernpunkte der verschiedenen Bestimmungen vorgestellt. Sie selbst haben als Eltern aber durchaus die Möglichkeit, sich in der Schule nach den für Ihr Bundesland gültigen rechtlichen Grundlagen zu erkundigen.

Der Sinn der rechtlichen Bestimmungen

Als im 19. Jahrhundert kritische Stimmen gegen allzu umfangreiche Hausaufgaben laut wurden – vor allem Ärzte sahen im stundenlangen Stillsitzen eine Gefahr für die gesunde Entwicklung der Kinder –, hatten diese Bedenken bald erste Hausaufgabenerlasse zur Folge. Sie legten fest, wie lange Schüler welchen Alters höchstens an ihren Hausaufgaben arbeiten sollten. Noch heute besteht eine wesentliche Aufgabe der Erlasse, Richtlinien und Verordnungen darin, die Schüler vor einer zeitlichen Überbelastung und einer Hausaufgabenwillkür einzelner Lehrerinnen und Lehrer zu schützen. Deshalb enthalten die meisten dieser Regelungen Angaben zu maximalen täglichen Arbeitszeiten sowie darüber, wann keine Hausaufgaben gegeben werden dürfen. Letzteres ist normalerweise vor Sonn- und Feiertagen und über die Ferien hinweg der Fall; weiter gehende Regelungen liegen beispielsweise für Ganztagsschulen vor. In einigen Bundesländern sind außerdem Hausaufgaben an Tagen mit Nachmittagsunterricht generell oder nur für Grundschulkinder untersagt. Teilweise wird auch noch darauf hingewiesen, dass Hausaufgaben zur Disziplinierung oder als Strafe unzulässig sind. Nicht zuletzt werden die Lehrerinnen und Lehrer in praktisch allen Bundesländern aufgefordert, die Hausaufgaben so zu stellen, dass sie von den Schülerinnen und Schülern selbstständig und ohne fremde Hilfe bewältigt werden können – ein Grundsatz, auf den Eltern manche Lehrerinnen und Lehrer ruhig einmal aufmerksam machen können.

Ein anderer Blick auf die rechtlichen Vorgaben

Eigentlich ist es schon erstaunlich, dass sich Juristen mit Fragen des schulischen Lernens beschäftigen müssen. Denn im Prinzip sollte man davon ausgehen können, dass ausgebildete Lehrerinnen und Lehrer sich vernünftig verhalten und außerdem Konflikte in der Schule mit pädagogischen Argumenten und ohne Rückgriff auf rechtliche Vorgaben gelöst werden können.

Immerhin: Die rechtlichen Bestimmungen zu den Hausaufgaben sind zum Schutz der Schülerinnen und Schüler gedacht und können wenigstens bei dieser Betrachtungsweise begrüßt werden. Befasst man sich allerdings genauer mit ihnen, so tauchen bald wieder Fragen auf. Dies betrifft insbesondere die Vorgabe täglicher Richtzeiten, welche zumeist im Sinne von Höchstwerten verstanden werden sollen. Sie betragen – je nach Bundesland – für die Grundschule zumeist dreißig bis sechzig Minuten und für das fünfte bis zehnte Schuljahr vorwiegend ein bis zwei Stunden.

Klar ist bei diesen Vorschriften aber nicht, auf wen die vorgegebene Zeit bezogen werden soll, auf einen erdachten Durchschnittsschüler oder den Schüler mit der absolut geringsten Lerngeschwindigkeit. Ist an Letzteres gedacht, so wird es vor allem in den Grundschulen mit ihren großen Leistungsstreuungen Klassen mit sehr geringen Hausaufgaben geben müssen. Soll Ersteres gelten, so ist der Effekt der Bestimmung für langsam lernende Kinder kaum zu erkennen. Die Bestimmung macht eigentlich nur dann einen Sinn, wenn die Schülerinnen und Schüler unterschiedliche und ihnen gemäße Hausaufgaben gestellt bekommen, sodass alle zu Hause etwa gleich lange lernen. Doch das – sehr sinnvolle – Geben individueller oder so genannter differenzierender Hausaufgaben verlangt ein Mehr an Vorbereitungs- und Korrekturaufwand und ist in unserem Schulsystem nicht üblich. Schließlich wird bei uns noch immer versucht, ungleiche Kinder Gleiches lernen zu lassen. Auch berücksichtigt die allgemein gehaltene Vorschrift zu den Hausaufgaben nicht, dass es anstrengendere und weniger anstrengende, motivierende und weniger motivierende Hausaufgaben gibt und dass es aus Sicht der zu schützenden Kinder beispielsweise wenig sinnvoll wäre, herbstlich gefärbte Blätter nur eine halbe Stunde lang sammeln zu dürfen, weil damit das rechtlich zulässige Maximum schon erreicht wäre.

Insofern ist die Bedeutung der rechtlichen Bestimmungen für das schulische Lernen erst einmal zu relativieren. An sie erinnern werden Eltern die Lehrkräfte am ehesten an weiterführenden Schulen, an denen manche Lehrerinnen und Lehrer aus ihrem Fachegoismus heraus unverantwortlich viele Hausaufgaben geben und von sich aus nicht bereit sind, sich mit ihren Kolleginnen und Kollegen abzustimmen. Das Gespräch wird dann zumeist die Elternvertreterin oder der Elternvertreter führen müssen. Insofern kann es für Eltern und insbesondere für Elternvertreter sinnvoll sein, sich über die rechtlichen Grundlagen zu informieren, um im Falle eines Falles mit einer gewissen Absicherung für das Wohl der Kinder eintreten zu können. Insgesamt aber sollten Kinder, Eltern und Lehrende versuchen, ihre Probleme und Konflikte im Gespräch zu lösen und sie nicht zu einem Rechtsfall werden zu lassen.

10. Hausaufgaben und Kindheit: einige abschließende Gedanken

Kindheit heute: kinderleicht und sorgenfrei?

»Kindheit ist nicht kinderleicht« – dieser Ausdruck ist schon fast zu einem geflügelten Wort geworden. Und doch fällt es uns Erwachsenen schwer, seinen Inhalt und dessen Tragweite wirklich zu akzeptieren und im Umgang mit Kindern zu bedenken. In Anbetracht all unserer Aufgaben, Sorgen und Pflichten erscheint uns das Kindsein wie ein Kinderspiel: bunt, schillernd und sorgenfrei.

Und es stimmt auch, dass es den deutschen und europäischen

Kindern heute in vielerlei Hinsicht so gut geht wie noch nie zuvor. Sie haben genug – oder gar zu viel – zu essen, sie sind krankenversichert und werden schon von Anfang an zur Vorsorge untersucht. Sie müssen nicht wie die Erwachsenen arbeiten gehen, sondern dürfen extra für sie geschaffene, »kindgemäße« Spielsachen und Spielumwelten in Anspruch nehmen.

> *Mein Nachmittag sieht so aus: Um halb fünf bin ich fertig mit den Hausaufgaben. Dann spiele ich ungefähr 15 Minuten Klavier. Danach gehe ich gestresst spielen. Um sechs Uhr gehe ich ins Schwimmtraining.*
> (Alexander, 12 Jahre)

Und doch standen Kinder und Jugendliche noch nie unter einem solchen Druck wie heute – einem Erwartungs- und Leistungsdruck, dem viele von ihnen auf Dauer nicht standhalten können, dem sie ausweichen oder sich verweigern müssen. Sie stehen ständig unter dem Druck, gute Schulleistungen zu erbringen, um im Rennen um Studien- und Ausbildungsplätze den Sieg davonzutragen, um sich den sozialen Aufstieg zu sichern und um ihre Eltern nicht zu enttäuschen. So wird die Kindheit bald zum bloßen Schülerdasein. Den Unterrichtsstunden am Morgen folgen die Hausaufgaben und Zusatzübungen am Nachmittag – und das sei schon gut so, meinen nicht wenige Eltern, denn häusliches Üben gab es schon immer, also wird es auch seinen Sinn haben.

Dabei ist der Wert der Hausaufgaben – sowohl in schulleistungsbezogener als auch in erzieherischer Hinsicht – nach wie vor umstritten.

Fest steht jedoch, dass für das Stellen und Kontrollieren der Hausaufgaben sowie für das Bewältigen der zahlreichen durch Hausaufgaben heraufbeschwörten Konflikte viel kostbare Unterrichtszeit benötigt wird, die oft besser zum Lernen genutzt werden könnte.

Julia, 9 Jahre: »Wenn die Sonne scheint und die anderen Kinder schon spielen, mache ich meine Hausaufgaben nicht gerne.«

Einmal habe ich wider die Aufgaben nicht kabirt weil es schwer war. Da hat meine Mutter mich angeschrien und sie hat mein blat zerrissen. Ich habe die ganze Zeit geheult. Am Abend hatte ich Kopf weh und schlecht war es mir auch.
(Sven, 9 Jahre)

Kontrovers wird außerdem die Frage diskutiert, ob die vielen Nachteile der Hausaufgaben – zusätzliche zeitliche Belastung, langes Stillsitzen, Abnahme der Kontakte zu Gleichaltrigen, Versachlichung und Belastung der Familienbeziehungen, vermehrtes Lügen und Betrügen u.a.m. – nicht doch die wenigen Vorteile überwiegen.

> ### Verbessern Hausaufgaben die Schulleistungen? Was die Forschung dazu sagt.
>
> Die Frage, ob Hausaufgaben die Schulleistungen verbessern, mag zunächst erstaunen. Wozu, so kann man sich fragen, werden sie sonst aufgegeben? Doch, auch wenn es erstaunlich klingt: Es ist in der Forschung bis heute nicht geklärt, ob Hausaufgaben tatsächlich die Schulleistungen steigern. Die bislang durchgeführten Studien erbrachten hier durchaus widersprüchliche Ergebnisse, was man sich auch vorstellen kann, wenn man an die vielen Hausaufgabenprobleme und an die zahlreichen Nachteile der Hausaufgaben denkt. Derzeit scheint man allerdings eher von einer leistungssteigernden Wirkung auszugehen. Besonders groß scheint sie nach jetziger Kenntnis im Mittel jedoch nicht zu sein.
>
> Dies soll natürlich nicht bedeuten, dass Hausaufgaben grundsätzlich ohne oder fast ohne Wirkung sind. Hausaufgaben können durchaus sinnvoll sein. Aber: Sie müssen es nicht. Insofern sollten Eltern sich über Lehrerinnen und Lehrer freuen, die nicht gewohnheitsmäßig viele Hausaufgaben aufgeben, sondern eher wenige, aber durchdachte Hausaufgaben stellen und am Schulanfang vielleicht ganz auf sie verzichten. Vor allem aber sagen uns die Untersuchungsergebnisse, dass Eltern die Hausaufgaben nicht unnötig wichtig nehmen sollten. (Vgl. z.B. Becker/Kohler 2002, Gage/Berliner 1996, Trautwein/Köller/Baumert 2001)

Festzuhalten bleibt, dass Hausaufgaben in mehrfacher Weise problematisch für die Entwicklung der Kinder und Jugendlichen sind und dass ihr Wert nicht überschätzt werden sollte. Die Formel »Je mehr, desto besser« kann hier auf keinen Fall Gültigkeit beanspruchen. Deutlich wird dies auch, wenn man sich überlegt, was Kinder bereits vor der Schule und ohne jede

> *Ich hatte immer das Gefühl, dass mich meine Eltern nur lieb hatten, weil ich gut in der Schule war. Ich denke, dass es jedem Kind wehtut, zu merken, dass seine Eltern es nur gern haben, wenn es gute Leistungen erzielt. Je mehr ich das Gefühl hatte, dass sie mich nur aufgrund meiner Schulnoten liebten, desto weniger wollte ich in der Schule gut sein. Ich ließ bald stark nach an guten Leistungen und blieb sogar in der achten Klasse sitzen. Was ich befürchtet hatte, trat ein: Meine Eltern wurden strenger. Sie strichen mir einen Teil meiner Freizeit und zwangen mich zum Lernen. Aber ich hatte gar keinen Ehrgeiz mehr, irgendetwas für die Schule zu tun.*
>
> (Angelika, 18 Jahre)

Unterweisung gelernt haben und wie viele bedeutende Lernmöglichkeiten die nichtschulische Umwelt bietet.

Vielleicht fragen Sie sich, was Sie als Mutter oder Vater in Anbetracht dieser Problematik für Ihr Kind tun können. Vielleicht denken Sie daran, dass die Schule bestimmt, wer im späteren Berufsleben welchen Platz einnimmt. Vielleicht steht Ihnen deutlich vor Augen, dass wir nun einmal in einer Leistungsgesellschaft leben und dass es Ihre Aufgabe als Eltern ist, Ihr Kind darauf vorzubereiten.

Die Bedeutung der Schule für das Berufsleben kann genauso wenig wie die starke Leistungsorientierung unserer Gesellschaft geleugnet werden. Beides ist nun einmal Realität. Die Frage jedoch, wie Kinder am besten darauf vorzubereiten sind, bleibt bestehen. Sicher nicht sinnvoll ist es, zu Hause eine Zweigstelle der Schule einzurichten und die Hausaufgaben wichtiger als jede andere Aktivität zu nehmen oder ihnen der Noten wegen noch Zusatzaufgaben folgen zu lassen. Genauso wenig ist es sinnvoll, nahezu die gesamte Freizeit mit organisierten Betätigungen zu verplanen oder das Kind ständig mit so genannten intelligenz- und konzentrationsfördernden Lernspielen zu beglücken. Und nicht zuletzt sollte beim Lernen nicht ständig Druck ausgeübt werden, damit das Kind seine natürliche Lernfreude behalten und sich neugierig und mit Freude auch auf schulisches Lernen einlassen kann.

> *Ich freue mich immer, wenn ich mit den Hausaufgaben fertig bin. Weil ich jetzt spielen kann. Wenn Schnee liegt, dann baue ich mit Tanja einen großen Schneemann.*
> (Hanna, 10 Jahre)

Kinder, denen die Möglichkeit offen steht, sich angstfrei zu entfalten, und die von ihren Eltern – unabhängig von ihren Schulleistungen – Zuneigung erfahren, die sich also in ihrer Person geliebt und geachtet fühlen, haben wohl die größten Chancen, ihr Leben als Schüler unbeschadet und erfolgreich zu bestehen.

Von einer solchen Kindheit erzählt in einer einfühlsamen und beeindruckenden Weise Jacques Lusseyran, der trotz seiner frühen Erblindung bereits als Schüler eine Widerstandsgruppe im besetzten Frankreich leitete und später als Professor für französische Literatur in Paris und in den Vereinigten Staaten tätig war. Deutlich werden in seiner Autobiografie »Das wiedergefundene Licht« (1981, S. 9 ff.) das Vertrauen und die Geborgenheit, die ihm seine Eltern schenkten, aber auch seine Freiheit und Selbstständigkeit im Entdecken der Welt und ihrer Erscheinungen:

> *Meine Eltern – das war Schutz, Vertrauen, Wärme. Wenn ich an meine Kindheit denke, spüre ich noch heute das Gefühl der Wärme über mir, hinter mir und um mich, dieses wunderbare Gefühl, noch nicht auf eigene Rechnung zu leben, sondern sich ganz, mit Leib und Seele, auf andere zu stützen, welche einem die Last abnehmen.*

Meine Eltern trugen mich auf Händen, und das ist wohl der Grund, warum ich in meiner ganzen Kindheit niemals den Boden berührte. Ich konnte weggehen, konnte zurückkommen; die Dinge hatten kein Gewicht und hafteten nicht an mir. Ich lief zwischen Gefahren und Schrecknissen hindurch, wie Licht durch einen Spiegel dringt. Das ist es, was ich als Glück meiner Kindheit bezeichne, diese magische Rüstung, die – ist sie einem erst einmal umgelegt – Schutz gewährt für das ganze Leben.

Literatur

- Abele, A./Liebau, E.: Nachhilfeunterricht. Eine empirische Studie an bayerischen Gymnasien. In: Die Deutsche Schule 90 (1998) 1, 37–49
- Baacke, D.: Die 13- bis 18-Jährigen. Einführung in Probleme des Jugendalters. Weinheim 2000 (Taschenbuchausgabe)
- Baacke, D.: Die 6- bis 12-Jährigen. Einführung in Probleme des Kindesalters. Weinheim 1999, 2. Aufl. (Taschenbuchausgabe)
- Bandura, A.: Social foundations of thought and action. Englewood Cliffs 1986
- Bandura, A./Ross, D./Ross, S.A.: Stellvertretende Bekräftigung und Imitationslernen. In: Hofer, M./Weinert, F. E. (Hrsg.): Pädagogische Psychologie. Bd. 2. Lernen und Instruktion. Frankfurt/Main 1978, 4. Aufl., 61–74
- Barkholz, U./Homfeldt, G.: Eine Schule zum Wohlfühlen. Viertklässler/innen artikulieren ihre Vorstellungen. In: Pädagogik und Schulalltag 49 (1994) 1, 73–86
- Baumert, J./Lehmann, R.: TIMSS. Mathematisch-naturwissenschaftlicher Unterricht im internationalen Vergleich. Opladen 1997
- Becker, G. E.: Durchführung von Unterricht. Handlungsorientierte Didaktik, Teil II. Weinheim 1998, 8. Aufl.
- Becker, G. E.: Lehrer lösen Konflikte. Weinheim 2000 (Taschenbuchausgabe)
- Becker, G. E./Kohler, B.: Hausaufgaben kritisch sehen und die Praxis sinnvoll gestalten. Weinheim 2002, 4. Aufl.

- Behr, M.: Nachhilfeunterricht. Verbreitung, pädagogische Bedeutung und bildungspolitische Bewertung. In: Die Deutsche Schule 82 (1990), 81–94
- Berquet, K.-H.: Sitz- und Haltungsschäden. Auswahl und Anpassung der Schulmöbel. Stuttgart 1988
- Bettelheim, B.: Kinder brauchen Bücher. Lesen lernen durch Faszination. München
- Böhm, W.: Wörterbuch der Pädagogik. Stuttgart 1994, 14. Aufl.
- Breitenbach, E./Keßler, B.: Edu-Kinestetik aus empirischer Sicht. Eine empirische Überprüfung des Muskeltests. In: Sonderpädagogik 27 (1997) 1, 8–19
- Breuer, H./Weuffen, M.: Lernschwierigkeiten am Schulanfang. Schuleingangsdiagnostik zur Früherkennung und Frühförderung. Weinheim 2002, 3., überarbeitete und erweiterte Aufl.
- Brügelmann, H.: Kinder auf dem Weg zur Schrift. Bottighofen 1992
- Bünger-Kohn, C.: Die rechtliche Situation bei Hausaufgaben. In: Die Realschule 93 (1985), 4, 174–177.
- Charlton, M./Neumann-Braun, K.: Medienkindheit. Medienjugend. München 1992
- Cooper, H.: Synthesis of Research on Homework. In: Educational Leadership 47 (1989) 3, 85–91
- Czerwenka, K.: Unkonzentriert, aggressiv und hyperaktiv. Wer kann helfen? In: Zeitschrift für Pädagogik 39 (1993) 5, 721–744
- Deutscher Kinderschutzbund e.V. (Hrsg.): Schule und Elternhaus. Strukturelle Zwänge und Möglichkeiten der Veränderung im Wirkungsfeld von Schule und Elternhaus. Hannover 1988.
- Deutsches PISA-Konsortium (Hrsg.): PISA 2000. Basiskompetenzen von Schülerinnen und Schülern im internationalen Vergleich. Opladen 2001
- Döpfner, M./Frölich, J./Lehmkuhl, G.: Hyperkinetische Störungen. Göttingen 2000
- Döpfner, M./Lehmkuhl, G.: Elterntraining bei hyperkinetischen Störungen. In: Steinhausen, H. C. (Hrsg.): Hyperkinetische Störungen im Kindes- und Jugendalter. Stuttgart 1995, 178–208
- Döpfner, M./Lehmkuhl, G./Roth, G.: Kombinationstherapien. In: Kindheit und Entwicklung 5 (1996), 118–123
- Döpfner, M./Schürmann, S./Lehmkuhl, G.: Hausaufgaben-Probleme? Diagnostik und Therapie von Verhaltens- und Interaktionsstö-

rungen bei der Durchführung von Hausaufgaben. In: Kindheit und Entwicklung 3 (1994), 227–237.
- Dorsch, F.: Psychologisches Wörterbuch. Bern 1998, 13. Aufl.
- Duss, B./Kramis J./Perrez, M.: Leistungsmotivation von Schülern und elterliches Bekräftigungsverhalten beim Hausaufgabenmachen. In: Psychologie in Erziehung und Unterricht 31 (1984), 5, 256–262.
- Eigler, G./Krumm, V.: Zur Problematik der Hausaufgaben. Weinheim 1979, 2. Aufl.
- Eisert, M./Eisert, H. G.: Konzentrationsstörungen. Studienbrief Nr. 5. Deutsches Institut für Fernstudien (DIFF). Tübingen 1988
- Enders-Dragässer, U.: Alptraum Hausaufgaben. Der Missbrauch der Mütter. In: Die Grundschulzeitschrift 10 (1996) 5, 52–55
- Endres, W./ Eickmann, N./Janak, H.: Lernen mit Kniff und Pfiff. Kleine Lernmethodik. Weinheim und Basel 1995, 7. Aufl. (überarbeitete Neuausgabe i. Vorbereitung)
- Endres, W. et al.: So macht Lernen Spaß. Weinheim 2000, 16. Aufl. (überarbeitete Neuausgabe in Vorbereitung)
- Funnekötter, F./Hebel, F./Rüddigkeit, V. (Hrsg.): Rechtschreibung im Unterricht. Königstein/Taunus 1981
- Gage, N. L./Berliner, D. C.: Pädagogische Psychologie. Weinheim 1996, 5. Aufl.
- Gangloff, P.: Woche für Woche wird ein Dorf ausgelöscht. In: Lehrerzeitung Baden-Württemberg (1992) 9/10, 224–225
- Gaschke, S.: Die Elternkatastrophe. In: Die Zeit 18/2001
- Gaschke, S.: Freiheit für Harry Potter. In: Die Zeit 11/2001
- Glaesko, G.: Schule und Arzneimittel – ohne Pillen geht es auch! Zum Arzneimittelgebrauch und -missbrauch bei Kindern und Jugendlichen im Schulalter. In: Voß, R. (Hrsg.): Verhaltensauffällige Kinder in Schule und Familie: Neue Lösungen oder alte Rezepte? Neuwied 2000, 39–49
- Gordon, Th.: Familienkonferenz, München 1989
- Graf, O.: Arbeitszeit und Arbeitspausen. In: Handbuch der Psychologie, Bd. 9. Göttingen 1961.
- Grandjean, E.: Physiologische Arbeitsgestaltung. Leitfaden der Ergonomie. Thun und München 1967, 2. Aufl.
- Hascher, T./Bischof, F.: Integrierte und traditionelle Hausaufgaben in der Primarschule – ein Vergleich bezüglich Leistung, Belastung und Einstellungen zur Schule. In: Psychologie in Erziehung und Unterricht 47 (2000) 4, 252–265
- Heckhausen, H.: Motivation und Handeln. Berlin 1989, 2. Aufl.

- Helmke, A./Schrader, F.-W./Lehneis-Klepper, G.: Zur Rolle des Elternverhaltens für die Schulleistungsentwicklung ihrer Kinder. In: Zeitschrift für Entwicklungspsychologie und Pädagogische Psychologie 23 (1991) 1, 1–22.
- Henze, G.: Edu-Kinesiologie und Neurolinguistisches Programmieren. Zauberwörter oder geeignete Konzepte schulischer Förderung. In: Praxis Schule 5-10 (1994) 10, 42–45
- Höfling, K.: Auf den Blickwinkel kommt es an! In: Katzenberger, L. F. (Hrsg.): Hygiene in der Schule. Ansbach 1976
- Hofer, M.: Die Familie mit Schulkindern. In: Hofer, M./Klein-Allermann, E./Noack, B. (Hrsg.): Familienbeziehungen. Eltern und Kinder in der Entwicklung. Göttingen 1992
- Hoffmann, H.: Der Struwwelpeter. Berlin 1998, 543. Aufl.
- Innerhofer, P.: Beobachtung – Interaktionsanalyse – Verhaltensänderung. Das Münchner Trainingsmodell. Berlin 1977.
- Innerhofer, P. et al.: Hausaufgabenprobleme: acht Fallstudien. Zeitschrift für Klinische Psychologie 7 (1978), 6, 256–294.
- Janosch: Abzählreim. In: Gelberg, H.-J./Bitter, S. (Hrsg.): Stadt der Kinder. Recklinghausen 1969.
- Keller, G.: Lernen will gelernt sein! Heidelberg 1998, 6. Aufl.
- Keller, G.: Der Lernknigge für Jugendliche und junge Erwachsene. Bad Honnef, 1994, 2. Aufl.
- Keller, G./Thewalt, B.: So helfe ich meinem Schulkind. Wiesbaden 1994
- Knörzer, W./Grass, K.: Den Anfang der Schulzeit pädagogisch gestalten. Weinheim 2000, 5. Aufl.
- Kohler, B.: Wenn der schwarze Peter liegen bleibt: Eltern und Lehrkräfte arbeiten zusammen. In: Deutsche Lehrerzeitung 41 (1994) 37, 4–5
- Kohler, B.: Schule und Kindheit. Hausaufgaben in der Primärschule Luxemburgs. In: Association luxembourgeoise pour l'organisation de l'année internationale de la famille (Ed.): Les devoirs à domicile. Luxembourg 1994, 19–40
- Kohler, B.: Wenn sie Diktate zurückgibt ... Über Sinn und Unsinn von Rechtschreibprinzipien und -übungen. In: Deutsche Lehrerzeitung 42 (1995) 19, 4–5
- Kohler, B.: Hausaufgaben. Zu ihrer Problematik in der Grundschule. In: Haarmann, D. (Hrsg.): Handbuch Grundschule. Bd. 1. Weinheim 1996, 3. Aufl., 251–267

- Kohler, B.: Problemorientierte Gestaltung von Lernumgebungen. Weinheim 1998
- Kohler, B.: Elternarbeit gestalten. In: Grundschule 30 (1998) 10, 11–14
- Kohler, B.: Konstruktive Elterngespräche führen. In: 5 bis 10 Schulmagazin 13 (1998) 10, 13–16
- Kohler, B.: Klassenarbeiten vorbereiten, korrigieren und zurückgeben. In: 5 bis 10 Schulmagazin 14 (1999) 4, 8–12
- Kohler, B.: Problemlöseaufgaben bewältigen und Kenntnisse erwerben: Lernen mit problemorientiert gestalteten Texten. In: Zeitschrift für Entwicklungspsychologie und Pädagogische Psychologie 32 (2000) 1, 34–43
- Kohler, B.: Weniger ist oft mehr: Hausaufgaben sinnvoll stellen. In: Pädagogik 52 (2000) 2, 25–27
- Kohler, B.: Schulanfang ohne Hausaufgaben. In: Grundschulunterricht 47 (2000) 5, 17–18
- Kohler, B.: Hausaufgaben: Kontrolle ist gut, Auswertung ist besser. In: 5 bis 10 Schulmagazin 69 (2001) 9, 51–54
- Kohler, B.: Hausaufgaben stellen – aber wie? In: 5 bis 10 Schulmagazin 69 (2001) 9, 4–5
- Kohler, B.: Hausaufgaben. In: Miller, R. (Hrsg.): Lern-Wanderung. Basiswissen, Reflexionen und Trainingselemente zum Thema Lehren und Lernen. Weinheim 2001, 157–170
- Kohler, B.: »Notiert euch noch schnell die Hausaufgaben …!«? Wie Hausaufgaben sinnvoll werden können. In: Das Lehrerhandbuch. Berlin 2002
- Kohler, B.: Zur Rezeption von TIMSS durch Lehrerinnen und Lehrer. In: Unterrichtswissenschaft 30 (2002) 2, 158–189
- Langbein, K./Martin, H.-P./Weiss, H.: Bittere Pillen. (Ausgabe 2002–2004) Nutzen und Risiken der Arzneimittel. Köln 2002
- Leitner, S.: So lernt man Lernen. Freiburg 2000
- Lusseyran, J.: Das wiedergefundene Licht. Frankfurt/Main 1994, 11. Aufl.
- Mandl, H./Gerstenmaier, J. (Hrsg.): Die Kluft zwischen Wissen und Handeln. Göttingen 2000
- Meidinger, H.: Kinesiologie – eine neue Therapieform in der Schule? In: Report Psychologie 20 (1995) 10, 16–22
- Miketta, G./Kohlrusch, E./Decken, E. v. d.: Eltern im Schulstress. In: Focus 12/1995, 83–90
- Naegele, I. M.: Schulschwierigkeiten in Lesen, Rechtschreibung und

Rechnen. Vorbeugen, verstehen, helfen. Ein Elternhandbuch. Weinheim 2001
- Naegele, I. M./Valtin, R. (Hrsg.): LRS – Legasthenie in den Klassen 1–10. Band 1 und Band 2. Weinheim 2002 und 2001
- Neuhäuser, G.: Das Beispiel Kinesiologie und Edu-Kinestetik: Stellungnahme eines Neuropädiaters. In: Voß, R. (Hrsg.): Verhaltensauffällige Kinder in Schule und Familie: Neue Lösungen oder alte Rezepte? Neuwied 2000, 73–75
- Nimptsch, J.: Mit Schule Geld machen. There is no business like school-business. In: b:e 15 (1982), 2, 27–33.
- Oerter, R./Montada, L. (Hrsg.): Entwicklungspsychologie. Weinheim 2002, 5. Aufl.
- Paetzold, B.: Familie und Schulanfang. Eine Untersuchung des mütterlichen Erziehungsverhaltens. Bad Heilbrunn 1988
- Paschal, R. A./Weinstein, T./Walberg, H. J.: The Effects of Homework on Learning: A Quantitative Synthesis. In: Journal of Educational Research 78 (1984) 2, 97–104
- Petermann, U.: Entspannung bei hyperkinetischen Kindern. In: Petermann, U.: Ruherituale und Entspannung mit Kindern und Jugendlichen. Baltmannsweiler 1996, 149–172
- Piirainen, J. T.: Handbuch der deutschen Rechtschreibung. Bochum 1981
- Roßbach, H.-G.: Hausaufgaben in der Grundschule. Ergebnisse einer empirischen Untersuchung. In: Die Deutsche Schule 87 (1995) 1, 103–111
- Schmidt, H. J.: Hausaufgaben in der Grundschule. Lüneburg 1984.
- Schräder-Naef, R. D.: Schüler lernen Lernen. Weinheim 1996, 6. Aufl.
- Schulz v. Thun, F.: Miteinander reden: Störungen und Klärungen. Reinbek bei Hamburg 1986.
- Schwarzer, R.: Streß, Angst und Handlungsregulation. Stuttgart 2000, 4. Aufl.
- Schwarzer, R.: Psychologie des Gesundheitsverhaltens. Göttingen 1996
- Selg, H./Mees, U./Berg, D.: Psychologie der Aggressivität. Göttingen 1997, 2. Aufl.
- Der Spiegel: Hausaufgaben sind Hausfriedensbruch. 23 (1982), 12, 56–73
- Stecher, L.: Entwicklung der Lern- und Schulfreude im Übergang

von der Kindheit zur Jugend. In: Zeitschrift für Sozialisationsforschung und Erziehungssoziologie 20 (2000) 1, 71–88
- Stöckli, G.: Vom Kind zum Schüler. Zur Veränderung der Eltern-Kind-Beziehung am Beispiel »Schuleintritt«. Bad Heilbrunn 1989
- Stöckli, G.: Schulische Übergänge und Emotionen in der Eltern-Kind-Beziehung. In: Psychologie in Erziehung und Unterricht 39 (1992) 116–124
- Stückrath, F.: Über den Einfluß des Rundfunks auf die Schularbeit. In: Schule und Psychologie 7 (1960), 10, 299–309.
- Tausch, R./Tausch, A.: Erziehungspsychologie. Göttingen 1998
- Thewalt, B.: Förderung der Schulfähigkeit am Beispiel des Lesen- und Schreibenlernens. In: Psychologie in Erziehung und Unterricht 37 (1990), 251–258
- Thoma, L.: Lausbubengeschichten. Frankfurt 1998
- Trautwein, U./Köller, O./Baumert, J.: Lieber oft als zu viel: Hausaufgaben und die Entwicklung von Leistung und Interesse im Mathematikunterricht der 7. Jahrgangsstufe. In: Zeitschrift für Pädagogik 47 (2001) 5, 703–724
- Trudewind, C./Husarek, B.: Mutter-Kind-Interaktion bei der Hausaufgabenanfertigung und die Leistungsmotiventwicklung im Grundschulalter. Analyse einer ökologischen Schlüsselsituation. In: Walter, H./Oerter, R. (Hrsg.): Ökologie und Entwicklung. Donauwörth, 1979, 229–246
- Trudewind, C./Wegge, J.: Anregung – Instruktion – Kontrolle: Die verschiedenen Rollen der Eltern als Lehrer. In: Unterrichtswissenschaft 17 (1989) 2, 133–155
- Uhlendorff, H./Seidel, A.: Schulen in Ostdeutschland aus elterlicher Sicht. In: Zeitschrift für Pädagogik 47 (2001) 4, 461–480
- Valtin, R./Rosenfeld, H.: Zehn Jahre nach der Wende: Elterliche Einstellungen zur Schule im Ost/West – Vergleich. In: Zeitschrift für Pädagogik 47 (2001) 6, 837–846
- Verband alleinstehender Mütter und Väter e.V. (Hrsg.): Alleinerziehend. Tipps und Informationen. Bonn 2001, 13. Aufl.
- Wagner, P./Spiel, C.: Arbeitszeit für die Schule – zu Variabilität und Determinanten. In: Empirische Pädagogik 13 (1999) 2, 123–150
- Watzlawick, P./Beavin, J. H./Jackson, D. D.: Menschliche Kommunikation. Formen, Störungen, Paradoxien. Bern 1996, 9. Aufl.
- Weiner, B.: Motivationspsychologie. Weinheim 1994, 3. Aufl.
- Wild, E.: Familiale und schulische Bedingungen der Lernmotivation von Schülern. In: Z. f. Pädagogik 47 (2001) 5, 481–500

- Wild, E.: Wider den »geteilten Lerner«. In: Zeitschrift für Pädagogik 47 (2001) 5, 455–459
- Will, H.: Schüler das Lernen lehren am Beispiel Vokabeln lernen. In: Neue Unterrichtspraxis 13 (1980), 6, 353–359.
- Wittmann, B.: Hausaufgaben in der Unterrichtsforschung. In: Westermanns Pädagogische Beiträge 35 (1983) 10, 480–483.
- Wittmann, B.: Vom Sinn und Unsinn der Hausaufgaben. Berlin 1964.
- Wollersheim, H.-W.: Zur historischen Entwicklung und zum gegenwärtigen Stand der empirischen Hausaufgabenforschung. In: Die Realschule 93 (1985) 4, 158–165.
- Zangerle, H.: Esoterikboom: Geschäfte mit der Kinderpsyche? In: Voß, R. (Hrsg.): Verhaltensauffällige Kinder in Schule und Familie: Neue Lösungen oder alte Rezepte? Neuwied 2000, 61–72